Peter Veith

Eltern machen Kindern Mut

Peter Veith

Eltern machen Kindern Mut

Zuhören, achten, verstehen lernen

Herder
Freiburg · Basel · Wien

Gedruckt auf umweltfreundlichem
chlorfrei gebleichtem Papier

Herstellung: Freiburger Graphische Betriebe 1997
ISBN 3-451-26284-3

Inhalt

Eltern machen Kindern Mut 7

1 So lernt sich das Kind in der Welt zurechtzufinden 11

1.1 Das Kind bildet sich Meinungen und strebt einem Ziel zu . . . 11
1.2 Zur Entwicklung des sozialen Wesens 19
1.3 Vier Methoden, um vom Minus zum Plus zu gelangen 35
1.4 Wie sich die (unbewußten) Ziele des Menschen verändern können 37

2 Bedeutung der Ermutigung 43

2.1 Entmutigungsquellen 43
2.2 Wo Ermutigung ansetzen muß 47
2.3 Was ist Ermutigung? 51
2.4 Selbster-/entmutigung 70

3 Wichtige „Werkzeuge“, um problemloser mit Erziehung, Schule und Lernen umgehen zu können 95

3.1 Nahziele erkennen und mit ihnen Probleme lösen 95
3.2 Zuhören können / Gespräche führen 129
3.3 Konflikte (gewaltfrei) lösen können 136
3.4 Sich situationsangemessen zu helfen wissen 141
3.5 Dem (Problem-) Kind zur Selbsterkenntnis helfen 156
3.6 Ein Projekt für Festentschlossene 161
3.7 Grundbegriffe als Bausteine des Verstehens nutzen 171

Literaturliste / Quellenangaben 201

„Eltern machen Kindern Mut“

Viele Kinder haben Probleme in Schule und Familie, Erziehende ringen um die richtige Umgangsform, zweifeln und verzweifeln oft, wenn sie ihre Ohnmacht spüren.

Warum leiden unsere Kinder, warum klappt's nicht in der Schule, warum verhält sich mein Kind so ungezogen, trotzig, frech?

Als Vater einer fünfzehnjährigen Tochter und eines zwölfjährigen Sohnes erlebe ich oft Ratlosigkeit.

In meiner Tätigkeit in der Schulpsychologischen Beratungsstelle, als Beratungslehrer und Klassenlehrer in einer Grund- und Hauptschule, in den vielen Elterngesprächen, konnte ich immer wieder feststellen, daß viele schwierige Situationen entstehen, weil wir Eltern oft die Bedürfnisse der Kinder nach Selbstbestimmung nicht wirklich ernst nehmen bzw. mißverstehen.

Daraus entstehen oft Verhaltensweisen der Erziehenden, ja der gesamten das Kind beeinflussenden Umwelt, durch die es sich gebremst, gedemütigt, abgewertet, eben entmutigt fühlt. Alle Schwierigkeiten und Probleme, alle Ungezogenheit und gar Straftaten, stammen im Kern aus einer erlebten Entmutigung: diese Menschen fühlen tief innen: „Ich trau mir das nicht zu. Ich kann das nicht, ich bin nicht ... die anderen sind gemein ...“

Und die Entmutigung begegnet uns in den verschiedensten Verkleidungen: Im braven Kind nicht weniger wie im frechen Schüler oder im ratlosen Lehrer, sie zeigt sich als faules Kind ebenso wie im besonders gründlichen, im ängstlichen wie im herumtrödelnden, im Schulschwänzer wie im Streber, im strafenden Lehrer wie im inkonsequenten Papa; die Liste ist fast unendlich.

Und der Schlüssel zur Veränderung dieser bedenklichen Situationen liegt auf der Hand: Ermutigung! Dieses Buch will die Fähigkeit, sinnvoll und effektiv zu ermutigen, all jenen lernbar machen, die sich das zutrauen. Das bezieht sich auch auf entmutigte Erziehende. Weil Ermutigung, wie Entmutigung, in der Beziehung zum Mitmensch und seinen Angelegenheiten geschieht, gewinnen einige Faktoren für die Ermutigung entscheidende Bedeutung. Dies sind:

- das Gemeinschaftsgefühl, dessen Entwicklung uns Menschen zum sozialen Wesen macht,
- die Gleichwertigkeit aller Menschen, Völker und Rassen, so auch der Generationen und Geschlechter, und darauf aufbauend
- eine partnerschaftliche Erziehung.

Es versteht sich, daß diese Elemente in einem Buch über Ermutigung einen zentralen Stellenwert haben. Dabei soll mich die Grundidee unterstützen, daß der Schlüssel zu den meisten Verhaltensänderungen des Kindes bei sich selbst zu finden ist: Werden den Eltern eigene Anteile am (Problem-) Verhalten des Kindes bewußt und ändern sie darauf ihr Handeln (oder ihre Einstellung gegenüber bestimmten Sachverhalten bzw. Personen), wird sich meist auch das Verhalten und die Einstellung des Kindes zu verändern beginnen. Damit ist der Anstoß zu einer befriedigenden Lösung gegeben.

Von diesem Buch erwarten Sie bitte keine Rezepte. Jede „So-ist-es"-Botschaft kann nicht im Sinne dieses Buches sein. Ich arbeite mit Vermutungen. Und selbst, wenn etwas deutlich wird, bitte ich um Zurückhaltung. „Es könnte auch alles ganz anders sein", mahnte einmal der Individualpsychologe Alfred Adler; er wußte um der verderblichen Wirkung von Rechthaberei und dem stolzen Besitztum der Wahrheit und des Fachwissens. Was wir vom Menschen wissen sind meist Hilfsgrößen, Als-ob-Wahrheiten; auch Ihre Erfahrung ist wertvoll und für Sie persönlich „wahr".

Kopfzerbrechen bereitete mir der Gebrauch der männlichen und weiblichen Formen vieler Substantive und Pronomen. Wie kann ich die Gleichwertigkeit der Geschlechter sprachlich ausdrücken? Keine meiner Ideen befriedigte mich. Auch nicht die von mir letztlich gewählte; mit dem Argument der besseren Lesbarkeit bewahre ich Sie (bis auf wenige Ausnahmen) vor dem abwechselnden Gebrauch von er/sie, von Lehrer und Lehrerin oder LehrerInnen und ähnliches. Vielleicht gibt es auch sprachliche Traditionen, die man beibehalten kann? Ich vertraue auf die Gesamtaussage dieses Buches auch bezüglich der Gleichwertigkeit der Geschlechter. Menschen, die mir hier eine „Unterlassungssünde" ankreiden, möge dies milder stimmen.

Einige Bemerkungen zum Inhalt:
In meinen Weiterbildungen zum Beratungslehrer und psychologischen Berater (DGIP) lernte ich den Wert der von Alfred Adler (1870–1938)

entwickelten Individualpsychologie für die Erziehung kennen und schätzen. Weil ich in den vielen Jahren die Wirksamkeit seiner Ideen an den Veränderungen in den Familien und vor allem auch in den Schulklassen erfahren konnte, bilden sie das Herzstück dieses Buches. Alfred Adler arbeitete einige Jahre mit Sigmund Freud an der Entwicklung der Psychoanalyse bis er wegen der anderen Betrachtungsweise eigenständig an seiner stärker als pädagogisch verstandenen, trotzdem aber tiefenpsychologisch orientierten Individualpsychologie und deren praktischen Umsetzung in Therapie und Erziehung arbeitete. Seine Ideen beeinflußten wesentlich die moderenen Formen der humanistischen Psychologie.

Kapitel 1 schildert die oft unerkannte Bedeutung von Grundmeinungen, die sich das Kind in seiner frühen Kindheit bildet, es zeigt, daß menschliches Verhalten zielgerichtet ist und unterstreicht die Bedeutung des entwickelten Gemeinschaftsgefühles für ein stabiles Selbstvertrauen.

Denn dies ist nötig, um den zahlreichen Entmutigungen des Alltags nicht schutzlos ausgeliefert zu sein. Kapitel 2 versucht durch Aufzeigen der Entmutigungsquellen und Verdeutlichung des Ent- und Ermutigungsvorganges das richtige Ermutigen (dazu gehört auch das Selbstermutigen) lernbar zu machen. Kapitel 3 bietet Ihnen ein vielfältiges Inventar von „Werkzeugen“, die helfen, zu ermutigen und partnerschaftlich zu erziehen.

Zu den verwendeten Methoden:

[→1] Solche Zeichen weisen auf die „Grundbegriffe als Bausteine“: Hier erkläre ich kompakt wichtige Inhalte aus den ersten beiden Kapiteln. Sie können in Kapitel 3.7 nachschlagen.

Dieses Zeichen finden Sie nach allen wichtigen Abschnitten: Sie beziehen sich auf die vorherigen Inhalte und bieten Ihnen Impulse und Anregungen.

N = Notizen: Dieses Buch läßt sich auch als Selbsterfahrungskurs und Einstieg in die partnerschaftliche, ermutigende Erziehung nützen. Hier finden Sie Übungen, die Sie mit großem Gewinn schriftlich in entspannter Atmosphäre und ohne Zeitdruck durchführen. Sie benützen sinnvollerweise ein Heft, das dann im Laufe der Zeit zum „Tagebuch der Veränderung“ werden kann.

Auf spielerische Weise können hier die Betroffenen mit dem Problemerzeugenden in Kontakt treten. Dadurch können plötzliche Einsichten entstehen, die auf andere Weise (zum Beispiel durch Worte) vielleicht kaum möglich sind.

Das lachende Gesicht weist auf humorvolle Episoden und Szenen, symbolisiert aber auch, daß Humor und Gelassenheit viele kritische Situationen entkrampfen kann.

Viele Schriftsteller kennen sich hervorragend mit der menschlichen Seele aus. Mich fasziniert dabei, wie sie mit wenigen Worten uns kompliziert erscheinende Zusammenhänge beschreiben und durchschaubar machen. Die Zitate begegneten mir während der Niederschrift dieses Buches. Sie sind daher eher zufällig und könnten Sie einladen, die Erfahrungen jener Schriftsteller, deren Bücher Sie gerade lesen, bewußter wahrzunehmen.

Nach diesem Zeichen biete ich meist eine Auswahl möglicher Grundmeinungen an, die ein Kind, meist in der frühen Kindheit bildet und wie eine „Brille" wirkt: Zukünftige ähnliche Ereignisse/Situationen werden dann mit dieser Brille betrachtet. Eine verblüffende Gebrauchsmöglichkeit, die immer wieder anzuwenden ist, finden Sie Seite 71 oder Baustein 5.

Ich wünsche Ihnen mit diesem Buch jene Wirkung, die wir uns wohl beide vorgenommen haben: ein vom partnerschaftlichen Miteinander geprägtes Familienleben, das allen Mitgliedern hilft, mit ihren Aufgaben und Problemen selbstbewußt und zuversichtlich umzugehen.

Im Januar 1997

Kapitel 1: So lernt das Kind sich in der Welt zurechtzufinden:

1.1 Das Kind bildet sich Meinungen und strebt einem Ziel zu

Vor der Geburt lebt das Kind wohlversorgt, sicher und geborgen (läßt man die Bedrohungen durch Suchtmittel, Medikamente, Umweltgifte und verschiedene Fehlverhalten der werdenden Mutter außer Betracht). Nach der Geburt muß die Beziehung mit der Mutter bzw. Vater diesen Mangel an absolut sicherer Geborgenheit und ständiger Wärme ausgleichen. Doch so hilflos es erscheinen mag, verfügt es doch über ein ausgeprägtes Verhaltensrepertoire, das es befähigt, Signale im Kontakt mit den Bezugspersonen zu erkennen und auch eigene Signale als „Botschaft" für die Umwelt auszusenden.

Das Kind empfindet nun viel Unbekanntes: den Gegensatz von

- Wärme – Mangel an Wärme
- Geborgenheit – Mangel an Geborgenheit
- Sattsein – Hunger
- angenehmes Licht – lästige Lichtverhältnisse
- angenehm empfundene Geräusche – erschreckende Lautstärke
- angenehme Gerüche – ekliger Gestank etc.

Diese Mängel werden weitgehend behoben durch die Nähe der Mutter, das sanfte Berührtwerden, das aufmerksame und behutsame Anpassen der Umwelt an die Bedürfnisse des Kindes, das Tätigsein anderer. Sie werden sich aber immer wieder von neuem einstellen.
Das Kind erfährt aber auch,

- daß das Unbehagen nicht sofort beseitigt wird, sondern daß Zeit verstreicht und der empfundene Mangel nicht aufhört,
- daß sein Schreien, Strampeln, Herumräkeln meist eine „Mangelbeseitigungs-Gestalt" erscheinen und handeln läßt, worauf meist der Mangel verschwindet,
- daß das Mangelgefühl (z.B. Hunger) durch Schreien sehr bald von der wärmenden, zärtlichen Gestalt weggenommen wird.

Erscheint die Person nicht, dann kann sie durch verstärktes, verlängertes Weinen eventuell herbeigerufen werden. Ihr Kind lernt also schon sehr früh viele Ursache-Wirkungszusammenhänge, ohne freilich von solchen Begriffen etwas zu ahnen.

Trotzdem „spürt" es ohne Worte:

Ich kann durch Handeln etwas bewirken (Mangel beseitigen, Mutter herbeirufen etc.).

Es gibt eine zuverlässige Person, die mir die empfundenen Mängel nimmt. Durch regelmäßiges Wiedererleben dieser beruhigenden Erfahrung keimt eine grundsätzliche Zuversicht:

Mängel werden von den andern und im Kontakt mit andern beseitigt: Gutes kommt von außen. Deshalb wendet sich ein zuversichtliches Kind, dessen Bedürfnis nach Wärme und Zärtlichkeit befriedigt wird, immer beherzter auf das Außen, auf die andere Person, auf die Welt.

Manchmal fühlt das Kind dieses Bedürfnis nach Wärme und Zärtlichkeit nicht befriedigt. Passiert dies häufig, könnten solche Kinder erleben: Es gibt nichts, was mir den empfundenen Mangel nimmt. Das Außen, die Person, die Welt reagiert nicht auf mein Mangelgefühl. Erlebt das Kind dies immer wieder, können nun schwerwiegende seelische Mängel entstehen.

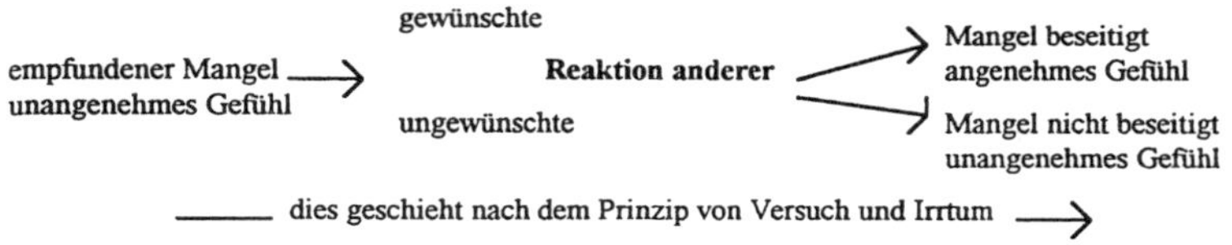

Ihnen ist sicher aufgefallen, daß sich noch etwas ereignet: Das Kind „bewertet" durch Empfindungen auch gleichzeitig seine Welt: Das befriedigt mich, jenes nicht (Grießbrei-bä, Joghurt-Hmm!).

Beispiel:

Schauen wir uns mal ein Kind im vierten Lebensmonat an. Die Mutter hält es im Arm, spricht ruhig auf das Kleine ein, im Blickkontakt, und löffelt ihm Apfelbrei ins Mündchen, es schmeckt, sein strahlendes, zufriedenes Gesicht zeigt es allzu deutlich. Wenig später strampelt es unwillig, stemmt sich auf die Hinterbeine und bäumt sich leicht auf. Andere Kinder wenden den Kopf vom gefüllten Löffelchen ab, der ablehnende Gesichtsausdruck läßt keinen Zweifel entstehen, wiederum andere zeigen sich weinerlich oder lassen den Brei aus den Mundwinkeln rinnen. Manche spucken ihn sogar aus. Wovon das abhängt? Von der Reaktion der Mutter! Reagieren die Eltern bereits wunschgemäß bei einem leichten Abwenden des Kopfes und legen den Löffel weg, wird das Kind auch in der Zukunft diese Methode mit der es Erfolg hatte, anwenden. Oft sind Mütter der Ansicht, das Kind sollte noch mehr essen und schaufeln emsig weiter, dann gibt das Kind das erfolglose Köpfchenabwenden auf und probiert instinktiv andere Methoden (= Versuch-und-Irrtum-Lernprozesse). Und so experimentiert es bei Erfolglosigkeit so lange, bis die Mutter „gehorcht". Reagiert sie beim Aufbäumen wunschgemäß, dann bildet das Kind die Meinung: durch Aufbäumen kann ich Mama stoppen. Dieser Lernprozeß geschieht nicht in Worten, doch um mich verständlich zu machen, benütze ich hier Worte. Das Kind weiß bald, welche Körperbewegungen es ausführen muß, bis die Mutter wunschgemäß handelt.

Dies alles ereignet sich in der Beziehung des Kindes zum nächsten Mensch bzw. zur Umwelt. Das Kind richtet von Natur aus sein gesamtes Verhalten und Sein auf andere Menschen aus: Der Mensch ist von Natur aus ein soziales Wesen. Das bedeutet aber auch, daß er nur als soziales Wesen (seelisch) gesund bleiben kann! Jede Entwicklung weg von anderen hin zur nicht mitmenschbezogenen Vereinzelung (es gibt auch mitmenschbezogene Vereinzelung, z. B. des Künstlers) wird dem Menschen auf Dauer schaden. Genauer betrachtet läßt sich noch etwas an der bisherigen Entwicklung des Kindes zeigen:

Instinktiv spürt es, daß es durch sein Verhalten ein Mangelgefühl in ein Befriedigungsgefühl verwandeln kann. (Sein Schreien ruft die Mutter mit der Milch). *Es erlebt so das Grundmodell des Lebens: etwas bewirken, nämlich von einem Minusgefühl, einem Noch-Nicht, zu einem Plusgefühl streben.*

Man könnte annehmen, daß menschliches Verhalten schon von der Wiege ab sich so entwickelt, als ob es stets auf ein Ziel gerichtet ist (das Ziel ist zunächst: Befriedigung der jeweiligen Bedürfnisse/Beseitigung des Unangenehmen, des Mangels).

Bewegungslinie menschlichen Verhaltens:

empfundener Mangel	Methodenauswahl --->	Mangel beseitigt
(= Minusgefühl)	(geeignete/ungeeignete)	(= Plusgefühl) = Ziel des menschlichen Strebens

So zeigt sich die Bewegungslinie menschlichen Strebens: von einem empfundenen Minus/Mangel (im weitesten Sinne) hin zu einem Ziel, was gleichbedeutend mit einem empfundenen Plusgefühl ist.

Alle diese Punkte können einem Erwachsenen durchaus einleuchten. Aber lernt dies alles auch ein Säugling? Natürlich lernt er völlig anders als ältere Menschen. Ihm fehlen Begriffe, ja die Kenntnis von Welt und Menschen. Aber beobachtet man ein Kind von seinen ersten Tagen an, dann sieht es für den Betrachter wirklich so aus, als ob das Kind diese oben dargestellten Punkte irgendwie begriffen, „gelernt" hat.

Dieses Buch will nicht darüber mutmaßen, wie dies dem kleinen Erdenbürger letztlich gelungen ist; doch der Beobachter sieht: Das Kind handelt, *als ob* die erwähnten „Lern-Ergebnisse" zuträfen. Und das ist entscheidend und deshalb möchte ich im Verlaufe der weiteren Darstellung der Entwicklung davon ausgehen.

Diese gerade erwähnte Eigenart des kindlichen Eindrücke-Ordnens wendet es gegenüber allen Einflüssen aus der Umwelt an. Und das heranwachsende Kind verarbeitet wahrlich eine Flut verschiedenster Reize.

Bei diesem Eindrückeordnen, dem Bewerten seiner verwendeten Methoden zur Erreichung eines Zieles entstehen Erfahrungen, die ich im Folgenden als *Grundmeinungen* →2 bezeichnen werde. Sie liegen der Wahrnehmung zugrunde und sind von der Meinung, die wir immer wieder im Alltag bilden und stets verändern können, zu unterscheiden, da sie viel schwerer zu ändern sind und oft unbewußt wirken.

Sie helfen dem Menschen in der Auseinandersetzung mit seiner gesamten Umwelt. Diese Meinungsbildung keimt aus der ursprünglichen Schablone (empfundener Mangel – Mangel beseitigt/geeignete Methode – ungeeignete Methode), später ähneln diese entgegengesetzte Pole unseren Begriffen gut – schlecht, richtig – falsch, unten – oben etc..

Alles was dem Kleinkind so vor die Augen kommt, bewertet es nun unbewußt nach solchen Gegensatzpaaren.

In den ersten Lebensjahren bildet sich das Kind durch Versuch und Irrtum viele Grundmeinungen über sich, andere Menschen und die Umwelt im weitesten Sinne. Dabei hat es immer wieder unbrauchbare Meinungen verändert oder vergessen und neue, nützlichere entwickelt.

Überspringen wir einige Jahre und betrachten ein vierjähriges Mädchen, so sehen wir, daß es nun schon eine umfangreiche Meinungssammlung angelegt hat, mit der es in seinem Leben schon ganz zufriedenstellend zurecht kommt. Diese Meinungen haben sich als so dauerhaft erwiesen, daß sie das Kind als wahr betrachtet. Eine kleine (stichwortartige) Auswahl zeigt solche möglichen Wahrheiten (in den Augen des Kindes!), sie sind Mosaiksteinchen im gesamten „Gebäude" von Grundmeinungen.

Situation/Zeitpunkt	Grundmeinung über sich selbst	Grundmeinung über andere/Leben/Welt
Es lebt als einziges Kind im Haushalt, Mutter arbeitet nicht, Großeltern in Nachbarschaft sorgen sich ebenfalls liebevoll um das Kind;	ich bin im Mittelpunkt, alles dreht sich um mich;	man ist freundlich, sorgt sich um mich;
Als 2jähriges: Schwerer Sturz von der Rutschbahn, als es alleine hochkletterte, obwohl es Mutter verbot,	ich bin verletzlich gehorche ich nicht, dann kann das schlimme Folgen haben;	die Welt ist gefährlich, die andern helfen mir, sie sind für mich da;
deshalb wird es leicht verletzt zum Arzt gebracht;	ich werde umsorgt, bekomme Vergünstigung, Trost, wenn ich Schmerzen habe;	die andern sind gegenüber Kranken/Verletzten nett, man wird bevorzugt, es gibt Menschen, die können besonder gut helfen;
Als zweieinhalb Jähriges: Kind wacht spätabends auf und merkt, daß die Eltern weg sind (für eine Stunde mal "nebenan")	Plötzlich werde ich allein gelassen, lieben mich die Eltern nicht mehr?	Sicherheit und Versorgtsein sind gefährdet, plötzlich droht das Verlassensein, Eltern sind unzuverlässig, Alleinsein ist schrecklich
Als 3jähriges: Geschwisterchen wird geboren, Kind muß für vier Wochen zur Oma;	Mama liebt mich nicht mehr (so wie früher), Eltern geben mir nicht, was mir zusteht, Liebe, Wärme, Zuwendung	Die andern schieben einen plötzlich ab;
Kind wird im Kindergarten von Älteren geschlagen;	ich bin schwach, klein, kann mir nicht gut allein helfen;	die andern wollen mir Böses antun, Kindergarten ist blöd;
Kind kommt vom Kindergarten nach Hause und holt ein rotes Auto aus seinem Täschchen, Freund Tino habe es ihr geschenkt, Vater schimpft und meint, daß sie es jemand genommen habe;	mir wird unrecht getan;	die andern sind ungerecht;

Halten wir fest:
Meinungen, die ein Kind in einer frühen Kindheitsphase bildet – also noch ohne sie in Worte fassen zu können – sind besonders dauerhaft. Sie sind durch Versuch und Irrtum entstanden und vom Kind eigenständig geschaffen worden (um ein unbewußt bleibendes Ziel erreichen zu können, das mit einem Plusgefühl verbunden ist). Wir sehen sie in unseren Erwachsenenaugen oft als Irrtümer. Diese Meinungen wirken wie eine Brille. Nun schaut das Kind die Welt so an, als ob die Meinung die Wahrheit sei.

Es liegt offensichtlich in unserer Natur, immer wieder Mängel zu empfinden, unzufrieden zu sein, und Methoden, ebenfalls durch Versuch und Irrtum zu entwickeln, die geeignet sind, einen befriedigenden Zustand zu erreichen, wo dieser empfundene Mangel als überwunden erlebt wird.

Was empfindet das Kind nun als sogenannten Mangel?

Ein Junge, dessen Sommersprossen Erwachsene als „putzig" bezeichnen, Kindergartenkinder als „Streusel" oder „Fleckenigitt" könnte sich deshalb als „minderwertig" fühlen und unter den Sommersprossen leiden: Und warum hat gerade besagtes Kind wegen dieser Pigmentstörung Probleme, und andere machen sich gar nichts daraus?

Wie der Name schon sagt, sind es Gefühle, also Empfundenes – jemand anders würde dasselbe anders bewerten. Solche Minderwertigkeitsgefühle können praktisch von unzähligen Faktoren ausgelöst werden. Eine kleine systematische Aufzählung zeigt deshalb nur andeutungsweise die Fülle möglicher Auslöser:

1. Körperliche Minderwertigkeiten (Organe, Körperform, Linkshändigkeit)
2. Soziale Minderwertigkeiten (schwierige Familiensituation, finanzielle Lage, Erziehung, Zugehörigkeit zu einer mit einem Vorurteil belasteten Gruppe, Alter, Name ...)
3. Umwelt- und naturbedingte Minderwertigkeiten (Erdbeben, Vulkane, Stürme, Überschwemmungen Epidemien, nicht heilbare Krankheiten, Sterblichkeit)

Ob aber einer dieser Faktoren ein Minderwertigkeitsgefühl auslöst, hängt allein von der Meinung des Kindes ab.

Der Aufbruch
Ich befahl mein Pferd aus dem Stall zu holen. Der Diener verstand mich nicht. Ich ging selbst in den Stall, sattelte mein Pferd und bestieg es. In der Ferne hörte ich eine Trompete blasen, ich fragte ihn, was das bedeutete. Er wußte nichts und hatte nichts gehört. Beim Tore hielt er mich auf und fragte: „Wohin reitet der Herr?“ „Ich weiß es nicht“, sagte ich, „nur weg von hier, nur weg von hier. Immerfort weg von hier, nur so kann ich mein Ziel erreichen.“ „Du kennst also dein Ziel?“, fragte er. „Ja“, antwortete ich, „ich sagte es doch. Weg von hier – das ist mein Ziel.“ *Franz Kafka*

Nach der Meinungsbildung über sich selbst/andere/Leben /Welt erforscht das Kind viele Methoden, um das Ziel „Beseitigung der empfundenen Kleinheit/Hilflosigkeit/Minderwertigkeit“ zu erreichen.

Jetzt können wir die vorige Graphik etwas „anreichern“ und sie um wichtige Erkenntnisse erweitern:

Mit welchen Mitteln nun dieses (unbewußte) Ziel angestrebt wird, ist ganz individuell, hängt es doch von der jeweiligen Lebenssituation ab und *vor allem* von der Reaktion der anderen. Vergessen Sie nicht: Der Mensch arbeitet mit Versuch und Irrtum, er experimentiert. Was ihm zum Erfolg verhilft (in unserem Beispiel ist es das unbewußte Ziel „keine Unterlegenheit“) das wird er immer wieder anwenden bis sich schon in den ersten Lebensjahren festgewordene Verhaltensweisen einprägen. Das Kind schafft sich einen „Methoden-Stil“, der sich später nur sehr schwer verändern läßt, denn das Kind kennt ja bewußt weder Ziele noch das Vorhandensein von Methoden um sie zu erreichen.

Der Mensch versucht entweder durch aktive oder passive Methoden →9 zum (unbewußten) Ziel zu gelangen:

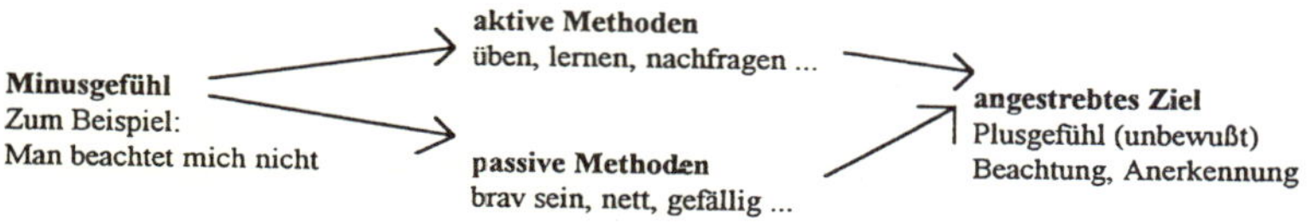

Warum ein Mensch diese oder jene Methodenart benützt, schildere ich in Kapitel 1.3, Seite 35.

Betrachten Sie das Verhalten Ihres Kindes, vor allem das, was Sie ärgert, als zielgerichtetes Handeln, das einen Zweck anpeilt. Versuchen Sie dieses Ziel zu ermitteln und für sich zu benennen. (Sie wissen aber, daß Sie vermuten, und Ihr Kind nichts von diesen unbewußten Vorgängen weiß!)

- Ihr Kind sieht alle seine Erlebnisse anders als Sie!
  Es ist daher nicht sinnvoll, mit unseren Maßstäben (und unserer Erwachsenenlogik) Sätze zu bilden wie: Ich glaube, Martin hat Angst vor der Dunkelheit, deswegen weint er. Das ist nur in unserer Erwachsenenlogik anscheinend schlüssig.
- Erziehende nähern sich dem Verstehen des Kindes, ziehen sie aus dem gesamten Verhalten (Handlung, Gestik, Mimik, Körperhaltung, Stimmlage ...) Schlüsse über Meinungen des Kindes über sich selbst (ich bin ... nicht ... Ich kann ... nicht ...) andere, Leben/Welt.
- Jedes Kind empfindet Mängel von denen Eltern/Erzieher oft nichts ahnen: erfahren wir davon, halten wir es nicht für möglich, ja wir sehen dies als echten Irrtum!
  Suchen Sie nach solchen ganz subjektiven Minderwertigkeitsgefühlen Ihres Kindes, ohne das Kind direkt danach zu fragen: Vielmehr entdecken Sie solche Minusgefühle an den Äußerungen Ihres Kindes (Worte, Verhalten, Mimik)
- Überlegen Sie für Ihr Kind *eine* Ihrer Ansicht nach prägende Situation (Zeitraum bis zu 6 Jahre) positiver oder negativer Art und stellen Sie methodisch Vermutungen auf über Meinungen, mögliche Ziele und verwendete Methoden.
- Schätzen Sie Ihr Kind eher als aktiv oder mehr als passiv ein? Welche Methoden bevorzugt es? Belegen Sie dies mit konkreten Beispielen, stimmen Sie sich dabei mit Ihrem Partner ab.
- Falls Sie mehrere Kinder haben: Zeigen Sie sich die Einzigartigkeit eines jeden Kindes!
- Spüren Sie dem „Schöpferischen“ → 10 eines jeden Ihrer Kinder

nach, wenn es auf seine Art Stellung auf Ihre und die Reaktionen der Umwelt nimmt und daraus seinen „Stil“ mit der Welt umzugehen entwickelt (= vom Minus zum Plus zu gelangen).

1.2 Zur Entwicklung des sozialen Wesens

Der Mensch verfügt über eine angeborene Fähigkeit, ein soziales Wesen *zu werden.* Das heißt aber auch, daß eine ungünstige Erziehung diese Anlage brach liegen lassen kann, so daß der daraus „resultierende“ Mensch nicht als sozial bzw. gemeinschaftsbezogen bezeichnet werden kann.

Wir kennen solche Beispiele egoistischer, ichbezogener →17 Menschen, denen wir Attribute wie „asozial“, aber auch in bestimmten Zusammenhängen „kriminell“ anheften.

Gleichzeitig wissen wir, ohne es uns ständig bewußt zu machen, daß der Mensch im Grunde ein ausgesprochen gemeinschaftsbezogenes Wesen hat.

Denken wir an seine erbärmliche natürliche Ausstattung, nicht nur bei der Geburt, die Naturwissenschaftler zur treffenden Bezeichnung „Mängelwesen Mensch“ veranlaßten, oder daran, wie seine Körperorgane und deren Eigenschaften absolut ein Überleben verhindern, dann fällt uns auch wieder ein, wodurch der Mensch es erreicht hat, sich „die Erde untertan“ zu machen und die lebensbedrohlichen Umweltbedingungen in „Griff“ zu bekommen: Durch das Leben in der Gemeinschaft und für die Gemeinschaft, arbeitsteilig und kooperativ, fähig Erfahrungen zu sammeln und weiterzugeben, gelang es dem Menschen, sich auf diesem Planeten einzurichten und sich ihn menschengerecht herzurichten. Aus vielerlei Gründen sind Mensch und Erde bedroht, weil der Gemeinschaftsgedanken, das Wir-Gefühl der Erdenbewohner, nicht ausreichend entwickelt wurde. Vielmehr versuchen kleine Gruppen egoistisch andere Gruppen und Regionen auszubeuten. Der Mensch wird wahrscheinlich nur überleben können, wenn alle Menschengruppen den Erhalt ihres jeweiligen Lebensraumes verantwortlich sichern, was nur durch Kooperation und Gemeinschaftsbewußtsein gelingen kann und wird. Wie utopisch das tönt, überlasse ich Ihren Ohren und Ihrem Realitätsverständnis.

Die Summe all dieser Aktivitäten bezeichnen wir als Kultur. Sie ist sozusagen der Beleg des gemeinsamen, gemeinschaftlichen Handelns der Menschheit. Ideen, Verhaltensweisen, die nicht der jeweiligen Gemeinschaft diente/nützte, wurden unterbunden, irgendwann (oft nach leidigen Erfahrungen) verboten und bestraft oder sie bewährten, auf längere Sicht gesehen, nicht.

Sprache und Schrift sind zwei herausragende Ergebnisse dieser Not-Wendigkeit, den empfundenen Unbilden der Natur zu trotzen. Sie sind aus dem Zwang zusammenzuhalten, sich sehr genau zu verständigen um Lebensgefahr zu vermeiden, geschaffen worden. Aber auch gute Ideen der Lebenserleichterungen konnten so den Nachfahren erhalten bleiben, auf die diese ihrerseits aufbauen konnten.

Der Mensch kann scheinbar, ohne auf andere bezogen zu sein, nicht leben. Mittlerweile weiß man aber, daß nur diese Gemeinschaftsbezogenheit angeboren ist, nicht aber die Fähigkeit gemeinschaftlich zu denken und zu handeln. Das Kind entwickelt also nicht automatisch soziale Eigenschaften. Sie müssen Menschenjungen beigebracht werden. Da es sich von Natur aus auf den Mitmensch bezieht, ja sich von Geburt an in Kontakt mit ihm befindet, kann es dieses „Beibringen“ der Gemeinschaftsfähigkeit schon sehr früh – dem jeweiligen Lebensalter entsprechend – aufnehmen.

Die angeborene Eigenart des Menschen, nur in Gemeinschaft überleben zu können, macht ihn noch nicht zu einem sozialen Wesen. Er bringt zwar die Veranlagung mit, soziale Fähigkeiten (z. B. Zusammenarbeit mit anderen, Einfühlungsfähigkeit, Mitleid, Mitfreude und Hilfsbereitschaft) zu entwickeln, doch wie gesagt, müssen diese geweckt und gefördert werden.

Und dies kann schon früh von den Bezugspersonen begonnen werden. Wir haben gesehen, daß das Kind dazu bereit ist. Seine jeweilige Reife bestimmt das Tempo. Im liebevollen Kontakt spüren Sie auch dieses Streben des Kindes

- zu lernen, etwas zu können/zu bewirken, Fortschritte zu erzielen, aber auch
- das Bedüfnis „dazu“ zu gehören: zu Mama, Papa, Geschwister, Verwandte, später zur Spielgruppe auf dem Spielplatz, im Kindergarten usw.

Indem die Bezugspersonen das Kind in seinem Streben hin zum Miteinander (und schließlich zur Gemeinschaft) liebevoll unterstützen und fördern, entwickeln sie gleichzeitig seine sozialen Fähigkeiten. Das Kind ist der Welt freundlich zugewandt, weil es durch die erworbene Sozialfähigkeit Anerkennung und Freundlichkeit der (Menschen-) Welt erfährt.

Beispiel:
Ein Kleinkind, dem vorgelebt wurde, daß Teilen „gut“ ist, wird seinem Nachahmungsstreben entsprechend dieses Verhalten ebenfalls zeigen. Teilt nun der 3jährige Thomas sein Schokoladenstückchen mit der kleinen Sabine, werden sowohl Sabine, aber auch mögliche sich in der Nähe befindlichen Bezugspersonen diese Tat sehr freundlich „honorieren“. Thomas spürt: Teilen ist tatsächlich „gut“, ich werde gemocht, man lobt mich „usw. Und es hilft ihm sein unbewußtes Ziel zu erreichen, z. B.: Anerkennung. Sie erkennen, daß dieses Hineinwachsen in die sozialen Fähigkeiten vor allem durch Vorleben begünstigt wird. Das Schlagwort „Weniger reden, mehr handeln“ paßt in diesen Zusammenhang. Worte und Belehrungen mögen zwar den Erwachsenen ein gutes Gefühl geben, doch ohne das entsprechende Beispielverhalten entarten diese Worte zu leere Predigten.

Fazit:

- Den Menschen bewegen vor allem zwei Grundbedürfnisse:
  - voranzukommen (Fortschritte erzielen, Fähigkeiten erwerben, etwas bewirken, „Plus“-Gefühl erreichen)
  - so sein wie andere, zu anderen dazugehören und anerkannt/angenommen werden.
- Den Eltern/Bezugspersonen kommt von Geburt an die Aufgabe zu, die Gemeinschaftsfähigkeit des Kindes zu wecken und zu entwickeln.
- Geschieht dies nicht zu spät oder nicht regelmäßig und inkonsequent, nicht durch eigenes Vorleben, dann entwickelt das Kind Verhaltensformen, mit denen es mehr oder weniger in der jeweiligen Gruppe Probleme bekommt, da es zu stark ich-bezogen wird.
- Dies bedeutet: Viele Verhaltensprobleme können dadurch verändert werden, in dem der Erziehende diese Fähigkeiten zum sozialen Handeln nachträglich zu entwickeln bzw. zu stärken versucht.Was ihm dabei hilft, zeigt die linke Seite der folgenden Übersicht.

Was die Entwicklung des Gemeinschaftsgefühls fördern und hemmen kann und welche Folgen sich für das Kind ergeben können:

Die folgende Übersicht schildert in Spalte eins, welche Einstellungen und Verhaltensweisen der Erziehenden das für die psychische Gesundheit so nötige Gemeinschaftsgefühl [→11] entwickeln und stärken können.

Die rechte Spalte versammelt dagegen Faktoren, die die Entwicklung des Gemeinschaftsgefühls behindern. Deutlich kann dies werden, wenn Sie eine der aufgelisteten möglichen Grundmeinungen in eine Handlungskette fügen und darüber nachdenken, welche Gefühle sie auslösen, welche unbewußten Ziele (im Plus liegend) daher gesetzt wurden und welche Methoden verwendet wurden, um dieses Ziel zu erreichen. Siehe Schema bei [→5] oder auch Seite 45.

Hinweise zur folgenden Übersicht:

1. Die beiden Spalten enthalten viele Grundmeinungen [→3]. Viele sind persönliche Meinungen [→4], also individuell aus den eigenen Erlebnissen gebildet, um ein empfundenes Minus in ein Plus zu verwandeln. Dies ist dem Kind nicht bewußt, es kennt seine Meinungen in Worten nicht. Neben diesen persönlichen Meinungen erwirbt es im Verlaufe der ersten Jahre von den Eltern, Erziehern, anderen wichtigen Menschen und Gruppen auch viele Meinungen über seine Umwelt. Diese Personen/Gruppen werden als mächtig erlebt, im Vergleich zur eigenen Beschränktheit. Das Kind betrachtet sie daher als Sicherheit gebende Leitbilder. Es orientiert sich aus diesem Grund an den Werten dieser mächtigen Bezugspersonen und Institutionen. Das Kind übernimmt sie meist ungeprüft und unkritisch. Es sind

- Regeln/Gesetze (z.B. im Verkehr)
- Verhaltensnormen (man setzt sich als Kleinkind aufs Töpfchen, wäscht sich vorm Essen die Hände ...)
- Gruppenregeln (z.B. in der Familie: bei uns zu Hause läuft man nur mit Hausschuhen)
- Vorurteile (Penner sind ...)
- Wertvorstellungen („Ehrlich währt am längsten").

Sie sollen hier als Zweitmeinungen bezeichnet werden, um darauf hinzuweisen, daß sie in einer wesentlich späteren Phase als die Grundmeinungen erworben werden. Während die persönlichen Meinungen sozusagen ohne Worte entstanden sind, benötigt das Kind für die Zweitmeinungen bereits einen Wortschatz.

2. Selbstverständlich vereinfacht diese Übersicht die Wirklichkeit, um etwas zu verdeutlichen. Zum Glück gibt es nur selten Menschenkinder, auf die nur Inhalte der rechten Seite zutreffen. Meist mischen sie sich mit einigen gegenüberliegenden Verhaltensformen. Ein Kind, das weitgehend problemlos in seiner Umwelt aufwächst, auf das werden mehrheitlich Punkte der linken Seite passen. Wie das Kind denkt und fühlt, das ist eine Eigenschöpfung des Kindes, eine ganz individuelle Entscheidung.

Vergessen Sie nicht, das Kind hat auch die Möglichkeit, eine andere von ungezählten Meinungsalternativen zu entwickeln, die auf seine ganz spezielle Situation mit seinen Bezugspersonen paßt. Ihr Kind ist, wie Sie selbst, etwas Einzigartiges.

3. Die Übersicht können Sie verschieden nutzen:
- Als eine Art Checkliste: Finden Sie in einer Spalte Ihr Verhalten, können Sie sich bewußt machen, ob es das Gemeinschaftsgefühl eher förderte (Spalte 1) oder nicht.
- Als Wegweiser zur förderlichen Entwicklung:

Falls Ihr Kind aber Probleme hat mit anderen, mit Ihnen, in der Schule (soweit keine Lernprobleme vorliegen), im Kindergarten, dann zeigen Ihnen die beiden linken Spalten, wie Sie an allen diesen Problemen (sie signalisieren alle eine insgesamt nicht optimal verlaufene Entwicklung der Gemeinschaftsbezogenheit und des sozialen Verhaltens) arbeiten können.

Denn sie alle bewirken eine Förderung/Stärkung des Gemeinschaftsgefühls. Sie können die Übersicht als Anregung nutzen, eigene Standpunkte zu überdenken bzw. zu erweitern. Gelänge es Ihnen etwas von dieser linken Seite zu verwirklichen, würden Sie eine positive, förderliche Entwicklung Ihres Kindes bewirken können. Die nachfolgenden Kapitel werden Ihnen dazu hilfreiche Anregungen geben können.

Alfred Adlers sieht im entwickelten Gemeinschaftsgefühl und Gemeinschaftsbewußtsein ein Zeichen psychischer Gesundheit. Sie verhelfen zu einem befriedigenden Erleben der *(Fortsetzung S. 33)*

Einstellungen und Verhaltensweisen, die das soziale Wesen des Menschen fördern und das Gemeinschaftsgefühl entwickeln

Erstes Lebensjahr:

Die Eltern verstehen ihr Kind als Gemeinschaftswesen und trachten danach, schon früh seine Gemeinschaftsfähigkeit zu entwickeln.

Die erste Gemeinschaft des Kindes bildet es mit den immer gleichen engsten Bezugspersonen.
Interessant: Forscher stellten fest, daß schon der Säugling zwischen Vater und Mutter unterscheiden kann (Heisterkamp BZI 14, S. 28). In dieser engen Beziehung kann der Säugling schon nach wenigen Wochen einen intensiven Kontakt herstellen: Er blickt der Bezugsperson voll ins Gesicht; das Kind reagiert freudig auf die elterliche Zuwendung.
Eltern sehen das Kind als ein selbständiges, aktives Wesen.
Diese enge Beziehung erreichen die Eltern durch

- häufigen Hautkontakt
- sie verstehen den Blick des Kindes als Mittel der Kontaktaufnahme
- sie ermöglichen den Blickkontakt so oft es sinnvoll ist, sowohl in als auch außerhalb der Wohnung
- Mahlzeiten nach Möglichkeit zu immer regelmäßiger werdenden Zeiten (auch wenn das Kind mal früher Hunger fühlt, bleibt die vorgesehene Zeit weitgehend beibehalten)
- Bezugsperson nimmt sich im Tagesablauf Zeit für das „Füttern" (hat sich dafür „freigemacht"), zeigt viel Geduld mit dem Eßverhalten des Kleinen.

Einstellungen und Verhaltensweisen, die die soziale Entwicklung des Kindes behindern

So ein Baby ist noch völlig unentwickelt. Die Hauptsache in dieser frühen Phase ist Sauberkeit und die richtige Ernährung.

Ein Baby wird insgesamt als passives Wesen verstanden: Tagesablauf und die Umgebung bieten wenig Reize; das Kind soll viel schlafen.
Häufigeres Wechseln der betreuenden Personen (z. B. aufgrund der Berufstätigkeit) sei unproblematisch.

Das Wissen um die Bedeutung von Zuwendung und Zärtlichkeit ist höchstens theoretisch vorhanden, wirkt sich aber nicht auf das tatsächliche Elternverhalten aus.

Weitere Möglichkeiten:

- der Alltagsstreß verhindert eine größere Intensität der Beziehung
- Bezugspersonen verfügen über keine selbst erlebten Verhaltensmuster bezüglich zärtlichen Umgangs mit Kleinkindern.

Eher wenig köperliche Kontakte.

Die Ernährung des Kindes wird

- zu schnell (Hast, Gereiztheit durch gedrängten Arbeitsablauf der Eltern)
- immer wieder zu verschiedenen Zeiten (z. B. aus Laune, Unberechenbarkeit der Eltern) durchgeführt.

Einstellungen und Verhaltensweisen, die das soziale Wesen des Menschen fördern und das Gemeinschaftsgefühl entwickeln

Vater/Mutter nimmt sich im Tagesablauf bewußt Zeit für das „Füttern" (hat sich dafür „freigemacht"), zeigt viel Geduld mit dem Eßverhalten des Kleinen.

Die Bezugsperson versteht sich als Helfer im Entwicklungsverlauf. Sie nimmt dem Kind gewisse Schwierigkeiten (z.B. bei der Ernährung: auch mal kauen lassen/„bißchen" Hunger oder Durst schadet nicht!) nicht ab, bleibt gelassen.

Man liebt mich und diese Liebe ist sicher, ungefährdet. Zärtliches Miteinader ist schön, gehört zum Leben. Ich bin in Ordnung, auch wenn ich wütend schreie, traurig bin, Sorgen habe, weil solche Gefühle in Ordnung sind.

Die Erziehenden freuen sich über jeden Fortschritt und zeigen dies dem Kleinen auf möglichst vielfältige (mit gesamtem Körper) Weise.
Die Eltern fühlen die Lust des Kindes, sich zu entwickeln.

Die Bezugspersonen wissen um die Vielfalt der Erlebnisfähigkeiten:
- Sie erspüren die Freude des Kindes
- sehen seinen Entdeckungsdrang und sein Staunen
- erkennen aus Gestik, Mimik, Körperhaltung und Bewegungen Kummer, Traurigkeit, Zorn, Ekel und Scham und zeigen mitfühlendes „Antwortverhalten".

Einstellungen und Verhaltensweisen, die die soziale Entwicklung des Kindes behindern

Nahrung: alles weich; ev. vorkauen; Ansicht: eine gute Mutter macht es dem Kind leicht; sie schaut, daß das Kind keine Probleme hat, denn darin zeige sich ihre Liebe.
Hunger vermeiden, in dem das Kind ständig und überall etwas zum Kauen oder Trinken dabei hat; quengelt oder schreit es, wird ihm entsprechend der Mund gestopft.

Was passiert da dauernd mit mir?
Vorsicht! Kein Kontakt! Außen/andere ist/sind bös.
Nichts ist sicher! Hat man mich vergessen? Liebt man mich nicht?
Mutter gehört mir.
Mutter muß mir die Last abnehmen.

Ansicht:
Ein Säugling könne nur unzureichend seine Gefühle ausdrücken (Lust/Unlust).

Die Eltern haben oft selbst nicht gelernt, Gefühlsäußerungen bei sich bewußt wahrzunehmen, auszuleben bzw. sie ernstzunehmen.
Das Gefühlezeigen sehen Eltern oft als Zeichen der Schwäche und unterdrücken dies bei sich und werden dies im Verlauf der Erziehung des Kindes auch beim Kind erwarten.
Teilweise machen sie geschlechtsspezifische Unterschiede: Jungen dürfen nicht weinen, Mädchen schon ... u.ä.

Einstellungen und Verhaltensweisen, die das soziale Wesen des Menschen fördern und das Gemeinschaftsgefühl entwickeln

Die Bezugspersonen spielen mit dem Kind.

Sie erkennen im feinfühligen Mit-Leben und Mit-Erleben:
Seelische und körperliche Entwicklung gehören zusammen; sie folgen einer einheitlichen Zielrichtung/Bewegung (vom empfundenen Minus zum empfundenen Plus).

Mein Kind bereichert auch mein Gefühlsleben.

Die Eltern sprechen seit Beginn mit dem Kind – in ihrer normalen Sprache.

Ich bin in Ordnung

- Was ich tue bringt Freude, Spaß und angenehme Reaktion der anderen
- Was ich jetzt noch nicht kann, das gelingt schon bald
- Die Welt ist interessant, freundlich, da läuft was, am liebsten möchte ich mittendrin sein und mittun, die möchte ich erforschen; dabei können mir andere helfen.

Miteinander etwas unternehmen macht Spaß. Gebe ich mir Mühe, bekomme ich Anerkennung.

Einstellungen und Verhaltensweisen, die die soziale Entwicklung des Kindes behindern

Eher zurückhaltende, kurze, oberflächliche, sich nicht wirklich am Erleben des Kindes orientierende Spiele bzw. „spielendes Miteinander".

Oft wird die Belastung zu stark bewertet, das Gedeihen des Kindes löst höchstens Genugtuung aus, Freude und Beglückung werden nicht – durch entsprechende Gedanken – geschaffen.

Die Eltern „wissen", daß das Kind die Sprache nicht versteht und setzen Sprache deshalb nicht gezielt als Verständigungsmittel ein; später wird Babysprache gesprochen, weil ja das Kind „nicht mehr kann".

Ich darf nicht weinen, traurig sein ... mich nicht zu sehr freuen ... jubeln ... Verarmung der Gefühlswelt ... Etwas ist nicht in Ordnung mit mir/anderen/Leben/Welt.

Zweites/drittes Lebensjahr:

Das Kind erweitert nach dem Laufenlernen seinen Aktionsraum. Im Kontakt mit der Umwelt entwickelt es das Sprechen. Das Umfeld der Familie wird zu seinem Lebensraum.

Die Eltern wollen das Kind zu einem ordentlichen Menschen erziehen. Deshalb müsse das Kind lernen, Gebote und Verbote zu beachten. Dazu werden nachfolgende Muster verwendet:

Einstellungen und Verhaltensweisen, die das soziale Wesen des Menschen fördern und das Gemeinschaftsgefühl entwickeln

Obwohl jetzt für das Kind viele Gefahrenquellen entstehen, begrüßen die Eltern diesen Entwicklungsschritt, mit dem es seine bisherigen Fähigkeiten vermehren kann.

Die Eltern sehen in dem neugierigen Unternehmungsgeist, im Expansionsdrang, des Kindes dessen Freude und dessen Wille sich zu entwickeln (Fähigkeiten und Kontakte zu erweitern) und schätzen dies sehr hoch ein.

Sie beschränken diesen kindlichen Bewegungsdrang und den Bewegungsraum nur,

- wenn körperliche Unversehrtheit Beteiligter gefährdet ist,
- zur Wahrnehmung der Freiheitsrechte anderer (Rücksichtnahme).

Die Erziehenden bringen diese Aspekte der Sicherheit und Rücksichtnahme dem Kind in altersgemäßer Form bei; dabei hilft der Hinweis, daß dies für alle Menschen gilt.

Die Eltern machen mögliche Gefahren dem Kind erfahrbar (ohne daß es unzumutbar leiden muß).
Belehren, Predigen oder dauernd um „Gottes Willen"-Anhalten erübrigt sich.

M „Ich bin grundsätzlich in Ordnung. Fehler gefährden diese Tatsache nicht."
„Alles ist gut, ich bin gut."

Einstellungen und Verhaltensweisen, die die soziale Entwicklung des Kindes behindern

„Du darfst nicht ..."
„Man macht nicht ..."
„Es ist ..."
Sie werden dem Kind nicht begründet und wirken wie „Dressate" → 18.

Viele Gefahren versteht das Kind (noch) nicht, da nützt kein Erklären!

Bei Verboten und Strafen ist der gute Wille und die gute Absicht der Eltern entscheidend.

Die Eltern zeigen ihre Zufriedenheit und Freude, *wenn* das Kind ordentlich ist.

Ansicht:
Die Wildheit, der Trotz mancher Kinder ist natürlich, man muß sie nur zähmen, dann entwickelt sich das Kind erfreulich und wird verträglich.

M Meine Bedürfnisse, Interessen, Gefühle und Wünsche ... werden nicht beachtet ... sind (grundsätzlich) schlecht ... darf ich nicht zugeben/zulassen.

- Vieles in der Welt verstehe ich nicht (weil ich dumm bin)
- Man erlaubt mir vieles nicht, das ist gemein
- Eltern sind böse, sie geben/erlauben mir nicht, was mir zusteht
- Ich darf nicht tun, wozu ich Lust habe.
- Ich muß mich wehren, will ich nicht untergehen.

Einstellungen und Verhaltensweisen, die das soziale Wesen des Menschen fördern und das Gemeinschaftsgefühl entwickeln

Es gibt Gefahren, die ich nicht kenne; dank dem Tip meiner Eltern weiß ich von ihnen und kann mich schützen.

Einstellungen und Verhaltensweisen, die die soziale Entwicklung des Kindes behindern

Hauptsache man ist mit mir zufrieden. Ist man mit mir zufrieden, dann liebt man mich auch. Diese Liebe will ich nicht verlieren! Sonst wehre ich mich auf meine Weise.

Bis zum 7. Lebensjahr:
Das Kind dehnt seine sozialen Beziehungen und sein Aktionsfeld weiter aus: Großeltern, Verwandte, Geschwister, Nachbarskinder, Kindergartenkinder.
Die bisherigen Sozialerfahrungen müssen sich jetzt als geeignet erweisen oder erweitert bzw. den neuen Gegebenheiten angepaßt werden. Je sicherer sich das Kind im Kontakt mit anderen fühlt (entscheidend ist dabei, ob die erste Beziehung, die mit den ersten Bezugspersonen ein Urvertrauen – alles ist gut, man liebt mich und ist für mich da – schaffen konnte) umso unproblematischer gestalten sich „kritische Phasen“: Wechsel Familienkreis-Kindergarten, Kindergarten-Schule. Diese kritischen Punkte sind unproblematisch, wenn das Gemeinschaftsgefühl genügend entwickelt wurde, andernfalls zeigt hier das Kind Problemverhalten, das gemildert werden kann, wenn Eltern dem Kind zu mehr Gemeinschaftsgefühl verhelfen. Befriedigender Kontakt gelingt dem Kind, wenn es Selbstvertrauen und Selbstwertgefühl besitzt bzw. sich fortwährend schaffen kann.

Die Eltern vergessen nicht, wie nötig es immer wieder ist, das Selbstwertgefühl zu fördern; bewußt benennen sie genau Erfreuliches, Gelungenes und erzielte Fortschritte.

Die Eltern wissen, daß sie und andere in vielen Situationen entmutigend wirken, auch wenn sie dies nicht wollen.

Die Erziehenden sind sich bewußt, daß sie viele entmutigende Situationen nicht verhindern können (z. B. im Kindergarten lacht ein Junge das Kind aus) und oft davon gar nichts erfahren.

Die Eltern kennen die Bedeutung des Lobens; sie loben, was sie lobenswert finden, tadeln, was sie als schlecht/falsch ansehen. Ihnen fällt es schwer, das Positive stärker zu bewerten und das Negative manchmal sogar zu übersehen. Dies finden sie unehrlich; man müsse doch der Wahrheit ins Gesicht sehen!

Bei Erfolg und Positivem:
Nur nicht zu viel loben, sonst bildet das Kind sich darauf etwas ein und läßt mit den Leistungen nach.

Einstellungen und Verhaltensweisen, die das soziale Wesen des Menschen fördern und das Gemeinschaftsgefühl entwickeln

Hören Eltern von entmutigenden Situationen, gehen sie einfühlend auf die Mitteilungen des Kindes ein, lassen es – falls es dazu von sich aus bereit ist – über die erlittenen Demütigungen reden und zeigen ihr Mitgefühl.

Die Eltern verteufeln den Missetäter (den Demütiger des Kindes) nicht, sondern sprechen über dessen mögliche Motive oder gar Mißverständnisse. Sie weisen, sich stets auf eigene Erfahrungen der Eltern und Kinder beziehend, darauf hin, daß Menschen grundsätzlich die Fähigkeit besitzen, sich zu ändern. Vergangenes hat zwar die Erfahrung geschaffen, doch in der Gegenwart können die Menschen anders handeln, nicht nur weil die Situation verändert ist, auch weil Menschen aus Erfahrungen lernen und sich verändern können. Die Gleichwertigkeit aller Menschen wird dadurch erlebbar.

Auch wenn ich einen Fehler mache, bin ich in Ordnung … Fehler/Probleme sind nicht schlimm, ich kann sie verbessern bzw. bewältigen, nämlich in dem ich …

Sie zeigen dem Kind, daß Sie nicht alles so beeinflussen können (und wollen), daß alle mißlichen Situationen in Zukunft auszuschließen sind.
Nur bei offensichtlichen Bösartigkeiten, Pflichtverletzungen, nach denen das Wohlbefinden des Kindes ernsthaft gefährdet erscheint, einschreiten!

Einstellungen und Verhaltensweisen, die die soziale Entwicklung des Kindes behindern

Eltern erkennen, daß ihr Kind entmutigt wird und setzen alle Hebel in Bewegung, um dies zu stoppen.

Manche Eltern zeigen dem Kind, daß einem die anderen nicht nur gut gesonnen sind: „Schlag halt mal zurück! Dann bekommen die Respekt! Wehr Dich!“

Eltern werden's schon richten (ich selbst muß zur Konfliktbewältigung nichts beitragen!).
Alle sind gegen mich. Ohne Eltern komme ich nicht mit anderen klar.

Wiederholen sich Demütigungen durch feindliche Angriffe anderer, setzen die Eltern Ihre entschlossenen „Hilfsaktionen“ mit voller Wucht fort.

Mißerfolg weist auf Fehlerhaftes. Die Fehlerquellen werden benannt und durch Training abzustellen versucht. Oft wird der Problembesitzer persön-

Einstellungen und Verhaltensweisen, die das soziale Wesen des Menschen fördern und das Gemeinschaftsgefühl entwickeln

Vielmehr nützt es, darüber mit dem Kind zu reden, was im Wiederholungsfall zu tun sei.
Ansicht: Problematische Menschen wird es immer geben (sind wir es nicht oft genug auch selbst?) Es gilt, mit dem Kind nützliche, situationsangemessene, aktive, dem Gefühl des Kindes entsprechende gewaltfreie Konfliktlösungen zu entwickeln.

Die Eltern zeigen bei allen möglichen Entmutigungen / Demütigungen / Mißerfolgen auf das stets vorhandene Positive; sie bezeichnen genau das Gelungene.

Sachliche Kritik – ist sie nötig- darf nicht entmutigend wirken! In freundlicher, warmer Atmosphäre vereitelt wohlwollendes Interesse jede feindselige Stimmung. Daher kann das Kind oft selbst die Mängel sachlich benennen.
Entscheidend: Stärken und Positives stehen im Vordergrund und schaffen eine gelöste, zuversichtliche Schlußstimmung.

Die Familie unternimmt regelmäßig etwas gemeinsam, wobei die Beiträge des Kindes zum Gelingen der Unternehmungen freundlich gefordert werden (mit Hinweis darauf, daß jeder einen Beitrag gibt, weil man zusammengehört), die alters- und reifungsangemessenen, aber nicht unwichtig sein sollten – aber schlußendlich freiwillig. Gemeinsame Interessen (hier

Einstellungen und Verhaltensweisen, die die soziale Entwicklung des Kindes behindern

lich für den Fehler/Konflikt verantwortlich gemacht und persönlich kritisiert nach dem Muster: „Du bist faul … dumm … zu langsam …“

Die Besprechung von Problemen und Mängeln geschieht oft in sehr negativer Gefühlsstimmung, mit Vorwürfen und Beleidigungen und dem Glauben, daß dies zur Besserung des Kindes führt.

Die Familie unternimmt öfters etwas gemeinsam. Die Häufigkeit und Verbindlichkeit hängt von der grundsätzlichen Umgangsform der Eltern mit den Kindern ab.
Bei gemeinsamen Interessen dominieren meist die Interessengebiete der Eltern und sind oft klar geschlechtsspezifisch orientiert.

Eltern meinen oft, daß ältere Kinder oder Jugendliche lieber unter sich sein wollen und nicht bei den „langweiligen“ Alten, wobei sie die Hintergründe wenig interessieren.

Einstellungen und Verhaltensweisen, die das soziale Wesen des Menschen fördern und das Gemeinschaftsgefühl entwickeln

dominieren nicht die Elterninteressen) bzw. die Vorstellung der Eltern von den Interessen der Kinder entwickeln und sie gemeinsam pflegen; die Familienmitglieder sollen sich als verläßliche, freundschaftlich miteinander verbundene Menschen verstehen lernen.

Ich kann einiges noch nicht, z.B. .., aber durch angemessenes Umgehen mit der Sache werde ich immer besser damit zurecht kommen.
Mit anderen etwas unternehmen macht Spaß. Erfahrung entsteht: Zur Gemeinschaft gehört Geben und Nehmen.
Wenn ich helfe, freuen sich die anderen, ... sind die anderen nett zu mir, ... erhalte ich Anerkennung.

Schon bald „vermitteln" die Eltern Kontakte zu anderen Gruppen und Gemeinschaften (Bekannte mit ihren Kindern, Spielgruppen,Vereine).

Die Erziehenden schließen auch die Arbeitswelt der Bezugspersonen und wichtiger gemeinschaftsdienlicher Institutionen und Berufe in ihr behutsames, kindgemäßes Hinführen ein.

Einstellungen und Verhaltensweisen, die die soziale Entwicklung des Kindes behindern

- Jede Kritik an der Sache ist Kritik an meiner Person
- Fehler entwerten mich als Person
- Fehler sind schlimm!
- Fehler berechtigen zu negativer Gefühlsäußerungen gegenüber Fehlermachenden.

Die Eltern sind nur an mir interessiert, wenn ich mich an ihnen orientiere. Meine eigenen Interessen/Bedürfnisse sind minderwertig.

Die Eltern orientieren sich an ihren Werten und Vorstellungen auch bei der Wahl des Umganges ihrer Kinder; nicht alle Spielkameraden werden dabei als geeignet betrachtet und entsprechend ausgesondert/gemieden.
Die Eltern sehen sich in der Verantwortung für ihre Kinder; auch was zwischen den Kindern abläuft möchten sie entscheidend beeinflussen können.
Partnerschaft, ja gleichwertige Mitbestimmung könne in der Familie nicht funktionieren, da die Kinder im grunde zu egoistisch sind, sie könnten auch durch ihre Stimmenzahl jegliche vernünftige Entscheidungen blockieren und verhängnisvolle bzw. falsche Entscheidungen treffen.

Einstellungen und Verhaltensweisen, die das soziale Wesen des Menschen fördern und das Gemeinschaftsgefühl entwickeln

Sie verstehen Familie als Gruppe, die sich in weitere Kleingruppen teilt: Elternteil-Elternteil, Eltern-Kinder, Kinder-Kinder.
Alle diese Gruppen leben partnerschaftlich, sich als gleichwertig betrachtend, zusammen (siehe Kapitel 3.7).

Ich bin ein Teil der Gemeinschaft, da fühle ich mich wohl, da gehöre ich dazu.
Zum Wohlfühlen aller habe ich etwas beizutragen.
Vertiefende Erfahrung:
Jeder gehört zur Gemeinschaft der Menschen; Geben und Nehmen gehören zusammen. Jeder trägt durch den Beruf oder andere Dienstleistungen zum Miteinander bei. Jeder trägt Verantwortung für das Ganze, d.h. dem Lebensraum der Menschen.

Einstellungen und Verhaltensweisen, die die soziale Entwicklung des Kindes behindern

Die Eltern sehen nicht ein, wieso sie trotz ihrer Lebenserfahrung, trotz ihres Wissens um den richtigen Weg und trotz ihrer alleinigen Verantwortung über sich bestimmen lassen sollen.
Diese „Kinderherrschaft“ würde den Kindern nicht nützen.

Zurückstecken und sich den jeweiligen „Chefs“ unterordnen/anpassen bleiben wichtige Fähigkeiten, die es in der Familie zu erwerben bzw. einzuüben gilt.

Konkurrenz/Wettbewerb (z. B. Wettspiele, Vergleiche, Ranglisten, Notenvergleiche) sind nützlich und motivieren. Die Kinder müssen lernen, sich im alltäglichen Konkurrenzkampf zu behaupten.

Die Eltern wünschen, daß ihr Kind insgesamt einen „gesunden“ Ehrgeiz entwickelt.

Ich bin weniger wert, mich beachtet man nicht, ich bin nicht in Ordnung.

- Ich bin gleichwertig. Folge: Kampf gegen „Bestimmer“
- Argumentieren, Zuhören, Kompromisse schließen bei Konflikten sowie deren gewaltfreie Durchführung werden nicht gelernt. Folge: einseitige, variantenlose Konfliklösungsfähigkeiten (Entweder-oder-Prinzip: Gewalt oder Kuschen).

Lebensaufgaben Arbeit, Liebe, Leben in der Gemeinschaft, Einstellung zu Kultur, sich selbst und zur Sterblichkeit des Menschen.

4. Die hier aufgelisteten Inhalte sind eher eine willkürliche, wenn auch an Erfahrungswerten orientierte Auswahl aus einer viel größeren Summe möglicher erzieherischer Verhaltens- und Einstellungsweisen.

- Verstehen Sie die Probleme des Kindes als eine Folge von Entmutigung und als Lücke in der Entwicklung des Kindes und reagieren Sie darauf durch
  - bewußte (!) Förderung des Gemeinschaftsgefühls; entnehmen Sie Anregungen aus den Spalten 1 der Übersicht; besprechen Sie sich mit Ihrem Partner, überdenken Sie auch eigene Widerstände und Einwände;
  - bewußtes Realisieren einer ermutigenden Erziehung (Einzelheiten siehe Kapitel 2)

- Probleme des Kindes auch als Folge von irrtümlichen Meinungen des Kindes erkennen und deshalb verstärkt diese subjektive Sicht zu verstehen versuchen.
  - Begründen Sie stets not-wendige (!) Verbote (Gefahr für Leben, Unversehrtheit, Privatsphäre anderer), Vorschriften *kurz* und altersgemäß (keine Diskussionen!); belehren Sie dabei nicht, geben Sie nur sachliche Informationen; fühlen Sie sich dazu imstande!
  - Oft genügt dem Kind, daß wichtige Verbote begründet werden; das Verstehen ist ihm dann gar nicht so wichtig; für Machtkampfbeziehungen sensibel werden und sie entschärfen (siehe Kap. 3.1 Nahziele).
  - Wo gibt es in Ihrer Familie Tabus? Welche Folgen könnte dies für Ihr Kind haben? Tabus versachlichen, wenn sie vom Kind angesprochen werden, solche Themen nicht ausklammern!
  - „Man-Sätze stets hinterfragen:
    Stimmen sie für diese Situation, für mein Kind, für mich persönlich? Wo könnten sie im Gefühlsleben des Kindes ängstigend, verunsichernd, d. h. entmutigend wirken? Formulieren

Sie solche Sätze in jeweils ganz persönliche Stellungnahmen um.

- „Du sollst, du mußt"-Sätze bzw. Befehle werden vom Kind als Ausdruck von Macht erlebt; reflexartig bildet es Widerstand (offen oder verdeckt); bei wichtigen Anweisungen sich dessen bewußt sein, respektieren Sie das Kind:
  „Könntest du bitte …" – „Was hältst du von …?" – „Ist dir schon aufgefallen …?" u. ä. Wandeln Sie unvermeidliche Forderungen in Bitten um.
- Sprechen Sie miteinander im häuslichen Bereich soviele Regeln und Vorschriften ab, wie Sie verantworten können, aber trotzdem auch so wenig wie möglich. Besprechen Sie mit anderen Erziehenden/Partner, was Sie an Vorschriften nötig finden; bedenken Sie dabei:
  * Hilfe nur dort, wo das Kind sie wegen seiner körperlichen Kraft oder geistigen Reife benötigt
  * Verbote und Strafen wecken grundsätzlich Widerstand und beziehungsschädigende Machtkämpfe.

Die Löffel

– Ein russisches Märchen –

Ein Mensch kam zu Gott.

„Herr, erweise mir eine Gnade und lasse mich dein Reich sehen, den Himmel und die Hölle." – „Folge jenem Heiligen dort, die Bitte sei dir gewährt." Jener nahm den Menschen bei der Hand. Bald gelangten sie in einen Raum, in dessen Mitte auf einem großen Feuer ein großer Topf stand. Er verströmte einen herrlichen Geruch, der unter den Anwesenden großen Appetit auf die Speise weckte. Doch die um den Topf Versammelten sahen ausgehungert und schwach aus; sie litten offensichtlich, obwohl sie mit langen Löffeln die köstliche Mahlzeit auslöffelten.

Doch der Besucher merkte gleich, daß die Löffel zu lang waren; man konnte sie nicht an den Mund führen und essen, schließlich verkleckerte man die Umstehenden mit der heißen Nahrung, was auch Streit und Unruhe erzeugte. Der Hunger blieb ungestillt. Mit dem Blick auf die Unglücklichen fragt er den Heiligen:

„Das war die Hölle?" Dieser nickte.

In einem anderen Raum fiel der Blick des Besuchers zunächst auf den ebenfalls in der Mitte des Raumes auf großem Feuer stehende Topf. Doch wie fröhlich und vergnügt bediente man sich hier der köstlich duftenden Speise! Dabei waren die Löffel gleich lang wie zuvor in der Hölle! Der Besucher sah die gutgenährten, gesunden Menschen und entdeckte den Unterschied: Sie schöpften mit ihren viel zu langen Löffeln aus dem lebensspendenden Gefäß, schoben sich aber gegenseitig die erworbene Nahrung zu. Der Mensch wußte, wo er sich befand.

1.3 Vier Methoden, um vom Minus zum Plus zu gelangen:

Um menschliches Verhalten besser verstehen zu können, benützen wir immer wieder Idealvorstellungen, sogenannte Typologien. Sie werden aus den beobachteten Verhaltens-, Denk- und Empfindungsformen abgeleitet. Im ersten Teil dieses Kapitels (1.1) unterschieden wir zwei Methoden →9 – aktive und passive – um vom Minus zum Plus zu gelangen. In Kapitel 1.2 beschrieb ich zwei weitere Formen menschlichen Verhaltens:

- vom Gemeinschaftsgefühl beseeltes, soziales, an den Erfordernissen des Miteinander orientiertes Verhalten und
- sich von anderen und der Gemeinschaft distanzierende, ichbezogene Verhaltensweisen.

Sie lassen sich zu den vier Methoden des Zugehens auf eine Aufgabe, zu vier Typen der Reaktion bzw. Stellungnahme auf Umweltgeschehnisse kombinieren:

- aktiv-sozialbezogene Methoden
- passiv-sozialbezogene Methoden
- aktiv-ichbezogene Methoden
- passiv-ichbezogene Methoden

- ***Merkmale sozialbezogener*** →17 ***Methoden:***

Das Kind verfügt aufgrund immer wieder erlebter Ermutigung ein insgesamt stabiles Selbstwertgefühl, das sich trotz gelegentlicher Mißerfolgserlebnisse nicht entscheidend ändert. Es hat erfahren, daß man es schätzt, daß es sich unter anderen geborgen fühlen kann und sich deshalb in dieser Welt – verstanden als Teil der Gemeinschaft und des Kosmos – frei und individuell entfalten kann. Ob das Kind mehr zu aktiven oder eher zu passiven Methoden des Strebens vom Minus zum Plus, vom Nichtkönnen zum Können, greift, hängt primär vom erlebten Erfolg ab. Neben dem Temperament spielt bei der Methodenwahl der Grad der Entmutigung eine Rolle. Passiv-sozialbezogene Methoden entspringen einer größeren Skepsis gegenüber der eigenen Fähigkeit und der Stellung gegenüber anderen als bei aktiv-sozialbezogenen. Auch die bevorzugten elterlichen Verhaltensmuster wirken sich auf die Methodenwahl aus.

- ***Merkmale ichbezogener Methoden:***

Ichbezogene Methoden resultieren aus einer Skepsis gegenüber

- den eigenen Fähigkeiten: Die Kinder trauen sich in verschiedenen Bereichen nicht zu, die gestellten Aufgaben/Probleme zu lösen
- dem Mitmensch bzw. der Gesellschaft, die je nach Ausprägung un-

freundlich bis feindlich erlebt werden; deshalb erwartet das Kind von ihnen wenig Positives. Aus diesem Grund muß man sich wehren und kämpfen bzw. dem Versagen und der Demütigung ausweichen. Das Kind experimentiert mit den verschiedensten Widerstands- bzw. Mißerfolgs-Vermeidungsmethoden, von denen es annimmt, mit ihnen das (unbewußte) Ziel erreichen zu können. Je nach Erfolg wird es in diesem Kampf gegen andere und dem Vermeiden von Mißerfolg aktive bzw. passive Methoden bevorzugen. Auch das Temperament spielt bei der Methodenwahl eine Rolle ebenso die von den Eltern vorgelebten Verhaltensmuster.

Ichbezogene Methoden nennt die Individualpsychologie auch Geltungsstreben → 15. Beispiele entnehmen Sie bitte Baustein 9 und Baustein 17!

1. Erkennen Sie die Art der Methode, mit denen Ihre Kinder gewöhnlich Probleme, Schwierigkeiten, etwas Neues, in Angriff nehmen, in dem Sie häufige problematische Verhaltensweisen den vier Methodentypen zuordnen.
2. Beim Überwiegen ichbezogener Methoden beschäftigen Sie sich schwerpunktmäßig mit dem Kapitel 3.1, Nahziele. Entdecken sie für sich auch aus der Übersicht von Kapitel 1.2 Möglichkeiten, die Entwicklung des Gemeinschaftsgefühls zu fördern.
3. Beim Überwiegen passiver Methoden können Sie den Ursachen nachspüren:

Ist das Kind so, weil es sich „wirklich“ nicht traut, eventuell Angst hat (wovor ?), dann sind Sie auf der Spur: Entmutigung Erarbeiten Sie sich für Ihren Erziehungsalltag mit Kapitel 2 eine eigene Ermutigungsstrategie.

Verhält sich das Kind so zögerlich, weil es wahrscheinlich das „von uns hat“, also diese„Art“ auch bei anderen Familienmitgliedern beobachtbar ist, dann prüfen Sie: Welche Art passiven Verhaltens hat das Kind einzelnen Familienmitgliedern „abgeschaut“ (Nachahmungslernen)?

Stellen Sie für sich genau fest, was Sie daran problematisch finden. Wenn Sie daran etwas ändern wollen, benützen Sie nicht Worte, sondern Ihr eigenes Verhalten.

1.4 Wie sich die (unbewußten) Ziele verändern können:

Der Mensch traut sich zu, sein Problem bzw. seine Aufgabe zu lösen, indem er sich sachlich mit den Schwierigkeiten beschäftigt, das bereits Gelungene sieht und sich genau auf das konzentriert, was noch fehlerhaft ist bzw. noch fehlt. In Kapitel 1.2 zeigt die linke Seite der Übersicht wichtige Faktoren des für das seelische Wohlfühlen und Zurechtfinden im Leben nötigen Gemeinschaftsgefühls. Es entwickelt durch stetige Ermutigung aktives, sachangemessenes und selbstvertrauendes Zugehen auf die Welt. Ausgehend von diesem Idealzustand, soll gezeigt werden, daß durch das *Abnehmen* von Gemeinschaftsgefühl das *direkte* Lösen der gestellten Aufgaben bzw. das direkte Überwinden von Problemen aufgegeben wird. Ursache ist die erfahrene Entmutigung. Stattdessen werden nun Ersatzziele angestrebt um ein zu schlechtes, unerträgliches Selbstwertgefühl zu verhindern (siehe folgende Kapitelteile) [→16].

1. Das direkte Streben vom Minus zum Plus

Menschliches Handeln strebt, ohne erlebter Entmutigung, und mit gut entwickeltem Gemeinschaftsgefühl zwei Haupt-Zielen zu:

- „Können“: Das heißt: Kenntnisse, Fähigkeiten, Fertigkeiten erwerben bzw. sie vervollkommnen, Fortschritte erzielen können, das Gemeinschaftswesen voranbringen und verbessern um Gleichwertigkeit und partnerschaftliches Miteinander zu erreichen, gut/wertvoll zu sein.
- „Dazugehören“: Das bedeutet zum Beispiel, daß der Mensch folgende Ziele anstrebt:

Anerkennung, Liebe, Achtung erhalten, geschätzt werden, sich geborgen, geschützt und angenommen fühlen, Kooperation, Partnerschaft, friedliches Miteinander, sich als gleichwertig fühlen und auch so behandelt werden, individuelle Entfaltung und Glück. Diese Ziele sind zu erreichen mit sozialbezogenen Methoden.

Beispiel: Jürgen übt das Lesen.

Entscheidend: Ermutigende Grundhaltung beim Lesenüben, Übung so gestalten, daß Kind Erfolg, den Fortschritt erlebt(!). Fortschrittsorientiert, nicht fehlerorientiert üben, sachliche, ganz konkrete Fehlerbearbeitung.

Grundeinstellung des Kindes: Ich kann *noch nicht* fehlerfrei lesen, doch mit etwas Übung von P- und G-Wörtern und den Silbenkärtchen von Mama werde ich das auch schaffen. Kinder, die diese direkte Überwindung einer Schwierigkeit anstreben, benützen aktiv-sozialbezogene Methoden der Problembewältigung.

Einfach

Vater packte das neue Videogerät aus und versuchte es zu programmieren und zum Laufen zu bringen. Doch es klappte nicht. Die Gebrauchsanweisung war nur auf japanisch, er konnte sie nicht gebrauchen. Schließlich ließ er unverrichteter Dinge den Video stehen, denn ein wichtiger Termin rief ihn außer Haus.

Als er Stunden später zurückkam, eilte ihm seine zehnjährige Tochter Cindy strahlend entgegen:

„Du Papa, der Video läuft, schau, das habe ich bereits aufgezeichnet.“ Vater traute seinen Augen nicht: Das Ding lief und war richtig programmiert. „Wie hast du das denn geschafft?“ fragt der verwunderte Vater. „Ja weißt du, wenn man kein Japanisch kann, dann muß man eben nachdenken und die Sache ganz logisch betrachten.“

---

2. Was einmal nicht klappte, wird zur „Spezialität“

Es gibt Menschen, die sich nicht durch Mißerfolg entmutigen lassen, die mit sozialbezogenen Methoden „erst recht“ das zunächst so schwer erreichbar erscheinende Ziel anstreben. Und dank ihres Gemeinschaftsgefühls und erlebter Ermutigung gelingt schließlich auch die direkte Überwindung des Minus. Doch dieses Ziel übt nun einen so starken Reiz aus, daß solche Menschen sich diesem Gebiet verschreiben, sich tiefer mit ihm beschäftigen, ihre Fähigkeiten und Fertigkeiten vervollkommnen und hervorragende Leistungen bringen. Man spricht auch von Überkompensation.

Beispiel: Ein Mensch, der ursprünglich Probleme mit dem Sprechen hatte, entwickelt sich zum gewandten Geschichtenerzähler, dem man gerne zuhört.

Merkmale: Selbstvertrauen und Aktivität, sachangemessener Umgang in verstärktem Maße, um Kompetenz zu erweitern, Gemeinschaftsbezogenheit, Minusgefühle: „Ich kann etwas *noch nicht* so wie es mir möglich wäre. Wenn ich weiterhin ..., dann werde ich ...“

Steht aber beim Anstreben einer außerordentlichen Leistung mehr die Vergrößerung der Bedeutung der eigenen Person, das Gelten vor anderen als auslösendes und das Handeln vorwärtstreibendes Moment, dann gilt dies als eine Fehlkompensation, als Streben nach einem Ersatzziel (siehe nachfolgenden Kapitelabschnitt). Denn dann spielt nicht das anzustrebende Können, sondern das Gelten den Hauptauslöser.

3. Teilweise entmutigte Menschen suchen eine „neue Chance"
(Ph. Lersch: „Kompensation der nächsten Chance")

Menschen, die nur in *gewissen Lebensbereichen* entmutigt sind (z. B.: in Rechnen, Radfahren, Schwimmen ...) besitzen noch genügend Selbstbewußtsein, um sich *anstatt* der nicht erreichten direkten Überwindung des Minus andere direkte Ziele zu setzen und sie direkt (wie oben beschrieben) anzustreben:

Beispiel: Statt in Rechtschreibung (Note 5) wird dieses Kind in Mathematik gut und interessiert. Statt zu musizieren (wie der Bruder, der so vieles besser kann) trainiert die Schwester Leichtathletik (was der Bruder gar nicht kann) ...

Merkmale: Selbstvertrauen und Aktivität/Initiative, sich mit der Logik der Dinge bzw. der Problematik zu beschäftigen; Minusgefühl: „Ich kann etwas *noch* nicht."

Wichtig ist das klare ermutigende Verhalten der Eltern (beim Helfen)! Sie achten auch darauf, daß das Kind selbst (!), also seine Entwicklung, sein Fähigkeitszuwachs, der Maßstab, der Vergleichspunkt ist und nicht andere Schüler. Vergleiche helfen hier nicht! Vergleichen Sie mit gestern, letzte Woche, vorigen Monat und benennen Sie genau den erzielten Unterschied bzw. Fortschritt!

Einschränkung: Gesagtes gilt vor allem für miteinander vergleichbare Gebiete. Weicht das Kind dagegen auf ein total anderes Gebiet aus, dann kann nicht immer der Erfolg auf dem einen Gebiet das Vertrauen auf dem anderen entscheidend stärken.

4. Entmutigte Menschen streben auf ein Ersatzziel zu

Das Kind/der Mensch traut sich die Lösung einer gestellten Aufgabe/Problems – nach zahlreichen negativen Erfahrungen mit der eigenen Leistungsfähigkeit – nicht mehr zu. Deshalb verändert das Kind unbewußt das Ziel seines Strebens/Handelns, um sich trotz Nichtlösens der

Aufgabe im Plus fühlen zu können. Diesen Vorgang veranschaulichen die Graphiken Seite 47 und 48.

Jetzt geht es nicht mehr um Können, um Aufgaben lösen, Probleme bewältigen. Das Ich, das sich das alles nicht (mehr) zutraut, will nun aber dieses Versagen nicht erleben. Es bietet Ersatzziele; solche Ersatzziele könnten, je nach Situation sein:
- Mißerfolg/Demütigung/Vergleich vermeiden
- Machtposition und Geltung erkämpfen und aus dieser Sonderstellung heraus Methoden anwenden, die seine Schwächen nicht (mehr) sichtbar werden lassen.

Um diese Ziele zu erreichen, setzt der Mensch aktiv- oder passiv-ichbezogene Methoden ein.

Beispiel:

Ein Betrieb spricht einige erfahrene Mitarbeiter an, doch eine Weiterbildung zu machen, um eine höhere Qualifikation zu erreichen.
- Statt mit Fleiß und Ausdauer die Englischkenntnisse zu erweitern, geht es einem Mitarbeiter nun darum, mit seinen neuen Englischkenntnissen zu prahlen, sich durch sie in den Vordergrund zu stellen. Hier läßt sich die negative Grundmeinung über andere Menschen („... die anderen mögen mich nicht ... wollen mich kleinmachen ... übersehen meinen Wert ...“) erkennen, die aus erlebter Entmutigung im Kontakt mit anderen stammt.

Das Ziel: Statt Englisch-Können: Besser sein als seine Mitkonkurrenten.

- Bei einem anderen Mitarbeiter spielt die negative Meinung über sich selbst („... ich bin kein guter Schüler ... Sprachen liegen mir nicht ... ich bin nicht intelligent genug ...) den Auslöser, um ein Ersatz-Ziel anzupeilen: Statt mit Fleiß und Ausdauer die Englischkenntnisse zu erweitern, strebt er nun eine Qualifikation an, die keine weiteren Englischkenntnisse erfordert.

Ersatz-Ziel: Zustand erreichen, in dem Enttäuschung, Versagen vermieden ist.

Merkmale solcher Menschen: Selbstvertrauen nur in seine Fähigkeiten, durch aktiv-ichbezogene Methoden sein Ersatzziel zu erreichen: Geltung, Macht haben; private Logik gilt, die der allgemeingültigen Logik in großen Teilen widerspricht; Minusgefühl: „Die andern mögen mich nicht, das Leben ist feindlich ... o.ä.“; ich kann grundsätzlich nicht/bin nicht (jetzt und in Zukunft); Ichbezogenheit →17; schwaches Gemeinschaftsgefühl.

Dadurch soll ein Zustand erreicht werden, in dem keine Vergleiche, mit anderen Menschen möglich sind, eine Machtposition erreicht ist, oder eine sichere Sonderstellung. Je nach Situation zielen solchen entmutigte Menschen auch an, Niederlagen und Demütigungen zu verhindern oder in Ruhe gelassen zu werden.

Dieses „Streben nach Ersatzzielen" benennt die Individualpsychologie mit dem treffenden Begriff *Geltungsstreben*. Baustein 15 informiert Sie über diese Art des ichbezogenen Verhaltens

- Probieren Sie auf der Basis „alles menschliche Handeln ist zielgerichtet", die Probleme des Kindes neu zu sehen, um es so verstehen zu können:
  - Betrachten Sie Problemverhalten als Methode, um ein Ersatz-Ziel zu erreichen, weil sich das Kind das ursprüngliche direkte Ziel (etwas können, zu anderen dazugehören) aufgrund von Minderwertigkeitsgefühlen durch * erlebte Entmutigung * mangelndes Gemeinschaftsgefühl nicht mehr zutraut.
  - Versuchen Sie ein solches Ersatzziel zu „erraten" und vergewissern Sie sich durch genaues, aber unauffälliges Beobachten, ob Ihre Vermutung zutrifft.
  - Problemverhalten sind Fehlkompensationen; häufige Ziele des Verhaltens können sein:

    * Zustand, in dem Mißerfolg/Demütigung vermieden/ausgeschlossen ist

    * Geltung/Macht/Sonderstellung, die geignet ist, Minderwertigkeit, Schwäche nicht sichtbar werden zu lassen

    * Nahziele erreichen (siehe Kapitel 3.1)

Kapitel 2 : Bedeutung von Ermutigung

2.1 Entmutigungsquellen:

Weil das Menschen-Junge noch viele Jahre sowohl in seinen körperlichen, als auch in seinen sozialen Fähigkeiten und Eigenschaften auf Hilfe, Lenkung und Fremdbestimmung angewiesen ist, erlebt es immer wieder seine Kleinheit, was ihn, bei gering entwickeltem Gemeinschaftsgefühl, teilweise stark entmutigen und in seiner positiven Entwicklung behindern kann. Hier stelle ich drei typische Entmutigungsquellen vor, die dabei wirken können:

- Die Unzulänglichkeiten des Menschen-Jungen
- Negative Grundmeinungen bzw. Selbst-/Fremd-/Weltbild
- Leben in einer Entmutigungsgesellschaft

■ *Allgemeine Unzulänglichkeiten des Menschen-Jungen*

Die Tatsache, daß sich der Mensch von Anfang an immer wieder in einer unterlegenen Situation fühlt, stammt vor allem aus seiner körperlichen Kleinheit, geringen Körperkraft und noch nicht entwickelten, aber zum Überleben notwendigen Fähigkeiten und Fertigkeiten. Es ist über längere Zeit auf Hilfe und Fremdbestimung angewiesen. Gleichzeitig mißt sich aber das Kind ständig an den Leistungen und Eigenschaften älterer Menschen (Geschwister, Nachbarkinder, Kindergartenkollegen, Eltern), was ihm seine Kleinheit und Schwäche schmerzlich erfahren lassen kann.

Deshalb ist es so wichtig, daß diese Unterlegenheitsgefühle durch die erlebte Geborgenheit des zärtlichen Miteinander-Lebens der ersten Monate und Jahre so wenig wie möglich entstehen können. Treffen sie zudem mit einem sich kräftig entwickelnden Selbstwertgefühl zusammen verlieren sie weiter ihre negative Wirkung.

■ *Negative Grundmeinungen über sich/Welt/andere/Leben*

In der Stellungnahme zum Leben – beginnend praktisch mit der Geburt – bildet das Kind, wie gezeigt, viele Meinungen über sich, die Dinge, die

Welt, die anderen. Diese Meinungen dienen bald als Orientierungshilfe für das weitere Erkunden der Umwelt. Ebenfalls seit Geburt an beginnen die Bezugspersonen im innigen und emotional-körperlichen Kontakt mit dem Kind, die soziale Bezogenheit des Menschen zu entwickeln. Je mehr dadurch das sog. Gemeinschaftsgefühl entwickelt wird, um so positiver gestalten sich die Meinungen über sich selbst/andere/Leben/Welt. Die Übersicht in Kapitel 1.2 zeigt in Spalte 1 solche wünschenswerte Einstellungen und Verhaltensweisen.

Spalte 2 zeigt, wie sich sehr früh schon Menschen entwickeln können, die sich von, der Welt und dem Leben zunehmend enttäuscht fühlen: Diese Menschenkinder erleben oft vom Beginn ihres Lebens an ständige, immer wieder neue Entmutigungen. Die dabei gebildeten Meinungen wirken als verhängnisvolle Entmutigungsquellen, die das Kind stets selbst am Sprudeln hält; ja es bohrt mit seiner negativen Einstellung gar immer wieder nach diesen Quellen.

Solche Grundmeinungen können sein:

- Meinungen über eigene organische Minderwertigkeiten oder schwere Krankheit
  → „Ich habe eine häßliche Nase ...“ – „Als Diabetiker ...“
- Meinungen über unterlegene Position gegenüber anderen
  → „Mein Bruder ist der hellere Kopf ...“
- Meinungen über schwierige Situationen
  → „Die Erziehung meines Kindes überfordert mich ...“
- Meinung über unerledigte Aufgaben oder ungelöste Probleme
  → „Ich weiß noch nicht, wie ich die beiden Faktoren in meinen Plan einbauen kann ...“
- Meinung über soziale Unterlegenheit
  → „Ich bin ein Arbeiterkind, ...“ – „Als Kind eines Säufers ...“
- Meinung über Einflüsse der Natur bzw. deren Zerstörung auf den Menschen
  → „Als Mensch in einer Zeit, in der Tschernobyl sich täglich wiederholen kann ... kann ich es nicht verantworten, Kinder in die Welt zu setzen.“
- Meinung über die eigene erlebte Erziehung, gute Elternschaft und darüber wie die Erziehung deshalb unbedingt sein muß.
  → „Wie kann ich mich nur so gehen lassen, als verantwortungsvoller Vater hätte ich ...“

So verändern negative Meinungen das (unbewußte) Ziel und die Methoden:

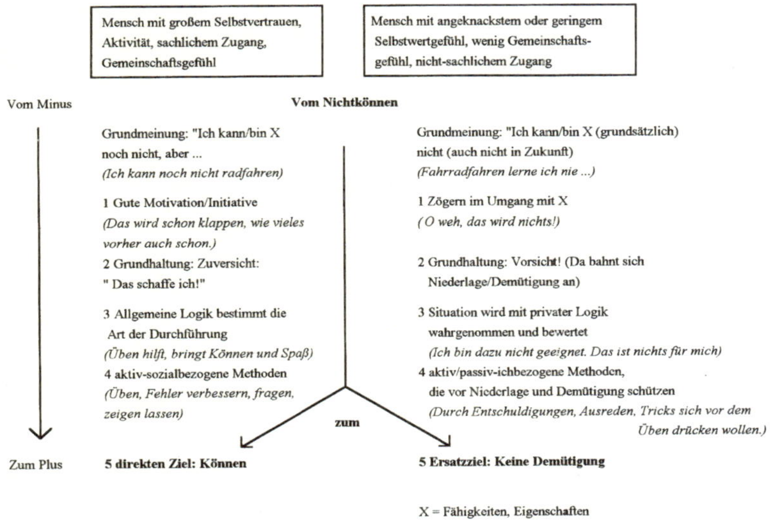

Sie sehen die negative Meinungen (rechte Seite) – aus denen sich ein negatives, sehr dauerhaftes Selbstbild entwickelt – prägen möglicherweise als starke Entmutigungsquellen die gesamte Art des Erlebens und Handelns. Sie verursachen das Abdriften von der direkten Problemlösung zu privatlogischen Lösungen, die der Mitmensch aber als Ausweichen, Zögern, Entwertung, Geltungsstreben erlebt und negativ bewertet. Daraus erwachsenen dann dem Kind/Menschen Schwierigkeiten mit der Umwelt.

Minderwertigkeitsgefühle machen uns anfällig und verletzlich. Und wie oft an einem langen, 24stündigen Tag geraten wir, oft wie aus heiterem Himmel, in kritische Situationen? Und genau dann, wenn unsere Gedanken einsetzen nach dem Motto: „O, weh, das … ich kann nicht …“ aktivieren wir ein Minderwertigkeitsgefühl, das uns entmutigen kann. Das geschieht, vereinfacht gesagt, nach dem Prinzip:

> Situation → negative Gedanken → Gefühl unbewußtes Ziel setzen (oder vorhandenes aktivieren) → geeignete (bevorzugte) Methode, um Ziel zu erreichen
> Beispiel: Lehrer fragt etwas → „Kann nicht …“ → Angst zu versagen → keine Demütigung → Schweigen

Wir benötigen ein Hilfsmittel, um Selbst-Entmutigungen zu verhindern. Wir brauchen geeignete, stets „griffbereite“ Mittel, um uns in kritischen Situationen, wenn wir von der Entmutigung bedroht sind, selbst ermutigen zu können. Die nachfolgenden Abschnitte dieses Kapitels werden sich daher darauf konzentrieren.

Panik ergriff die Touristengruppe, als sie hörte, daß die nette Katze gestorben war, stellten sie doch gestern einiges vom Abendessen hin, das sie gar nicht frisch und wohlschmeckend fanden. Jetzt klagten sie innerhalb Minuten über Bauchschmerzen und Fiebergefühle, Übelkeit und sogar Durchfall.
Der herbeigerufene Arzt fragte schließlich den Wirt nach der Katze. Traurig wies dieser nach dem Schuppen:
„Sie ist heute morgen von einem Bus überfahren worden. Mein Sohn wird sie gleich begraben.“

■ *Unsere Entmutigungsgesellschaft mit ihrer Fehlerorientierung und Wettbewerbs-Ethik*

In unseren westlichen Industrieländern gehen die Menschen in Schulen, in denen durch Leistungsdruck die Besten, d.h. die an das Leistungsprinzip Angepaßtesten, belohnt und bevorzugt werden. Das sich auffächernde Schulsystem verwehrt den Langsameren in den meisten Fällen den Zugang zu aussichtsreichen, gutbezahlten Berufsfeldern.

Konkurrenzkampf, Ellenbogen und Skrupellosigkeit gelten bei vielen als Tugend; Notendruck, autoritärer Erziehungsstil, totes Lernen, sind Stichworte die trotz ihrer Abgegriffenheit leider weiterhin stimmen, die Verantwortlichen allerdings nicht mehr zu echten Reformen provozieren können. Bildungspolitik ist, je „besser“ sie ist, einfach geschicktere Augenwischerei. Die Gesellschaft bleibt, die Schule kann doch nicht „besser“ sein! Auch Ihre Kinder sollen Eigenschaften erwerben, die sie befähigen, sich erfolgreich durchzusetzen.

Und so fordern viele Eltern erbarmungslos von ihren Kindern Leistungsbereitschaft und Durchsetzungsfähigkeit, im fatalen Irrtum, daß man durch Härte und Strenge solche Menschen machen könnte. Und wie erleben diese Kinder ihre Umwelt?

Nur wenige können der manchmal erzeugten Leistungsforderungs-Atmosphäre in Familie oder Klassenzimmer wirklich genügen. Der Großteil fühlt sein Ungenügen und entwickelt die sich so verhängnisvoll auswirkenden negativen Meinungen über sich und die eigene Leistungsfähigkeit.

Siehe auch →14.

> Urteile sind nur wertvoll, wenn sie bejahen. Jedes verneinende, tadelnde Urteil, wenn es als Beobachtung noch so richtig ist, wird falsch, sobald man es äußert. Was Menschen übereinander reden, davon sind zwei Drittel solche ‚Urteile'. Wenn ich von einem Menschen sage, er sei mir zuwider, so ist das eine ehrliche Aussage. Wer sie hört, dem ist es anheimgegeben, ob er die Schuld an diesem Zuwidersein mir oder dem andern zuschreiben will. Sage ich aber von jemand, er sei eitel oder geizig, oder er trinke, so tue ich unrecht. Auf diese Art ließe jeder Mensch sich rasch durch Urteile ‚erledigen'. Für diese Art von Urteil ist Jean Paul ein Biertrinker, Feuerbach eine Sammetjacke und Hölderlin ein Verrückter gewesen. Ist damit etwas über sie gesagt, etwas von ihnen gegeben? Ebensogut kann einer sagen: die Erde ist ein Planet, auf dem es Flöhe gibt. Diese Art von ‚Wahrheiten' sind der Inbegriff aller Fälschung und Lüge. Wirklich wahr sind wir nur, wo wir jasagen und anerkennen. Das Feststellen von ‚Fehlern', und klinge es noch so fein und geistig, ist nicht Urteil, sondern Klatsch. *Hermann Hesse*

2.2 Wo Ermutigung ansetzen muß

Wir stets Entmutigungs-Gefährdeten benötigen ebenso wie die bereits Entmutigten möglichst oft Ermutigung. Wo und wie soll nun wirkungsvolle Ermutigung beginnen? Das soll uns ein Blick auf die folgende Abbildung beantworten helfen.

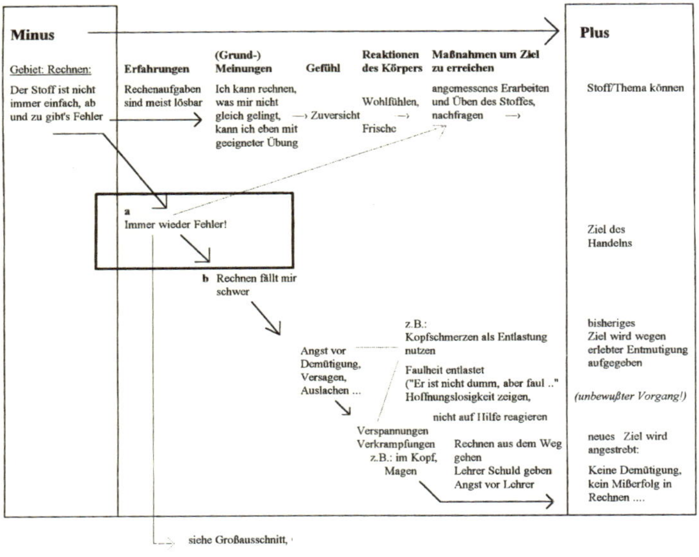

Sie sehen oben (waagrechte Pfeile) die direkte Überwindung des Minus durch Kinder mit stabilem Selbstwertgefühl und entsprechend aktiv-sozialbezogenen Methoden das Plus zu erreichen. Die abknickende Linie symbolisiert, wie die nichtdirekte Überwindung des Minusgefühls entstehen kann. An deren Ende sind Ersatzziele, die Kinder aufgrund der Entmutigung anstreben (siehe auch Kapitel 1.4).

Die Graphik zeigt, wie Ermutigung die Wirkung der Entmutigungsquellen verändern kann.

Ansatzpunkt ist **a**:

Das ist die Erfahrung, „immer wieder Fehler zu machen“. Das Kind ist offensichtlich fehlerorientiert. Wer macht es darauf aufmerksam?

- Vielleicht die Eltern bei den Hausaufgaben? Halfen sie fehlerorientiert und beachteten zu wenig das bereits Gekonnte, Gelernte? Zeigen sie dabei zu wenig Zuversicht in das Begreifen und die Fortschrittsmöglichkeiten des Kindes ? Oder spürt das Kind etwas von der nicht ausgesprochenen Angst der Eltern vor dem Schulversagen des Kindes – vielleicht spielt deren Erinnerung an die eigene Kindheit eine Rolle?
- Vielleicht die Lehrerin?
- Oder die Klassenkameraden oder, oder …

Und genau hier: vor a, um b zu verhindern oder zumindest in seiner Absolutheit abzumildern, muß Ermutigung im Idealfall ansetzen! Eine Meinung verabsolutiert, verallgemeinert eine gemachte Beobachtung. Und darin liegt ihre *Unwahrheit, ihr Irrtum!*

Was ereignet sich nun zwischen a und b ? Und wie sähe eine sich möglicherweise ermutigend auswirkende Aktion aus? Betrachten Sie dazu einen „Ausschnitt“ der obigen Abbildung:

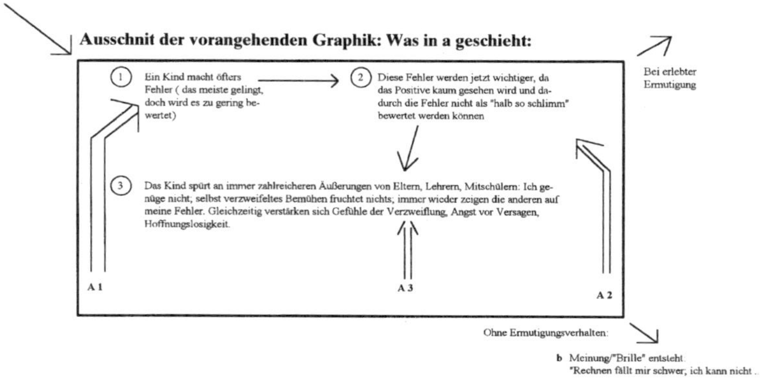

Erläuterung: An drei Stellen (A1, A2, A3) könnten Ermutigungsideen eingesetzt werden.

Ermutigungsstrategie A 1: Fehler werden gesehen, sachlich genannt. Danach wird der Sachverhalt auf eine andere Art vermittelt und die deutlich wahrnehmbare Zuversicht ausgestrahlt: Du kannst es *noch nicht;* du wirst / kannst es schaffen/begreifen, das läßt sich machen! Gleichzeitig werden gelungene/verstandene Teile hervorgehoben und als *Beweis* genutzt, daß die Hoffnung auf Fortschritte berechtigt ist. Eltern vermeiden jeden Vergleich mit anderen bzw. Geschwistern. Es nützt meist auch nicht, auf eigene Schwierigkeiten mit dem selben Problem hinzuweisen (nach dem Muster: „In Mathe war ich auch schwach").

Ermutigungsstrategie A 2: Kinder ordnen – mit ihrer Wahrnehmung – wie schon in Kapitel 1 gezeigt, Vorgänge, Erlebnisse offensichtlich nach dem Schwarz-Weiß-Prinzip: gut-böse, richtig-falsch, oben-unten, alles-nichts usw. Und so verwundert es nicht, daß das Kind dazu neigt, seine Meinung – in unserem Beispiel über die Rechenleistungen – nach diesem Schwarz-Weiß-Prinzip zu formulieren (bzw zu „empfinden"): Es unterscheidet nur: Ich kann rechnen – ich kann nicht rechnen!

Diese Schwarz-Weiß-Wahrnehmung gilt es aufzulockern oder sie zu verhindern!

Das Denken in Zwischenstufen ist anzustreben: Ich kann etwas – und kann auch gleichzeitig etwas noch nicht! Dies gelingt, wenn das Kind an sich selbst *erlebt*: Ich kann rechnen, es gibt Fehler, sie sind ein Zeichen dafür, daß man *noch lernt* und durch Lernen verschwinden diese Fehler, dann kommen wieder andere, neue Fehler, die gehen durch Lernen ebenfalls weg und so weiter! So ist Lernen, das ist bei jedem Menschen so! Das Kind übernimmt diese Sichtweise, wenn Sie genauso denken und dies vorleben!

Ermutigungsstrategie A 3: Die Umgebung zeigt – ganz konkret – Zuversicht und Hoffnung auf Erfolg. Das Kind erzeugt daher dieselbe Stimmung, sein Selbstwertgefühl wird nicht gefährdet, auch wenn nicht gleich alles klappt.

b

Das Nichtkönnen wird nun als grundsätzlich gesehen. Jede Bemühung von Eltern und Lehrern, Nachhilfeunterricht und Klassenrepetition werden nicht mehr grundlegend helfen können, denn das Kind sieht keinen Grund, „seine Wahrheit“ zu ignorieren. Sein mittlerweile gesetztes, unbewußtes Verhaltensziel (z. B.: Demütigung vermeiden, Vergleichen aus dem Weg gehen, Erfolg in Fußball haben) stabilisiert das Problemverhalten entscheidend. Hat das Kind eventuell doch einmal eine ordentliche Leistung, wird es seine Brille nicht ändern! Es entwertet dann diese gute Note:

Die Arbeit war eben leicht. Das ist ja keine Kunst, wenn ich die Klasse wiederhole! Ohne Nachhilfe würde ich das nie schaffen. Ist die weg, dann schreibe ich auch wieder schlecht (... denn in Wirklichkeit kann ich nicht rechnen). Viele dieser entmutigten Kinder jüngeren Alters üben oft sehr intensiv mit den sich bemühenden Eltern. Doch motiviert sie unbewußt nicht das Ziel „Lernstoff können“, sondern wohl eher „Aufmerksamkeit“ (Nahziel 1, Kapitel 3.1), weil solche Kinder durch ihre schwachen Schulleistungen Zuwendung und Nähe bekommen, die sie eventuell entbehren.

Ausweg: Phase a → b könnte durch Ermutigungsverhalten z. B.: A1, A2 oder A3 verändert werden, was aber ein erhebliches Engagement aller Beteiligten erfordert! Die folgenden Abschnitte dieses Kapitels geben Ihnen neben den nötigen theoretischen Informationen einige Ideenansätze für eine ermutigende Erziehung und den dafür notwendigen ermutigenden Umgang mit sich selbst.

Durch das Ermutigungsverhalten wird b nicht entstehen! Das Kind bleibt trotz Fehler auf der direkten Kompensationslinie (= Überwindungslinie vom Minus zum Plus) vom Nichtkönnen hin zum „Können“; keine Schwarz-Weiß-Wahrnehmung: Zwischentöne sind möglich („Ich kann noch nicht, aber wenn ich ...“).

Verabsolutierungen/Verallgemeinerungen sind meistens falsch! Deshalb alle Aussagen des Kindes nach dem Schwarz-Weiß-Muster aufgreifen und freundlich auf Zwischenstufen hinweisen Beispiel:

Kind:	Ich kann eben nicht lesen.
Eltern:	Du meinst, du kannst überhaupt nicht lesen? Mir ist aber aufgefallen, daß du die *meisten* Wörter kannst. Was *genau* fällt dir schwer?

Kind: Das G und das P fallen mir noch schwer.
Eltern: Immer, oder gibt es Wörter mit P, die du kannst. Ich denke an „Peter“?
Effekt: Schwerpunkt des elterlichen Umgangs mit dem Lernen des Kindes liegt auf Gekonntes; einseitige Aussagen werden relativiert; Kind erkennt dadurch: Ich kann doch einiges, nur …
Also: Bewußtseinsveränderung einleiten: Vom grundsätzlichen Nichtkönnen zum „Ich kann noch nicht …!“

2.3 Was ist Ermutigung?

- **Eine erfahrungsbezogene Annäherung an den Begriff**

Dieses Wort kennen Sie seit einiger Zeit, es gehört zur deutschen Sprache. Als Grundhaltung des menschlichen Miteinanders ist Ermutigung allerdings noch zu wenig verbreitet; wir leben in einer Entmutigungsgesellschaft. Wie definieren Sie für sich dieses Wort?

Haben Sie schon einmal überlegt, *was* Sie ermutigt? Wann wurden Sie das letzte Mal ermutigt? Wann fühlten Sie sich das letzte Mal ermutigt? Oder ist das dasselbe? Es lohnt sich, einmal kurz zu verharren und sich eine solchen Situation vorzustellen!

Günstig: Notieren Sie kurz eine ganz konkrete ermutigende Situation
- Wie fühlten Sie sich vor der Ermutigung? Woran dachten Sie genau? Ängste? Wovor?
- Wer ermutigte Sie? In welcher Beziehung standen Sie zum Ermutiger/zur ermutigenden Situation?
- Wie lange dauerte die ermutigende Situation?
- Wie wirkte sich dieses gute Gefühl auf Ihre weiteren anschließenden Handlungen und Einstellungen aus?
- Versetzen Sie sich in dieses Sich-ermutigt-Fühlen:
  - Beschreiben Sie Ihr Körpergefühl genau.
  - Welche Gedanken gehören für Sie dazu?
  - Ordnen Sie falls möglich diesen Gedanken die Sätze zu: Ich kann … / Ich bin … (beenden Sie die Sätze sinngemäß)

- Was veränderte sich durch die Ermutigung sonst noch? (z. B.: Beziehung zu anderen/Thema/Gegenstand)
- Wie lange wirkte jene Ermutigung, an die Sie sich erinnerten? Wodurch wurde diese Stimmung möglicherweise wieder gelöscht?

Versuchen Sie nun, „Ermutigung“ zu definieren!

Beispiel:
Eine junge Frau erzählt mir von ihrer Schulzeit:
„Als ich in der 7. Klasse in einer Mathematikarbeit eine 4–5 zurückbekam, eine Note, die ich öfters in den Vorjahren schrieb, erlebte ich ganz überraschend eine Ermutigung: Seit acht Wochen unterrichtete uns eine neue Mathematiklehrerin. Ich mochte sie von Anfang an und sie mich wahrscheinlich auch, so dachte ich es mir wenigstens. Sie erklärte alles so anders, plötzlich war Mathe viel leichter. Doch beim Test lief wieder alles wie gehabt, ich hatte das gewußt!

Als die Lehrerin mir diesen ersten Test mit der Note 4–5 übergab, verblüffte sie mich. Sie meinte, daß sie mir die 4–5 überhaupt nicht abnehme! Sie habe mich in den letzten Wochen beobachtet, ich könnte doch das Teilen und Multiplizieren von Brüchen und Dezimalzahlen. Diese 4–5 sei nicht mein wahres Gesicht. Ich würde mir nur einbilden, ich sei schlecht! Vor ein paar Tagen hätte ich an der Tafel alles tadellos selbstständig gerechnet. Das stimmte! Ich beherrschte eigentlich wirklich das Pensum. Aber vor dem Test, da war ich so nervös, da hatte ich Angst, denn es würde doch alles wieder schlecht, dann zeige sich mein wahres Gesicht.

Nach diesen Sätzen bat sie mich, an eine der freien Bänke zu sitzen und die Testaufgaben nochmals zu rechnen, in 30 Minuten. Dabei lachte sie mich so freundlich an und berührte mich dabei leicht an der Schulter.

Ich setzte mich dorthin, rechnete, schrieb, war rechtzeitig fertig. Später wurde mir deutlich, daß ich während der Arbeit überhaupt nicht an Angst oder Versagen dachte. So wie die vor allen Schülern mit mir gesprochen hatte! Weil ich doch bei der 4–5 etwas von Enttäuschung bei der Lehrerin erwartete, und dann war sie so nett. Ich wußte jetzt, daß sie mich kennt und mir etwas zutraut. Ich war so richtig gut drauf.

Das ist schon lange her. Ich wurde in Mathe eine ordentliche Schülerin, meist besser als Note 3. 4–5 und schlechter schrieb ich in meiner gesamten Schulzeit nicht mehr, obwohl nach zwei Jahren die Lehrerin wechselte.

Dieses Beispiel kann zeigen:
Ermutigung besteht wohl aus einer Reihe von Handlungen und geschieht in einer gegenseitigen positiv-gestimmten Beziehung.

- Ermutigung entsteht aber auch erst, wenn beim Entmutigten die negative Meinung über die Erfolgsaussichten durch gegenteilige, neuartige, selbstgemachte Erfahrungen ins Wanken gekommen ist. Dieses eigene Handeln ist Voraussetzung für mögliche Ermutigung; anders gesagt: Die eigentliche Ermutigung schafft jeder für sich selbst! Der Mitmensch kann nur positiven Einfluß ausüben, in dem er z. B. Erfolgsmöglichkeiten schafft, sie arrangiert, Zuversicht und Vertrauen in weitere Fortschritte begründend äußert und sachlich-angemessenen Umgang mit dem Problem/Thema ermöglicht.

• Wie Ermutigung sich ereignen kann:

Um das Kind ermutigen zu können, geht der Erziehende folgende drei Schritte:

Die drei Schritte des Ermutigungsvorgangs:

Anhand von Beispielen soll der Ermutigungsvorgang geschildert werden.

Beispiele:
Ella (9): Möchte nicht mehr zur Schule.
Problemsicht der Eltern: Ella hat Probleme mit der Lehrerin, das wird aus ihren Äußerungen deutlich. Sie scheint sie zu benachteiligen.
Kai (7) hat Probleme in Rechnen.
Problemsicht der Eltern: Kai kann vor allem nicht über den Zehner hinweg subtrahieren und hat ein schlechtes Zahlenverständnis.

Schritt 1: Der Erziehende versetzt sich in die Rolle des Kindes

Eltern/Erziehende müssen dazu sich in die jeweilige Lebenssituation, die Umwelt, Interessen, Motive des Kindes hineinversetzen! Dazu verhelfen ihm zum Beispiel folgende Verhaltensformen:

- das Kind erleben lassen, daß man es ernst nimmt, daß man am Kind interessiert ist und es als gleichwertig betrachtet;
- positiv gestaltete Beziehung, in der man freundlich, höflich, geduldig und warmherzig, gerecht miteinander umgeht und miteinander wie unter Gleiche spricht;

- Erziehende trauen dem Kind grundsätzlich die Selbständerung, die Energie etwas verändern zu können, zu;
- den Motiven des Kindes nachforschen: Was „bringt“ das Kind („normalerweise“) zur Leistung? Was sind seine Stärken? Was ist im Problemfall anders als sonst? Wodurch fühlt es sich eventuell gehemmt, geängstigt? Wie gestaltet es gewöhnlich den Umgang mit anderen Kindern, Erwachsenen, Lehrern/Erziehern …

Hilfreich sind dabei nur ganz klare, eindeutige Antworten. Dazu hilft Ihnen auch das schriftliche Bearbeiten der Fragen.

Zu den Beispielen: Die Eltern von Ella und Kai versuchen durch Schritt 1 ein umfangreiches Bild von dem Kind, seiner Umwelt, und seine Beziehungen zu Mitmensch und Aufgaben zu gewinnen.

Schritt 2: Die Erziehenden versetzen sich in die Gefühls- und Erlebenswelt des Kindes

A. Adler forderte in diesem Zusammenhang, daß die Eltern „mit den Augen des Kindes sehen, den Ohren des Kindes hören und mit dem Herzen des Kindes fühlen“ sollen.
Wichtig:

- Die Erziehenden lassen ihre ursprüngliche Problemsicht (bei Ella: Probleme mit Lehrerin, die sie benachteiligt; bei Kai: Subtrahieren, Zahlenverständnis) „ruhen“, sie verfolgen sie zunächst nicht weiter.
- Stattdessen verschaffen sich die Erziehenden durch begründetes Vermuten größere „Klarheit“ über mögliche verhaltensbeeinflussende Gedanken und Gefühle des Kindes. Es sind Vermutungen aufzustellen über

a) selbstgeschaffene Grundmeinungen →2

Ella: Die Schule ist kein guter Ort … ich bin etwas Besonderes, ich will beachtet werden, doch hier gibt man mir nicht, was mir zusteht … da erwarten mich Prüfungssituationen, unangenehme Situationen …
Kai: Rechnen ist zu schwer … das begreife ich nicht … allein … nur mit Hilfe anderer kann ich etwas begreifen …

b) Sogenannte Zweitmeinungen des Kindes →4

Ella: Das Leben ist hart; Frauen sind keine gute Lehrerinnen … mach deinen Eltern keinen Kummer.
Kai: Die Rechenprobleme habe ich von Mutti, das liegt in der Familie.

Die Eltern fragen sich dabei stets, ob das Verhalten ihres Kindes so aussieht, *als ob* es meine, … das Leben sei hart … Rechenprobleme seien angeboren, da habe es keine Chance …

- Die Als-ob-Betrachtung umfaßt auch die gesamte Erscheinung des Kindes: Gesten, Gesichtsausdruck, Tonlage, Bewegungen des gesamten Körpers, Auffälligkeiten in Atmung, Blickkontakt …

Ella: Sie läuft herum, als trage sie die Last der ganzen Erde auf ihren Schultern.
Kai: Sein Gesicht sieht oft aus, als ob er traurig sei …

- Die Erziehenden sind sich stets bewußt, daß – folgt man dem Modell von Seite 47 – solche Meinungen auch Gefühle auslösen, nämlich Angst, Hoffnungslosigkeit, Wut, Aggressionen …

Ella: Ist das nicht Angst? Oder zeigt sich eher ihr Bedürfnis nach Zuwendung und Beachtung?
Kai: Zeigt er nicht Hoffnungslosigkeit und Trauer?

- Hilfreich ist auch, die Verhaltensweisen mit der Nahziel-Methode (siehe Kapitel 3.1) zu bearbeiten und das jeweilige Nahziel [→8] zu ermitteln.

Ella: Will sie durch ihre Schulverweigerung mit uns kämpfen? Liegt Nahziel 2 vor?
Kai: Sieht sein Verhalten so aus, als ob er durch das Zeigen seiner Hilfsbedürftigkeit Aufmerksamkeit der Eltern erreichen will?

So sieht der Weg zum Verstehen des Problemverhaltens aus:

- **Problemverhalten** Kind wirft Radiergummi ... stört Mitschüler durch Dreinreden ... gagelt mit dem Stuhl
- **1. Sich fragen:** **Welche Gedanken des Kindes könnten die Angst auslösen?**
  "Alle lachen mich aus ..., es wird doch alles falsch ..."
  ↓
- **2. Grundmeinungen des Kindes, die hinter den angstauslösenden Gedanken stecken, "erkennen":**
  "Ich bin für Rechtschreibung ungeeignet ..., die andern sind immer besser ...
  ↓
- **3. Unbewußtes Ziel, das das Verhalten des Kindes beeinflußt, "aufspüren"**
  Keine Demütigung, kein Mißerfolg, Beachtung

- Dieser Schritt erfordert, daß die Erziehenden wichtige *Voraussetzungen für die Ermutigung* erfüllen:

1. Partnerschaftliche Beziehungen gestalten wollen ([→24]), wobei eine Atmosphäre zurückhaltender Hilfsbereitschaft, Gerechtig-

keit, Geduld, Warmherzigkeit und Wertschätzung das Zusammenleben prägt.

2. Einsicht in die Notwendigkeit, daß das Einfühlen in die Person des Kindes durch genaues Beobachten wichtig für das Verstehen ist. Dabei sind über die Grundmeinungen des Kindes über sich selbst, andere, Dinge, Welt, Leben, Vermutungen nach dem als-ob-Prinzip zu erstellen, um die private Logik des Kindes zu erkennen. Auch die Gefühle sind zu beachten, die solche Meinungen auslösen. Sie wirken wie eine dauerhafte Wahrnehmungsbrille. Mit dieser Verständnisweise sind auch Vermutungen über die jedem Verhalten zugrundeliegenden Ziele möglich.
3. Erziehende anerkennen die grundsätzliche Fähigkeit des Kindes zur Selbständerung, wenn es auf eine ermutigende Atmosphäre trifft (sozusagen als „angeborene Anlage").
4. Jedes Problemverhalten ist – mit der privaten Logik des Kindes verstanden – eine *sinnvolle* Methode, um ein (unbewußtes) Ziel zu erreichen. Das Problem sollte auch als zielbezogen benannt werden statt: das Kind schlägt den kleinen Bruder besser: Das Kind scheint sich an seinem Bruder rächen zu wollen …
5. Jedes Problemverhalten als sicheres Zeichen für erlebte Entmutigung betrachten.
6. Im Laufe der Zeit zur eigenen Erfahrung werden lassen: Ermutigung kann die grundlegende Meinung des Kindes positiv verändern. Erziehende können Ermutigung nur fördern, dafür eine positive Atmosphäre schaffen, letztlich ist sie eine Eigenleistung des Kindes (bzw. des zu Ermutigenden).
7. Aus den bisherigen Lernerfahrungen herauslesen: anspornende Konkurrenz entmutigt und fördert nicht das Selbstvertrauen.

Können Sie alle diese „Voraussetzungen" akzeptieren?

Dies kann ich mir nicht vorstellen. Mir fiel im Laufe meiner Berufszeit einiges was da vorausgesetzt wird, schwer. Hier geht es auch darum, das eigene Menschenbild zu hinterfragen und es sich bewußt zu machen:

- Sehen wir den Menschen als grundsätzlich schlecht/böse/oder als (eigentlich doch) wildes Tier (das nur oberflächlich wie gezähmt erscheint); dann sind die Möglichkeiten ermutigend zu wirken sehr beschnitten. Für solche Menschen können die folgenden Ermutigungsstrategien und auch die „Ideen für den Erziehungsalltag" ein echtes Ärgernis sein.

Möchten sich solche Lehrer/Helfer trotzdem – angesichts der Probleme mit den Kindern – ändern, sollte als Voraussetzung zur Veränderung das negative Menschenbild (dazu kommt meist auch ein relativ negatives Selbstbild) überdacht werden. Solche Menschen, das sei am Rande vermerkt, erhoffen sich aber meist im Grunde von pädagogischen und psychologischen (wenn sie diese überhaupt ernst nehmen) Weiterbildungen bzw. Ratgebern gute Tips und Rezepte, um die Kinder besser in Griff zu bekommen (d. h., um „das wilde Tier" besser beherrschen zu lernen). Einen persönlichen Anteil am Veränderungsprozeß halten sie, um das Verhalten des Kindes zu verändern, für unnötig und überzogen.

- Erziehende mit einer weniger negativen Grundmeinung über das Wesen des Menschen, können sich mit wesentlich mehr Punkten der Aufstellung identifizieren. Je mehr man die Bedeutung von Vererbung relativiert, also Verhaltensweisen, Einstellung und Charakter nicht Vererbungseinflüssen unterstellt, je größer werden die Möglichkeiten von Erziehern, auf das Kind positiv einzuwirken.

Der Optimismus, daß Erziehung/Beratung/Ermutigung das Problemverhalten positiv beeinflussen kann, findet sich bei jenen Menschen, die in ihrem Leben ein Menschenbild entwickeln konnten, das den Mensch als eher gut oder weder gut noch böse zeigt.

Solchen Menschen gelingt es, sich selbst in einen Entwicklungsprozeß zu begeben (denn das ist für sie in Wirklichkeit Erziehung) und so die Voraussetzungen für Ermutigung anzustreben.

Dabei verwandeln sich mit der Zeit immer mehr Voraussetzungen zu eigenen Überzeugungen. So stärkt sich die Fähigkeit, Menschen bei ihrer eigenständigen Entwicklung zu helfen.

Um ermutigen zu können, müssen nicht alle Voraussetzungen erreicht sein, wohl aber als anstrebenswert – in einem eigenen Entwicklungsprozeß – angepeilt werden.

Gerade der Selbstermutigung (siehe Kapitel 2.4) kommt dabei eine entscheidende Bedeutung zu, denn ein „entmutigter Ermutiger" bleibt wirkungslos.

Notieren Sie jene Punkte der Liste, die Sie nicht vorbehaltlos bejahen können mit einem Kreuzchen. Überlegen Sie nun für jeden einzelnen der angestrichenen Punkte: Hängen meine Einwände damit zusammen,

- daß mir einzelne Begriffe, Zusammenhänge bzw. die Argumentationsführung noch nicht deutlich geworden sind und ich eventuell weiterer Beispiele oder Vertiefungen benötige?

→ Lesen Sie getrost weiter, auch die angegebenen Querverweise oder Grundbegriffe; der Text greift immer wieder die zentralen Ideen auf.

- daß ich zu anderen Erkenntnissen, Einstellungen und Bewertungen komme als der Verfasser

→ Fragen Sie sich: Auf welche Erfahrungen stützen sich meine abweichende Bewertungen? Denken Sie an eine dieser Erfahrungen: Wie reagierten andere Beteiligten damals? Wollte ich diese Reaktion? Was brachte mir die Reaktion der Beteiligten?

Wären Sie bereit, jetzt nochmals im Experiment auszuprobieren, ob Sie neue Erfahrungen machen können, wenn Sie einmal probeweise davon ausgehen, daß die Aussage, wie sie hier steht, zutrifft.

Während des Experiments (stellen Sie sich ein realistisches Zeitlimit) kontrollieren Sie sich mit schriftlichen Reflexionen (z. B. jede Woche zur gleichen Zeit):

- Welche neue Erfahrungen habe ich bezüglich der „Aussage" gewonnen?
- Welche alten Erfahrungen bestätigen sich?

Am Ende des Experiments formulieren Sie für sich Ihre mögliche neue Einstellung, die vermutlich eine gewisse Aktualisierung Ihrer ursprünglich negativen Wertung ist. Eine neue Sicht kann Sie befähigen, im Ermutigungsprozeß voranzukommen.

Schritt 3: Problemlösung in Gang bringen, angemessene Ermutigungsstrategien anwenden

Nach den ersten Schritten wissen die Erziehenden, daß das ursprünglich bezeichnete Problem (Ella: Probleme mit Lehrerin, wird benachteiligt, Kai: Subtrahieren, Zahlenverständnis) erst dann erfolgversprechend angegangen werden kann, wenn eine neue Atmosphäre geschaffen und die negativen Meinungen des Kindes („die Schule ist kein guter Ort … ich kann nicht rechnen …") verändert sind.

Deshalb müssen die nun anzuwendenden Ermutigungsstrategien geeignet sein, daß das Kind diese negativen Meinungen „von alleine" verändert. Danach werden die ursprünglichen Probleme sachangemessen – in der nun geschaffenen ermutigenden Atmosphäre – angegangen.

Einige Ermutigungsideen für Ella:
- Gespräch mit der Klassenlehrerin, um sie für einige Ermutigungsstrategien zu gewinnen, auch dafür, daß sie dem Kind zu einem neuen Prestige in der Klasse verhilft;
- Erfolgssituationen ermöglichen, nicht mehr auf Äußerungen über Lehrerin und Schule reagieren, die wie Reizwörter die Aufmerksamkeit der Eltern „anstellen“ sollen,
- und vieles Situations- und Personangemessenes aus der Auswahl in Kapitel 3.2

Für Kai:
- Übungssituationen so gestalten, daß er Erfolg und Fortschritt sehen kann;
- dem Kind erfahrbar machen: Trotz Probleme in Rechnen bist Du in Ordnung;
- ermutigende Sprache benutzen, nicht fehlerorientiert üben;
- Eltern sprechen ihr Vertrauen aus, daß er vorwärts kommen kann und benennen genau seine berets erreichten Verbesserungen.
- und vieles Situations- und Personangemessenes aus der folgenden Auswahl.

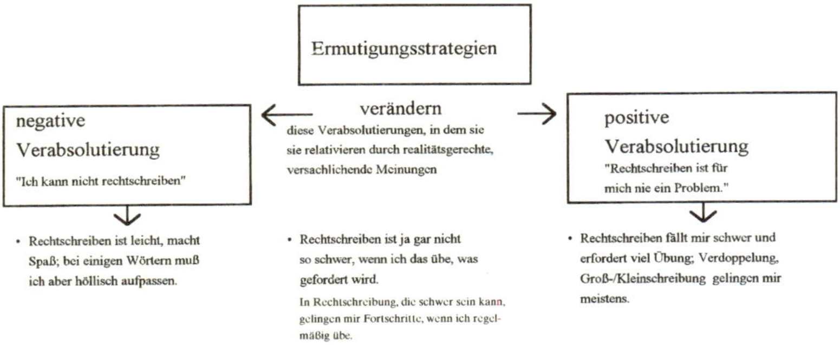

• Als geeignete Ermutigungsstrategien haben sich erwiesen:

1. Erziehender/Helfer arrangiert Situationen, in denen das Kind voraussichtlich Erfolg haben wird. Dabei baut er auf vorhandene Stärken auf, die jetzt bewußter werden. Helfer bietet eventuell für sinnvollen Zeitabschnitt Schutz-/Schonräume, die behutsam wieder abgebaut werden, wobei dies als Fortschritt gesehen und bewußt gemacht werden muß.

Beispiel:
- Aussetzung von Noten für einen begrenzten Zeitraum
  (aber Vorsicht: Meinung des Kindes beachten, da dies auch als Entmutigung oder Bevorzugung verstanden werden kann, was den Ermutigungsprozeß nicht weiterbringt)
- Übungspensum: beim Gekonnten beginnen und stufenweise Neues, bisher Unverstandenes einbauen, von dem Sie annehmen, daß es nun verstanden werden kann.

2. Vorhandene Stärken und bereits Gelungenes genau bezeichnen und benennen, Negatives und Fehler nicht ansprechen, wenn es für das Kind ebenfalls deutlich ist, oder wenn es nicht in die Ermutigungsphase paßt.

Beispiel:
Mutter zu Diktat mit 22 Fehlern und Note 6 (letztes Diktat: 22F/Note 6): „Das sind ja doch einige schwere Wörter drin gewesen, die du richtig geschrieben hast (sie deutet mit dem Finger drauf): Rosenstrauch ... oder (sie deutet darauf) Rasenmäher ...“ Das Kind ergänzt nun (fragend mit Fingerhinweis): „Gartengerät?“ Die Mutter stimmt lächelnd zu, weist auf die regelmäßigere Übung, die Kind seit einiger Zeit macht und spricht die Zuversicht aus, daß es wohl bald unter 20 Fehler kommt, der negative Trend scheint gestoppt.

3. Fortschritte/Gelungenes werden als Beweis genutzt, daß das Kind auch zukünftig vorwärts kommen wird; Beispiele aus der näheren Vergangenheit nutzen, als heute bereits Gelingendes noch schief ging.

Beispiel:
Mutter (im Schwimmbad): „Weißt du noch, als du nach zwei Metern schon untertauchtest? Heute waren das mindestens sieben Meter. Ich wette, in einer Woche lachst du über diese sieben Meter, weil du dann schon wieder weiter schwimmen kannst.“

4. Erfolge auf anderen Gebieten sollen dem Kind verdeutlichen, daß es grundsätzlich zu guten Leistungen fähig ist; zeigt man ihm, daß (und wodurch) dieser Erfolg „erarbeitet“ war und mit ähnlichem Eifer auf vielen anderen Gebieten sich auch ähnlicher Erfolg einstellen könnte (also auch z. B. im Rechtschreiben, Malen), wächst im Kind die Zuversicht.

5. Das Selbstwertgefühl des Kindes kann gesteigert werden, indem es Erfolg auf weiteren Feldern anstrebt, wobei vor allem auch eine Teilnahme an Gemeinschaften nützlich ist. Dann kann eventuell Punkt 4 „greifen“.

Beispiel:
Dem schlechten Schüler hilft es, wenn er durch Erfolgserlebnisse, z. B. als Ministrant oder beim Trompetenspielen, Anerkennung findet, da er sich als nicht grundsätzlich negativ bewertet erfährt.

6. Realistische Ziele setzen, Lernstoff in kleine Etappen teilen und sie für das Kind kontrollierbar machen, so daß ihm selbst Erfolg sichtbar werden kann. Lernstoff so arrangieren, daß eine erträgliche – den Fortschritt anzeigende – Fehlermenge erreicht werden kann.

Beispiel:
Übungsdiktat bei der häuslichen Übung je nach Klassenstufe in kleineren Portionen diktieren, als es in der Schule üblich ist. So übt ein Drittkläßler Diktate mit ca. 40 Wörtern (aus dem Sprachbuch bzw. den Rechtschreiblehrmitteln für Drittkläßler) in ein Heft. Da so Menge und Niveau in etwa gleich bleiben, können die einzelnen Übungen (jede Übung mit Datum versehen) miteinander verglichen und Fortschritte sichtbar werden, z. B. durch die Anzahl der richtigen (!) Wörter oder Zeilen.

7. Erziehende sorgt dafür, daß das Kind/Problemlöser einen sachlichen Zugang zum Problem gewinnt:

Beispiel:
Schritt 1: „Du bist in Ordnung, nur drei Rechnungen sind noch nicht richtig."
Schritt 2: „Mir fällt auf, daß alle Aufgaben richtig sind, nur die Minusaufgaben ‚unter den Zehnern' wie z. B.: 12–4 sind noch falsch."
Schritt 3: Lehrer/Helfer benennt sachlich und ohne Vorwürfe den Anteil des Schülers am Problem: „Du hast übersehen, wie das geht: Erinnerst du dich noch an die Teilschritte? 12–2 = 10–2 = 8. In diesen Worten schwingt die Zuversicht mit, daß Problemlöser diese Aufgaben in Kürze selbst kann.

8. Erziehender/Helfer weist das Kind in einem passenden Augenblick auf mögliche Irrtümer in seinen Meinungen über sich hin. Anleitungen zu dieser Methode in Kapitel 3.5 beachten.

Möglicher Anlaß: Wenn das Kind einen Satz nach dem Muster „Ich kann eben nicht ... xy" bzw. „Ich bin eben dumm ..." ausspricht.

Diese Extremposition sollte nun auf eine abgemilderte Zwischenstufe (weg vom Schwarz-Weiß-Denken) gebracht werden. Dazu eignet sich Erklärungsweise im Rechteck der folgenden Graphik.

Schulkinder verstehen diese „Teufelskreis"-Wirkung →20 im allgemeinen. Nachdem Sie ihn auf ein Blatt notiert haben, fragen Sie das Kind: Wo könnte man etwas ändern, um aus diesem „Gefängnis" herauszukommen? Das Kind soll erkennen, daß es gefangen ist und da nicht rauskommt, ohne sich etwas Wirkungsvolles einfallen zu lassen. Die Leitfrage – immer im Bild bleibend – wäre: An welcher Stelle sollte das Gitter aufgebrochen werden, um eine andere Wirkung, nämlich gute Noten, zu erreichen? Probieren Sie auf „Anraten" des Kindes einige Stellen durch und vermuten Sie gemeinsam realistische Folgen. So könnte sich der Teufelskreis verändern:

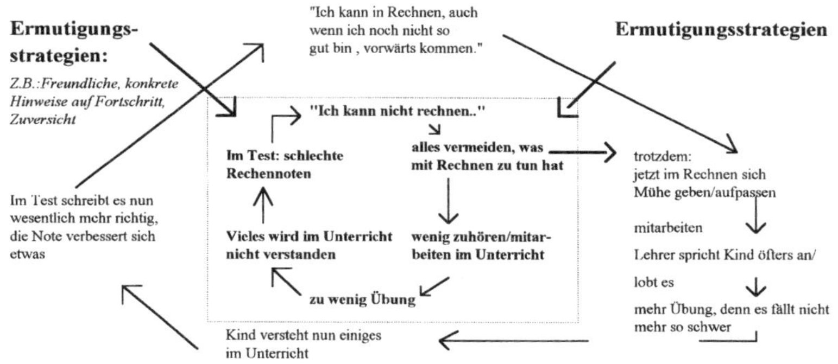

Durch die Ermutigung verändert sich die grundlegende Meinung über das eigene Leistungsvermögen, erst jetzt (!) kann Nachhilfe, Übungen, ja Unterricht Fortschritte bringen!

Und trotzdem:

In jeder neuen Situation, wenn aufs Neue das Nichtkönnen verändert werden soll, erwacht noch lange Zeit reflexartig das vertraute, alte Gefühl „Ich kann nicht …“ Deshalb ist es so notwendig, daß die ermutigende Atmosphäre keine einmalige Aktion ist, sondern ständig wirksam bleibt und den alltäglichen Umgang prägt. Auch wird es sinnvoll sein, an die Teufelskreis-Wirkung zu erinnern und hinzuweisen, daß ja jetzt der „Engelkreis“ (so nannte ein Kind dies einmal in der Beratung) wirkt.

9. Alle, die mit dem Problem bzw. nicht genügenden Leistung des Kindes in Berührung kamen, sollen auf ihre möglicherweise entmutigende Wirkung „abgeklopft“ werden.

Fragen Sie sich: Wie und wodurch entmutige möglicherweise ich das Kind, aber auch mein Partner, die Geschwister und eventuell andere wichtige Verwandte (Cousins/Cousinen!) und Bekannte sowie jeder einzelne Lehrer? Gibt es von den Eltern übernommene zu hohe Maßstäbe und damit zusammenhängende Formen übergroßen Ehrgeizes? Auch hier sollten nach und nach mit allen Beteiligten realistische Ziele „erarbeitet“ werden. Auch hilft es, mögliche Motive, die zu dieser Fehlsicht führten gemeinsam zu reflektieren und gegebenenfalls zu verändern.

Erinnern Sie sich an diesbezügliche Äußerungen/Andeutungen des Kindes; das Kind nur indirekt befragen, sondern Gordons „Techniken des Zuhörens“ verwenden (Kapitel 3). Erörtern Sie freundlich und einfühlsam (in keinem Fall vorwurfsvoll!) mit den so „ermittelten“ Entmutiger naheliegende neue ermutigende Verhaltensformen. Entwickeln Sie eine Wachsamkeit, eine Art Geistesgegenwart für entmutigende Elemente im Alltag, zum Beispiel in Ihrer Sprache.

Gebrauchen Sie eine Sprache, die Ermutigung ermöglichen kann. Folgende Übung könnte als Muster dienen, Sätze, die Sie bevorzugen eventuell ähnlich auf bisher unerkannte Entmutigungs-Kraft zu untersuchen und danach umzugestalten.

- Verwandeln Sie die folgenden entmutigenden Sätze in ermutigendere Sätze
- Unterstreichen Sie zuvor die entmutigend wirkenden Wörter (höchstens zwei pro Satz)!

	Ermutigende Sätze
1. Ich diktiere dir jetzt etwas, das wird nicht einfach, also höre gut zu.	1.
2. Nett, daß du helfen willst! Laß das Jürgen machen und hilf mir lieber beim Tischdecken.	2.
3. Ist das deine schönste Schrift?	3.
4. Gut gemacht, wenn das nur immer so wäre!	4.
5. Jetzt bist du schon so gut wie Mark.	5.
Beispiel: Du mußt dich eben anstrengen, dann wird das schon klappen!	Du wirst das schaffen, so wie du dich ab und zu schon öfters ins Zeug geworfen hast, da bin ich sicher, meinst nicht auch?

10. Das Kind soll durch das Verhalten der Erziehenden erleben:

- Fehler machen ist normal, gehört zum Lernen dazu; sie sind hilfreiche Hinweise, um es nächstes Mal besser machen zu können.
- Es wird immer wieder Rückschläge geben, Situationen, in denen man meint, es wird alles schlechter oder man ist nicht vorwärts gekommen. Auch das soll als ganz „natürlich“ bewertet werden und durchaus auch mal – in neutralem Ton – „vorangekündigt“ werden.

11. Helfer forscht heraus, welche Motive das Kind in jenen Situationen bewegt, in denen es Erfolg hat bzw. Fortschritte erzielt. Solche Beweggründe sollen auf das Problem übertragen werden.

Beispiel:
Das Kind malt und zeichnet sehr schön und erhält viel Anerkennung; sein Motiv könnte sein: Es macht Spaß, ich bekomme Anerkennung, wenn mir etwas gelingt; dies soll nun auf das Problem „Rechnen" übertragen werden: Du wirst im Rechnen auch Erfolg haben wie beim Malen, wenn du wie beim Malen übst und probierst und nicht jeden Fehler tragisch nimmst und die Flinte enttäuscht ins Korn wirfst. Du wirst dann auch Anerkennung erhalten und so wirst du wie beim Malen erleben, daß es dir sogar ein bißchen Spaß machen wird.

12. In der Beziehung Erziehende zum Kind soll unverrückbar gelten: Die Verantwortung für Lernen und Fortschritt liegt stets beim Schüler (egal welchen Alters)! Das Kind nie zum Lernen zwingen. Es wird erkennen lernen: Ohne Üben/Sich-auf-den-andern-Einstellen gibt es kein Können/Dazugehören für mich. Da man das Kind in Wirklichkeit dazu nicht zwingen kann (!), liegt logischerweise die Entscheidungsfreiheit beim Kind. Das ist zu akzeptieren; werden wichtige Handlungen unterlassen, können Sie dies in freundlichem Ton sachlich (oder gar nicht!) bedauern oder als „ungünstig" bewerten.

13. Die Eltern strahlen (mit Körpersprache und Worten) im Kontakt mit Kind eine Zuversicht aus, daß es in ermutigender Atmosphäre Fortschritte erzielen kann.

Wir sind oft glaubhafter, wenn wie ohne Worte signalisieren würden: „Das schaffst Du!" – „Das traue ich Dir zu!" Vielleicht können Sie sich sogar vorstellen, diese ermutigende Einstellung zu ver-körpern:

Stellen Sie sich vor den Spiegel und checken Sie jeden dazu wichtigen Körperteil durch: Wie soll er sich bewegen, aussehen, wenn ich dem Kind, ohne Worte sagen will: Das schaffst Du!

Wie soll mein Gesichtsausdruck aussehen (Mund- und Augenpartien spielen lassen), meine Körperhaltung insgesamt, die Bewegungen meiner Arme, wie müßte meine Stimmen tönen, wenn ich zum Kind spreche?

Bitte beachten Sie: Hier geht es nicht um Schauspielerei! Sie wollen sich mit dieser Übung nur eine Körperhaltung bewußter machen, damit sie echter ihrer Überzeugung und Einstellung entspricht!

14. Gefühle des Kindes wahrnehmen und ernstnehmen! Sie entstammen negativen Meinungen über eigene Leistungsfähigkeit und der Art der Beziehung zu Welt/Leben und sind nach dem Schwarz-Weiß-Prinzip

gebaut. Lehrer/Helfer erkennt sie durch Gordons Fragetechniken (Kapitel 3). Er reagiert darauf mit zutreffenden Aussagen, die diese Extrem-Meinungen relativieren.

„Bearbeiten“ Sie auch immer wieder Schwarz-Weiß-Äußerungen des Kindes (z.B.: zu Schule, Schulfach, einzelnen Lehrern, Hausaufgaben, Lernen, Mitschülern).

Fragen Sie sich bei auftauchendem Problemverhalten nach möglichen Ängsten (ausgelöst durch seine Meinungen über sich selbst, andere, Dinge, Leben, Welt); zum Beispiel Angst vor Trennung, vor bestimmten Personen oder Ereignissen, vor Versagen oder Verlust, vor Alleinsein und Ausgeliefertsein, nicht geliebt zu sein, vor Krankheit, Tod, Schicksalsschlägen, Krieg, Katastrophen.

Dazu eignen sich in annehmender, ermutigender Atmosphäre Gordons „Techniken des Zuhörens“ (Kapitel 3.2).

Auch negative Gefühle sind wichtig und gut. Lassen Sie das Kind erleben, daß es sich dafür nicht schämen muß, sondern daß es zum Empfindungsreichtum des Menschen gehört. Helfen Sie dem Kind auch – oft durch eigenes Beispiel – wie es ihnen Ausdruck geben kann, ohne daß es die Würde, Rechte, Freiheit und Gleichwertigkeit des Mitmenschen (und der eigenen Person) verletzt.

15. Humor, Fröhlichkeit und Spaß sollten die Beziehung Erziehende-Kind *prägen*; dadurch wird eine stabile (Lern-)Atmosphäre geschaffen, in der Angst nicht gedeihen kann.

16. Der Erziehende geht auf vermutete unbewußte Motive des Problemlösers/Kindes gegenüber anderen ein. Anhand konkreter Situationen versucht er dem Kind erlebbar zu machen (nicht darüber reden!), daß die vermuteten zugrundeliegenden Meinungen nicht zutreffen. Sitzt die Feindseligkeit gegenüber anderen sehr tief und starr, benutzt man oft erfolgreich die Darstellung von „Teufelskreis-Gefängnissen“ wie bei Nr. 8.

17. Der Helfer verhilft den Problemlöser/Kind zu einem neuen Prestige in der Familie/Gruppe.

Beispiel: Er weist wiederholt auf das Können beim Saxophonspielen hin und läßt Kind vor der Klasse musizieren (falls es will); er lobt seinen Lerneifer etc. Er signalisiert der Klasse deutlich: Der Junge/das Mädchen ist in Ordnung! Jeder hat Stärken und Schwächen! Ich stehe voll hinter ihm (wie hinter jedem von euch)!

18. Die Veränderungszeit als längeren Wachstumsprozeß begreifen und aus diesem Bewußtsein dem Kind mehr Zeit geben (sein individuelles Tempo ist entscheidend), Zeitdruck beschränken, größere Fristen und Zeiträume, in denen die Veränderung sich ereignen sollte, vorsehen und dies auch dem Kind mitteilen. Das gibt allen Beteiligten Gelassenheit und Zuversicht (die zwei wichtige Ermutigungsfaktoren sind).

19. Den „roten Faden“ aller Ermutigungsstrategien in alle Verhaltensweisen „einweben“:

Ganz konkret immer wieder (am Tag!) die Aufmerksamkeit des Kindes bewußt auf das Positive

- an der Person des Kindes (Fähigkeiten, Entwicklungsmöglichkeiten)
- der anderen Menschen
- und an verschiedenen Aspekten des Lebens in dieser Welt richten!

Ziel: Schwarz-Weiß-Meinungen relativieren, so daß das Kind bei dauerhaften positiven Erfahrungen allmählich seine Meinungen/Einstellungen positiv färben kann. Letztes kann nicht bewußt vom Helfer angestrebt werden. Das Abnehmen von Ängsten und Mißerfolgserwartungen sind beobachtbare Indizien und Voraussetzungen für den Wandlungsprozeß in die erwünschte Richtung.

20. Was in einigen vorangegangenen Punkten manchem Leser nach Lenkung, Bevormundung riechen könnte, muß kritisch reflektiert werden, da es ein Zeichen möglicher Fehlinterpretationen dieser Punkte durch Lehrer/Helfer sein könnten. Die Entscheidungsfreiheit, das Unabhängigkeitsstreben, das Streben des Kindes seinen Erfolg selbst machen zu können sowie die Verantwortung für den eigenen Fortschritt und den eigenen Rhythmus, ist unantastbar!

21. Nützlich ist, wenn die Erziehende das Kind dazu befähigt, in Situationen, in denen das Gefühl des Nichtkönnes auftaucht, Methoden der Selbstermutigung anzuwenden.

Auch die Erziehende selbst sollte dies für sich selbst beherzigen, da auch ihr im Erziehungsalltag Mißerfolg nicht vorenthalten bleibt (siehe Kapitel 2.4).

22. Bei allen Maßnahmen und Interventionen wird ein Helfer, der sich als Gleichwertiger mit dem Kind versteht selbstverständlich begründen,

warum er diesen Vorschlag bringt und wie er dem Kind nützen könnte, jetzt und auch später. Damit stellt er seine Ideen auf eine sachliche und angreifbare Basis. Das Kind kann erkennen, daß die Vorschläge aus der Sache kommen und nicht Teil eines Machtspieles zwischen Lehrer-Schüler bzw. Eltern-Kinder sind.

Ein Vertrauensverhältnis vorausgesetzt, bedeutet dies, daß der Erziehende nach Nennen der Begründung und des Sinnes für den Schüler nicht noch *jeden* Vorschlag diskutieren muß.

Die Erfahrung zeigt, daß Kinder durchaus die Interventionen der Erziehenden – besteht ein Vertrauensverhältnis – akzeptieren, wenn für sie außer Zweifel steht, daß hier keine Macht ausgeübt wird! Werden die Interventionen nicht akzeptiert, dann läuft eben nichts! Denken Sie an die notwendige Entscheidungsfreiheit des Kindes.

23. Der Erziehende verhilft dem Kind zu kooperativem und partnerschaftlichen Verhalten, in dem er Situationen arrangiert/ermöglicht, in der das Kind

- erleben und ausprobieren kann, wie man mit anderen gemeinsam etwas Tolles unternimmt
- erfahren kann, daß der eigene Wert auch aus dem Erlebnis erwächst, daß andere einem zeigen, daß man für die Gemeinschaft wichtig ist.

24. Der Helfer erkennt in vielen unangemessenen Problemverhaltensweisen ein Geltungsstreben [→ 15], mit dem das Kind auf ein „Ersatzziel" zustrebt. Da es ihm um den „Täter" geht, reagiert er auf die diesem Problemverhalten zugrunde liegenden Meinungen/private Logik angemessen (siehe Punkte 16, 8, 14, 17). Er behandelt die Tat als Fehler, auf den er z. B. mit den Punkten 2, 7, 10 reagiert.

25. Dem Kind zur Freude am Lernen und Arbeiten verhelfen. Wenn Kinder außerhalb der Schule lernen, erledigen sie in der Regel die Hausaufgaben, sie üben mit den Eltern oder bekommen Nachhilfeunterricht. Dieses Lernen ist nur bedingt freiwillig, was den Lernerfolg bereits beeinträchtigen kann.

Einige Ideen erscheinen geeignet, die Motivation zum/beim Lernen zu stärken und manchmal auch Lernfreude zu ermöglichen:

– Falls Sie mit dem Kind zusätzlich lernen: Vereinbaren Sie zusammen den Zeitpunkt und was nicht immer einfach ist: nach Möglichkeit auch Inhalte und Themen des Übens. Aufgaben, die sich das Kind

selbst stellt, motivieren besonders stark; helfen Sie ihm dazu, daß es die Fähigkeit allmählich entwickeln kann.
- Erspüren Sie das Lerntempo Ihres Kindes und passen Sie Ihren Maßstab/Ihre Erwartung seiner Eigenart an. So können Erfolge entstehen, die weiter motivieren.
- Sehen Sie Erfolge; Falsches nicht hoch bewerten.
- Erfolg, richtige Lösungen, so rasch wie möglich zurückmelden, was dann als Verstärkung für das erfolgreiche Lernen, für die erfolgreich verwendete Methode weiter nutzt.
- Informieren Sie kurz, wozu das Kind den aktuellen Stoff, die aktuelle Übung gebrauchen kann, nennen Sie den Sinn; zeigen Sie, daß der jeweilige Übungsgegenstand für sein Leben (seien Sie so konkret wie möglich) sinnvoll ist.
- Finden oder entwerfen Sie Aufgaben, die das Kind zum selbständigen Handeln veranlassen können.
- Im Rahmen der ermutigenden Erziehung bemühen Sie sich um eine weitere wichtige Voraussetzung für Lernerfolg: die seelische Ausgeglichenheit.

26. Loben Sie bewußter, denn nicht jedes Lob ist Ermutigung, sondern kann auch die Sprache der Belohner und Bestrafer sein, also jener, die bestimmen. Daher gehören kurioserweise viele Lobs zum Wortschatz des *Ent*mutigers! Ein Lob kann erst dann ermutigen und sinnvoll sein, wenn
- es *ganz konkret* dem Gelobten mitteilt, was positiv, gelungen ist und
- es Fortschritte, Bemühung und Absicht berücksichtigt, auch wenn ein (Fern-)Ziel nicht erreicht wurde
- positive Gefühle des Lobenden geäußert werden, d.h. die Beziehung „stimmt“.

„Mich beeindruckt, wie gründlich du deinen Mathetest vorbereitest. Jetzt hast du schon den dritten Tag fast eine Stunde gearbeitet. Mir scheint, du gehst da ganz systematisch vor. Und hilfreich ist auch, daß du mal fragst und dir was erklären läßt. Das freut mich wirklich. Da kannst du zu Recht auf eine erfreuliche Note hoffen.“

Sie haben nun diese Auswahl sinnvoller Ermutigungsstrategien durchgelesen. Einige werden Sie vermutlich in ähnlicher Form bereits anwenden, wenn auch möglicherweise eher zufällig, sporadisch, nicht aber bewußt und gezielt.

Kreuzen Sie zunächst jene Strategien an, die Sie bereits verwirklichen. Damit Sie in Zukunft sie bewußt als Mittel einsetzen können, überlegen Sie sich nun, wie genau dieser Punkt in Ihrer Familie ausgeformt sein müßte, wobei gegenüber jedem Kind Unterschiede zu berücksichtigen sind. Denken Sie an mögliche Ermutigungsstrategien, notieren Sie diese.

Sollte es Ermutigungsstrategien geben, die Sie bisher nicht einsetzten, die Sie aber akzeptieren und reizvoll finden, dann nehmen Sie sich diese erst vor, nachdem Sie Ihre bisherigen gezielt und bewußt, wie obige Übung beschreibt, anwenden können.

Entwickeln Sie zu jeder dieser neuen Strategien nun genau auf Ihr Kind und seine Situation angepaßte Umsetzungen dieser Strategie, so wie sie das angegebene Beispiel andeutet.

Falls Sie einige Ermutigungsstrategien nicht anwenden wollen, machen Sie sich Ihre Einwände schriftlich bewußt.

Sinnvoll könnte danach folgende Vorgehensweise sein:

- Zunächst arbeiten Sie an den beiden obigen Vorschlägen.
- Falls danach diese Einwände immer noch bestehen, wäre es sicher günstig, an den „Voraussetzungen für die Ermutigung“ (Seite 55) weiterzuarbeiten.

Über Fehler ...

Alle menschlichen Fehler sind – Ungeduld. Franz Kafka

Die schlimmsten Fehler macht man in der Absicht, einen Fehler gutzumachen. Jean Paul

Fehler sind Stufen, auf denen der Kluge emporsteigt. Englisches Sprichwort

Das echteste an jedem Menschen sind seine Fehler. Michelangelo Antonioni

Die jungen Leute leiden weniger unter ihren Fehlern als unter der Weisheit der Alten. Vauvenargues

Der Mensch, der keine Fehler macht, macht auch nichts Gescheites. Walisisches Sprichwort

---

1. Nehmen Sie sich bewußt vor, die Beziehung zu den Kindern partnerschaftlich zu gestalten.
2. Finden Sie einen Weg, sich in die Person des Kindes (seine Lebenssituation, Interessen, Motive und Ängste) einzufühlen.

3. Entwickeln Sie Verhaltensweisen, die helfen, daß sich das Kind an- und ernstgenommen fühlen kann.
4. Die „Voraussetzungen für die Ermutigung“ als wichtige Entwicklungsschritte im Leben des Erziehenden betrachten.
5. Ermutigungsstrategien (siehe Seite 59) individuell und situationsangemessen einsetzen.
6. Ein Lob kann ermutigen und sinnvoll sein, wenn es *ganz konkret* dem Gelobten mitteilt:

- was positiv, gelungen ist und
- wenn es auch Fortschritte, Bemühung und Absicht berücksichtigt, selbst wenn ein mögliches (Fern-)Ziel nicht erreicht wurde
- positive Gefühle des Lobenden geäußert werden:

„Mir imponiert, wie schnell du jetzt deine Hausaufgaben verrichtest. 15 Minuten, prima, du bist mit deinen Gedanken bei den Aufgaben geblieben, hast dich auch nicht durch Klaus stören lassen.“

2.4 Selbst-er/entmutigung

Helfer und Problemlöser sind in ihrer „Problemlösungsbeziehung“ immer wieder Entmutigungseinflüssen ausgesetzt. Was passiert, wenn der Helfer selbst in ein „Loch“ fällt, wenn ihm scheint, daß er auf falscher Spur läuft, alles umsonst ist?

Der Helfer – so phantasiert man sich ihn als Idealfigur – wird zwar auch immer wieder Minderwertigkeitsgefühle erleben, sie gehören wie gezeigt zum Menschen. Doch wird das Selbstwertgefühl stets so stabil sein, daß er sein empfundenes Minus auf direktem Weg (siehe Kapitel 1.4), also ohne Symptombildung, Geltungsstreben, das Plus (das Können) zu erreichen vermag. Dies kann der Helfer erreichen, je bewußter er Selbstermutigungstechniken anzuwenden versteht. Deshalb möchte ich hier auf diese Notwendigkeit ausführlich hinweisen.

Selbstermutigung fällt uns schwer. Das Wort vom „Eigenlob stinkt“ läßt uns nur verlegen das eigene gelungene Handeln feststellen. Oft sind wir auch so erzogen, daß wir unseren Erfolg abwerten oder so tun, als ob wir ihn nicht „der Rede“ wert finden, obwohl wir uns sehr freuen und uns bestätigt fühlen. Und unsere Gesellschaft beeinflußt uns auf vielerlei Weise, so daß wir an anderen, aber auch an uns meist nur das Negative für erwähnenswert finden.

Wir sind den gleichen Entmutigungsquellen ausgesetzt wie unsere Kinder:

Kritisieren, Abwerten, Schuldgefühle wecken, Kleinmachen, Erniedrigen, Fehlerbezogenheit, unfaire Vergleiche, Vorurteile und Voreingenommenheit gegen uns selbst, unnötige Bewertungen/Beurteilungen, Angstmachen, zu hohe, unrealistische Ziele stecken, der Beste/Schönste … sein wollen, irgend einem abgehobenen Ideal nachstreben …

Die wirkungsvollsten und hartnäckigsten Entmutigungsquellen, das zeigte sich, sind unsere Meinungen über uns (unser Leistungsvermögen/Eigenschaften), andere (z. B. feindlich gesinnte Mitmenschen, deswegen …), Welt/Leben (das Leben ist ein erbarmungsloser Kampf, deswegen …).

Sie geistern alltäglich in uns herum, sie flüstern in uns, sie beeinflussen unsere „inneren Selbstgespräche“: „In dieser Beziehung bist du wie dein Vater …“ – „Du bist eben dumm …“ – „Du probierst es ja nicht einmal …“

Deshalb hilft es uns, wenn wir unserem inneren Dialog das Gift der Entmutigung nehmen.

So entsteht und wirkt Selbstentmutigung: Betrachten wir den Entmutigungsvorgang etwas schematischer, um ihn zu durchschauen. Die Zahlen beziehen sich auf die nachfolgende Graphik.

Von der Selbstentmutigung zur Selbstermutigung:
—›

So entmutigten Sie sich bisher im inneren Selbstgespräch:	***Abfolge des Geschehens:***	**So ermutigen Sie sich im positiven Selbstgespräch:**
Ich bin neuen Aufgaben nicht gewachsen.	***1 Grundmeinung über sich (besteht schon seit Jahren)***	Ich bin vielen Aufgaben, wenn ich mich auf meine Stärken verlasse, gewachsen.
Einige Eltern wollen mich zum Elternsprecher wählen.	***2 Aktuelle Situation in der 1 durch tendenziöse Wahrnehmung, "Brille", als zutreffend entdeckt wird***	Einige Eltern wollen mich zum Elternsprecher wählen.
Paß auf, das kannst du nicht! Das ist nicht so einfach wie du denkst! Du unterschätzst das wieder einmal!	***3 Ständiger Aktivierer und Wiederholer springt an: Dressate, Sätze aus dem "Meinungsschatz" …***	Bewußt positiver innerer Dialog "einschalten", sobald sich negative Meinung bzw. Zweitmeinung meldet und …
Da wird es immer viel Arbeit und Schwierigkeiten geben, immer auf Trapp sein, da sitze ich plötzlich zwischen den Stühlen.	***4 … sie lösen inneren Dialog aus —› Gedanken, sie lösen …***	… positive Gedanken auslösen: Ich habe es noch immer geschafft. Mit den Eltern und der Klassenlehrerin komme ich gut aus …
Angst vor Versagen	***5 … Gefühl aus, die ihrerseits …***	Zuversicht, Hoffnung auf Erfolg
Allgemeines Unwohlsein, das den Unternehmungsgeist abtötet: keine Lust.	***6 … Reaktionen im Körper hervorrufen …***	keine belastende Reaktionen wohlfühlen
Blamage, Überforderung vermeiden	***7 (Unbewußt) Ziel setzen, um vom Minus zum Plus zu gelangen***	Ich stelle mich der Herausforderung
Ich sage, daß ich beruflich leider völlig ausgelastet bin.	***8 Methodenwahl/Handung, um (unbewußtes) Ziel zu erreichen***	Gespräche führen, Kontakte pflegen, Ideen gemeisam verwirklichen.

1. Der Mensch bildet sich in seiner Kindheit Grundmeinungen [→2] über sich selbst, andere, der gesamten Umwelt und über das Leben selbst, um sich in seiner Welt orientieren und zurechtfinden zu können. Auf den Selbstentmutigungsvorgang wirken sich naturgemäß die negativ gefaßten Grundmeinungen aus.

2. Der Mensch trägt ständig diese Welt-/Selbstsicht (wie eine Brille) mit sich herum. Plötzlich gerät er in eine Situation, die zu einer seiner negativ gefaßten Meinungen paßt:

3. Zugleich springen – psychologisch gesehen als Selbstschutz! – uralte „Wahrheiten“ an , die das Minusgefühl verstärken.

4. Diese Zweitmeinungen [→4] lösen ein inneres Gespräch aus, das Gedanken beinhaltet, die stets um die (fast sicher) bevorstehende Bedrohung bzw. Demütigung kreisen.

5. Diese Gedanken, immer wieder in anderen Varianten wiederholt, entfachen eindeutige, drastische, negative Gefühle: Angst, Mißtrauen, Enttäuschung, Bedrohungsgefühle, Wut, Verzweiflung ...

6. Die deutlich werdenden Gefühle strömen durch den Körper und rufen meist in/an einigen wenigen „bevorzugten“ Körperteilen Reaktionen hervor: Bauchschmerzen, Druck- und Krampferscheinungen im Bauchbereich, Kopfschmerzen, Gleichgewichtsstörungen ...

7. Auf diese Weise hat das Unbewußte die Bedrohung mit dem gesamten Körper aufgenommen: dieser unhaltbare Zustand, dieses unerträgliche Minusgefühl muß überwunden werden! Dem Menschen oft nicht bewußt, erwächst daraus das Ziel des Handelns [→7]. Das Ziel des sich schlecht fühlenden, entmutigten Menschen (das ist ein Mensch, der relativ viele negative Meinungen in seinem „Meinungsschatz“ angesammelt hat) ist, einen Zustand zu erreichen, in dem Demütigung, Mißerfolg verhindert werden.

8. Um dieses Ziel, das sich beim Entmutigten jenseits von Können und positiver Überwindung [→16] der Mängel befindet, setzt der Mensch jene (ichbezogenen [→17]) Methoden ein, die ihm bisher schon gute Dienste erwiesen haben.

Auch Menschen mit stabilem Selbstwertgefühl sind vor dieser Selbstentmutigung nicht sicher. Um die negativen Auswirkungen zu verhindern, hilft ein Blick auf die acht Punkte: So wird deutlich, daß die Punkte 1 und 3 die eigentlichen Auslöser der Selbstentmutigung sind:

- die immer noch bestehende negative Grundmeinung in einem bestimmten Bereich und
- die alte Zweitmeinung aus der Kindheit, die diese Meinung wieder „heiß" und aktuell machen.

die restlichen Punkte folgen lediglich aus diese „Vorgabe".

Uns Menschen fällt es nicht leicht, die grundlegenden Meinungen, wie sie in Punkt 1 bestehen, zu verändern. Die Meinungen von entmutigten Menschen sind bekanntlich (das zeigt ein Blick auf die vielen Beispiele dieses Buches) in Schwarz-Weiß-Extremen formuliert:

Ich kann nicht ... ich bin ungeschickt ... die andern mögen mich nicht ... ich schaffe es nicht ... ich bin meinen Pflichten nicht gewachsen ...

Wenn Sie Entmutigung spüren, dann denken Sie an diese extreme Formulierungen und erinnern sich an Situationen, in denen das doch gar nicht zugetroffen hat: Da haben Sie doch Fortschritte erzielt, waren Sie überhaupt nicht ungeschickt, da war der Kontakt zu Kollegen doch erfreulich, da zeigten Sie sich sehr wohl Ihren Pflichten gewachsen ...

Und so lassen Sie diese schwarzen Meinungen nicht mehr gelten! Relativieren Sie sie durch ihre positive Erfahrungen:

Ich kann *manchmal* ganz gut rechnen. Die Schule ist *nicht immer* überfordernd, wenn ich z. B. Sachunterricht habe, gefällt mir ... Ich habe doch mit meinen *neuen Erziehungsideen einiges* bewegen können ... , wenn auch die Belastung schwer ist ...

Erfolgversprechend ist es auch, konzentriert man sich bei der Selbstermutigung auf Punkt 3. Vergessen Sie nie, daß in schwierigen oder neuen Situationen (2) sich immer wieder diese alten Minusgefühle melden können! Erkennen Sie sie gelassen wieder, aber lassen Sie die alten Aktivierer von Angst-Gedanken und Gefühlen nicht wirksam werden!

Ersetzen sie daher Punkt 3 mit ermutigenden Inhalten, und Sie können die Punkte 4 bis 8 positiv gestalten und ihr Handeln einem erfreulichen Resultat zusteuern.

Selbstermutigung durch positives (inneres) Selbstgespräch:

So kann Punkt 3 durch ermutigende Inhalte, neu formuliert werden:
Situation (2): Man will mich zum Elternvertreter der Klasse wählen.

Positives (inneres) Selbstgespräch:
„Ach ich erwarte mal wieder, daß mich das überfordert, daß ich der Aufgabe nicht gewachsen bin, daß ich mich blamiere und mir den Unmut der Eltern zuziehe. Dabei möchte ich eigentlich gerne dieses Amt übernehmen; ich habe da einige gute Ideen und Lust dazu: Gute Zusammenarbeit mit der Klassenlehrerin, der ich auch meine Hilfe bei der Organisation von verschiedenen Veranstaltungen anbiete. Einige andere Eltern würden gerne mithelfen, das haben sie mir gesagt. Ich werde es probieren. Ein schönes Miteinander von Eltern, Kindern und Schule fördert den Fortschritt der Klasse. Wenn so viele mithelfen und ich mich mit der Klassenlehrerin gut verstehe wie bisher, dann kann das ganz lustig werden. Ich bin kreativ und engagiere mich recht effektvoll. Erst kürzlich haben mich die Rosemanns und auch die Fischers so freundlich wegen des gelungenen Grillabends mit der Klasse angesprochen, den ich organisiert habe. Ich denke, ich bin dem Amt, auch wenn es anstrengend sein mag. Das Powern macht mir Spaß, herumwirbeln, Plausch mit den Kindern und den Eltern haben ..."

Interessante Ideen zum positiven inneren Dialog finden Sie auch in Schoenaker „Mut tut gut".

- Bei einem positiven inneren Selbstgespräch empfiehlt sich:
- Flechten Sie innere Werte und Fähigkeiten ein (treu, ehrlich, kreativ, verantwortungsvoll, agil, ...)
- Formulieren Sie stets auch das Ziel Ihres Handelns so, daß auch der Nutzen für die Gruppe bzw. Gemeinschaft deutlich wird („Ein schönes Miteinander von Eltern, Kindern, ...")
- Vermeiden Sie negative Formulierungen.
- Realistisch und sachlich die Aufgabe benennen („Gute Zusammenarbeit mit der Klassenlehrerin, der ich auch meine Hilfe ...")
- Wiederkehrende Stimmung, Atmosphäre, grundlegende Meinung bzw. Zweitmeinung als typisch für sich selbst betrachten (eventuell sogar sagen, woher sie stammt aus der Kindheit: „Ach ich erwarte mal wieder ..., daß ich der Aufgabe nicht gewachsen bin ... geistert da nicht wieder Mutters Stimme in mir: ‚Paß auf, das kannst Du nicht, das ist nicht so einfach wie Du denkst".
- Sich eigene Stärken bewußt machen und benennen („... gute Ideen ... verstehe mich gut mit Klassenlehrerin ... bin kreativ ... engagiere mich recht effektvoll ...")
- Eigene Sorgen und Bedenken als etwas in der Sache liegendes akzeptieren; auch anderen geht es so (Man kann nicht jedes Problem, jede

Kleinigkeit „Wegorganisieren“, ein solches Amt bringt immer verständliche, unvermeidbare Unwägbarkeiten mit sich ...)
- Schwarz-Weiß-Extreme bzw. Verallgemeinerungen durch Zwischenstufen auflockern („... Ich denke, ich bin dem Amt gewachsen, auch wenn es anstrengend sein mag ...“)
- Mit positiven Gedanken eine gute Erwartungsstimmung erzeugen: Vorfreude, angeregte Spannung, begründete Erfolgszuversicht.

● Einige Ideen zur Selbstermutigung

1. Grundgedanke: Ich freunde mich mit mir an

Mit sich selbst anfreunden (statt sich immer wieder bekämpfen) und erkennen, daß diese „Partnerschaft“ befähigt, selbstbewußt die uns gestellten Aufgaben zu bewältigen, könnte der harmlos erscheinende Anstoß für den Beginn einer völlig veränderten Sicht des eigenen Lebens werden! Die Methoden des „positiv gestalteten inneren Dialogs“ anwenden.

2. Grundgedanke: Ich erfahre bewußter, was mich bewegt

Versuchen Sie einmal zu erleben, was Sie wirklich interessiert, nicht was Sie, von Berufs wegen, interessieren muß. Gönnen Sie sich das prickelnde Gefühl, etwas Neues auszuprobieren und zu experimentieren, und eigene Interessen bewußter zu pflegen. Überdenken Sie in entspannter Atmosphäre: In welchem „Trott“ stecke ich momentan? In welchen Bereichen empfinde ich, daß ich von anderen/den Umständen „gelebt“ werde, also fremdbestimmt bin? Will ich das wirklich? Oft gibt schon das Bewußtwerden des Trottes neue Impulse. Erkennen Sie Möglichkeiten, ohne größeren Aufwand daran etwas zu verändern.

In welchem Rahmen lebe ich? Welche Wünsche hege ich schon seit langem? Denken Sie in dieser Phase nicht daran, ob Sie dies irgendwann realisieren können; lassen Sie sich ganz von dem schönen Gefühl des Wünschens leiten. Versetzen Sie sich dabei auch in gute, anregende Atmosphäre (Räumlichkeit, Musik). Alles, was aus Ihnen strömt, wird notiert. Die Vernunft (als Spielverderber) darf überhaupt nicht korrigierend aktiv werden! Erstellen Sie eine Liste solcher Wünsche. Später ordnen Sie sie nach der

Möglichkeit sie zu verwirklichen (von 1= das schaffe ich unter Umständen bis 10 = dafür muß ich noch einige Voraussetzungen erfüllen). Schreiben Sie nun den Wunsch mit der Rangnummer eins (als am ehesten zu realisierender Wunsch) auf ein weiteres Blatt.

- Begründen Sie schriftlich, warum Sie dieses Ziel erreichen *werden*, in dem Sie Ihre Fähigkeiten, Stärken und Ideen ins Felde führen!(Kein Wenn-und-Aber ist erlaubt, dies ist schließlich ein Phantasiespiel!)
- Stellen Sie sich nun realistisch vor, wie Sie Ihr Ziel erreichen, wie Sie die jeweiligen Probleme lösen und wie Sie sich bei Erreichen dieses Zieles fühlen werden.
- Nun planen Sie in kleinen, gut gangbaren Schritten, dieses Ziel zu erreichen.
- Teilen Sie diesen Schritt nach Möglichkeit nochmals in mindestens zwei gangbare Teilschrittchen. Planen Sie ernsthaft ein, es sich nach jedem erfolgreichen Schritt gut gehen zu lassen! Setzen Sie die Methode des positiven Selbstgesprächs ein; Sie können sich auch kleine Belohnungen zugestehen!
- Schieben Sie nun nichts mehr auf, nehmen Sie sich diesen Wunsch vor und verwirklichen Sie ihn schon bald schrittweise. Benützen Sie das Erreichen des Wunsches dazu, Ihr Selbstvertrauen zu stärken und sich dies bewußt zu sagen. Bald fühlen Sie genug Mumm in sich, einen weiteren Wunsch der aufgestellten Rangliste zu erfüllen. Es empfiehlt sich, nicht mit dem zweiten Wunsch der aufgestellten Rangliste fortzufahren, sondern den gesamten Ablauf der vorigen Übung zu wiederholen, da Sie eventuell Ihre Sichtweise und auch Wünsche leicht verändert haben.

3. Grundgedanke: Mit gestärktem Selbstwertgefühl kann ich besser mit Fehlern und Rückschlägen umgehen

Dies gelingt,

wenn Sie trotz Fehler Ihren Wert/Ihr Können nicht in Frage stellen (brauchen),

wenn Sie so gefestigt sind, daß Sie sich nicht getrieben fühlen Ihren Wert/Können extra zu beweisen,

wenn Sie auch weiterhin Ihre Stellung innerhalb der Gruppe/Gemeinschaft als ungefährdet betrachten können,

wenn Sie Aufgaben und neue Situationen als Feld sehen, auf dem Sie ihr Können wirksam und mit Erfolgserwartung einbringen können wenn Sie Ihr Interesse auf die Sache richten, die es zu verändern gilt (und das Ansehen/Prestige für Sie keine zentrale Rolle einnimmt).

Versetzen Sie sich in eine entspannte Stimmung: Denken Sie an Ihren letzten Erfolg zurück, an Ihre Freude und Genugtuung beim Gelingen Ihres Handelns:

- Machen Sie sich bewußt, *wie* Sie während der Handlung von Ihrer Fähigkeit, die Angelegenheit erfolgreich abzuschließen, überzeugt waren.
- Zeigen Sie sich selbst, daß Sie dabei sachlich richtig (Ihre Fähigkeiten, Bildung, Eigenschaften, ganz in den Veränderungsprozeß der Sache/Problems eingebracht haben) vorgegangen sind.
- Spüren Sie Ihrer damaligen Einstellung nach: Sie wußten sicher, daß trotz Ihrer Fähigkeit die Sache/Aktivität auch (teilweise) mißlingen konnte. Doch Sie sahen das in der Natur der Sache/Dinge liegen und nur teilweise von Ihrer Person abhängig.

Machen Sie sich deutlich, daß Sie im Hinblick auf mögliches Mißlingen daran dachten, daß Ihnen „ja nichts passieren" konnte. Neue Taten und Chancen warten bereits.

Zeigen Sie sich dabei deutlich, an welche Personen Sie dabei dachten, die Sie stützen, verstehen und mit Ihnen mitfühlen werden. Erkennen Sie, daß es so ist, weil diese Menschen Ihren Wert kennen!

4. Grundgedanke: Im inneren Dialog rede ich fair und mit Selbstachtung mit mir, in Gesprächen mit anderen mache ich mich nicht schlecht, auch wenn ich ein Problem habe

Eigene Interessen und Bedürfnisse wollen nicht verleugnet sein; lediglich Gesetze und Regeln (die auf demokratische Weise entstanden sind), die das Miteinander ordnen, können als „Fremdbestimmung" akzeptiert werden, ohne daß das Selbstwertgefühl leidet.

Denken Sie an eine Situation, in der Sie glaubten, versagt zu haben. Oder erinnern Sie sich an ein für Sie typisches Minderwertigkeitsgefühl oder Schwächegefühl. Lassen Sie es durch geeignete Gedanken an eigenes Versagen wieder richtig „hochkommen". – Setzen Sie sich auf einen von zwei sich gegenüberstehenden Stühlen. Beginnen Sie sich über sich zu ärgern und schimpfen. Sie lassen, so wie es Ihnen Ihr Minderwertigkeitsgefühl diktiert, kein gutes Haar an sich (Sie dürfen auch übertreiben!). Wechseln Sie öfters auf den zweiten Stuhl. Auf diesem Stuhl agieren Sie in der Rolle des freundlichen, warmherzigen und doch sachlich argumentierenden Menschen:

Sie versuchen nun die groben Selbstvorwürfe zu entkräften. Gegebenenfalls weisen Sie auf Regeln, Gesetze und Vorschriften hin, die Sie damals einschränkten. In jedem Fall beharren Sie darauf, daß das sachliche Herangehen an die vorgestellte Situation eine solch einseitige Betrachtung verbietet, ebenso den feindseligen Ton.

Variante: Sie schreiben dies in einem Dialog auf.

5. Grundgedanke: Das Leben sehe ich als fortschreitende Entwicklung (als Prozeß), in dem es stets etwas Neues zu lernen und Altes und Geliebtes zu verändern gilt, damit ich neuen Situationen und Problemen gewachsen bin und mich wohl fühlen kann.

Zeichnen Sie auf einem großen Blatt (DIN-A-3 und größer) einen Spielplan, wie Sie ihn von Würfelspielen kennen, nach folgendem Muster:

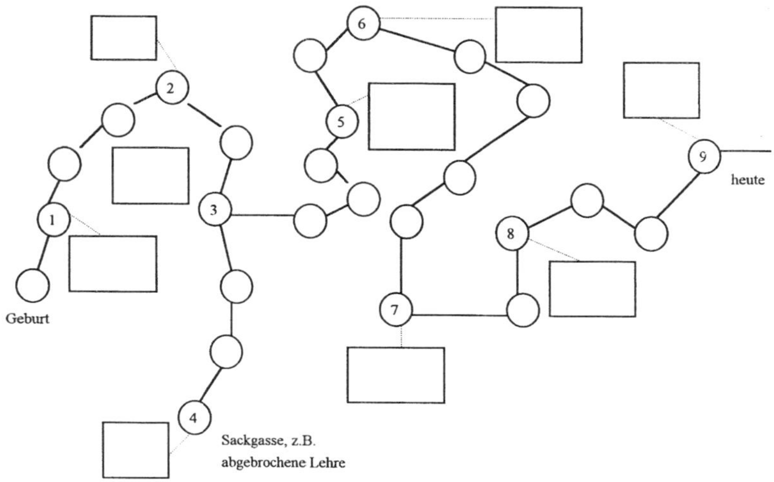

Er soll Ihrem Lebenslauf nachgestaltet sein, mit seinen Höhe- und Tiefpunkten, Sackgassen und Rückschritten, aber auch Fortschritten. Numerieren Sie einige Felder wie in dem obigen Beispiel, sie sollen wichtige Ereignisse symbolisieren: Was wichtig war, können nur Sie beurteilen, möglich wären: wichtige Begegnungen, Erfolge, Niederlagen, beeinflussende Bücher oder andere kulturelle Ereignisse. Ordnen Sie wie gezeigt den numerierten Feldern jeweils ein genügend großes Kästchen zu und beschriften Sie es mit folgenden Inhalten:

Ereignis:
ausgelöste Gefühle/Träume/Ängste:
Was ich "gelernt" habe:

Variante: Statt den Lebenslauf, können Sie auch das vergangene Jahr oder jede andere für Sie in Frage kommenden Zeitspanne auf diese Weise darstellen.

6. Grundgedanke: Ich bin grundsätzlich zur Selbständerung fähig

Auch hierzu eignet sich die vorige Übung, falls Sie noch nicht dazugekommen sind. Verdeutlichen Sie sich jetzt jene Stellen, in der Sie sich veränderten, sozusagen etwas Neues begannen und verwirklichen konnten.

Erinnern Sie sich an eine Eigenschaft/eine Verhaltensweise, die Sie früher nicht besaßen/zeigten und notieren Sie in Einzelheiten, wie und was Sie verändert haben. Treffen sie nun eine Person, die Sie noch aus jener Zeit kennt, als Sie die Eigenschaft noch nicht besaßen bzw. Sie sich noch anders in bestimmten Situationen verhalten haben.

Spielen sie nun diese Person X: Schildern Sie sich so, wie diese Person von damals meint, daß Sie noch heute wären.

Anschließend tritt eine zweite Person (Person Y) auf: Sie heißt „Ichbindergrund". Auch diese Person spielen Sie: „Ichbindergrund" stellt sich vor und schildert seinen Einfluß, den er auf Sie ausübte.

Variation 1: Es treffen sich zwei Personen: eine, die Sie von früher kennt, als Sie sich noch nicht geändert hatten, und eine Person, die Sie erst vor kurzer Zeit kennengelernt haben, als Sie bereits die „neue" Eigenschaft/das „andere" Verhalten zeigten.

Variation 2: Wie Variation 1; nur trifft sich eine Person, die Sie nur nach der Änderung kennt, und eine Person, die Sie kennt, wie Sie in 15 Jahren sein werden (Mögliche Inhalte: aktuelle Berufssituation, Werte, Freizeitverhalten, soziale Kontakte).

7. Grundgedanke: Auch mir selbst gegenüber bin ich geduldig, gerecht und warmherzig, ich halte etwas von mir

Beschäftigen Sie sich diesmal mit der Freude, genauer, der Vorfreude und der Nachfreude.

Wie freuen Sie sich? Freut sich Ihr gesamter Körper mit? Wie läuft das ab? Durch unsere Erziehung wurden wir teilweise daran gehindert, Freude oder auch Dankbarkeit zu erleben und sie zu zeigen. Damit schränken wir aber einen wichtigen Teil unserer angeborenen Empfindungsfähigkeit ein und ein bedeutsamer, uns Menschen innewohnender Selbst-Ermutigungsmotor stottert oder bleibt untätig. Denn gerade die Vorfreude auf Erfolg, aufgrund des Bewußtseins eigenen Könnens und der sachgemäßen Behandlung eines Problems, kann das Ereignis entscheidend positiv beeinflussen.

Denken Sie an ein Ereignis in der näheren Zukunft, auf das Sie sich freuen. Notieren Sie das Ereignis auf ein Blatt, es dient als Überschrift. Nun schreiben Sie links Ihre Vorfreude und Vorerwartungen möglichst mit allen Einzelheiten. Rechts notieren Sie Ihre „Erinnerungen" an das Ereignis als *Nach*freude, als ob es sich bereits schon ereignet habe.

Erfreuliches Ereignis als Überschrift

Vorfreude	Nachfreude

Notieren Sie auch die jeweiligen Körperreaktionen !

Wer ist am freudigen Ereignis „schuld"? Benennen Sie auch in „schwierigen" Fällen Ihren Anteil. „Zwingen" Sie sich dazu, mindestens fünf Punkte zu finden → falls es im Ernst nicht klappt, lösen Sie diese Aufgabe mit Humor. Wie fühlten Sie sich während des erfreulichen Ereignisses in Ihrem Körper? Jetzt „prahlen" Sie mit Ihrem Anteil am erfreulichen Ereignis: Schneiden Sie mal richtig auf!

8. Grundgedanke: Mein Verhalten beruht auf meiner nur mir eigenen (subjektiven) Wahrnehmung und gehorcht immer meiner (privaten) Logik; daher gilt es, die eigene, private Logik bewußter wahrnehmen zu können und zu ahnen, wie stark sie das eigene Verhalten bestimmt

Erkennen Sie, daß dies „Menschenart" ist, es jedem so ergeht und unvermeidbar ist. Deswegen kann Problemverhalten/Schwierigkeiten definiert werden als subjektiv *richtiges, der privaten Logik gemäßes Verhalten, das aber in Widerspruch zur allgemein gültigen Logik gerät.*

Hilfreiche Problemlösungen erreichen wir, wenn die private Logik →5 bewußter wird und sich stärker an der allgemein gültigen Logik orientiert. Mehr ist nicht möglich: Niemand kann nur nach der allgemein gültigen Logik wahrnehmen und handeln. Wenn die private Logik zu Schwierigkeiten und Problemen führt (was sie bei weitem nicht immer macht, denn sie gehört zur „normalen" Wahrnehmung des Menschen), lohnt es sich, sie zu erkennen. Gelingt es, diese subjektive Wahrnehmung – in bestimmten Grenzen – aufzudecken und in einem weiteren Schritt zu verändern, steigt die Chance auf eine insgesamt zufriedenstellendere Lebensführung.

Benennen Sie nun ein Problem. Meistens gibt es verschiedene Sichtweisen dieses Problems. Notieren Sie zu Ihrer Sicht noch mindestens eine andere Sichtweise (es sind auch weitere möglich). Beschreiben Sie Ihre Sicht genau, versuchen Sie ganz logisch zu argumentieren! Danach versetzen Sie sich in eine andere Person! Sie sollte eine völlig andere Einstellung zum Problem haben. Auch jetzt begründen Sie – mit den Gedanken dieser Person – völlig logisch und einsichtig!

Beispiel: Problem: Mich stört, daß mein Sohn Paulo, viel zu wenig in der Schule übt. Meine Frau meint, ich solle ihn in Ruhe lassen.

9. Grundgedanke: Erfolgserlebnisse motivieren mich zu einer erfolgreichen Bewältigung bevorstehender Aufgaben und Problemsituationen, weil ich durch sie mögliche negative Einstellungen (Meinungen) zu mir selbst/andere/Dinge/Welt positiv verändern kann

Denken Sie an eine Situation, in der Sie einen unerwarteten Erfolg erleben konnten und sich sagten: Das hätte ich nie für möglich gehalten! Füllen Sie nachstehende Tabelle aus, arbeiten Sie *nach der Zahlenreihe*:

Diese Übung kann Ihnen, wenn Sie nun die ausgefüllte Tabelle betrachten und die Pfeile wirken lassen bewußter machen, daß das Erwarten von Positivem, Sie zu weiteren Fortschritten führen kann.

Das hätte ich nie für möglich gehalten!

1 Was genau? Schildern Sie den Erfolg kurz!

3 Erklären Sie sich im Nachhinein, wieso dies so gut klappte (sachlich, konkret)!

2 Was haben Sie stattdessen erwartet?

4 Wie schätzen Sie heute die eigene Fähigkeit ein?

5 Welche Grundmeinung könnte sich hinter dieser negativen Vorerwartung verbergen?
Ich ...

7 Was bedeutet das für Ihr zukünftiges Handeln? (Erwartungen, Gedanken)

6 Welche Gefühle sind damit verbunden? ⟷

8 Welches Gefühl löst dies aus?

9 Notieren Sie, welche Änderungen durch positive Einstellung Ihnen offensichtlich möglich sind!

10. Grundgedanke: Ich vergrößere meine Erfolgschancen, wenn ich darauf vertraue,

- ***ein zu meinen Möglichkeiten passendes Ziel erreichen zu können,***
- ***wenn ich entschlossen, erfolgsorientiert und realitätsbezogen alle zum Erfolg nötigen Voraussetzungen schaffe und***
- ***zuversichtlich andere bzw. die Gruppe einbeziehe und ggfalls mit ihnen zusammenarbeite***

Erinnern Sie sich an Situationen, in denen Sie trotz Widerständen und Problemen Ihr Vorhaben (unbeirrt) durchsetzen und zum Erfolg (auf den sie stolz sind) führen konnten.

a) Zählen Sie Ihre Stärken auf, die Sie dabei erfolgreich einsetzten:	b) Wie reagierten die andern/Umwelt darauf?
——›	
——›	
——›	

c) Welche Rückmeldung bezüglich Ihrer Leistungen erhielten Sie vor, während und nach Ihrer Aktivität, von den anderen Menschen ?
d) Entwickeln Sie eine Werbung für Ihre Stärken. Bieten Sie diese so an, daß man Sie (wofür?) engagiert.

Mein Erfolgsrezept: Beschreiben Sie, mit welcher Einstellung und welchen Methoden Sie das erreichen, was Sie sich in den Kopf setzen. Zeigen Sie das auch an Beispielen, die Sie notieren.

Beenden Sie folgenden Gedanken ausführlich.
- „Weil ich Folgendes beachtete, ist mir auch schon oft etwas gelungen.“
- „Wenn ich mir etwas richtig vorgenommen habe (und die Vorleistungen/Vorbereitungen angemessen erbracht habe), dann habe ich noch immer erreicht, was ich wollte.“

Was ich mir vorgenommen habe	Methoden zur Zielerreichung

11. Grundgedanke: In dem ich meinen Dressaten →18 und Ich-Idealen in meinen Zweitmeinungen →4 auf die Spur komme, kann ich ihre entmutigende Wirkungen beenden

Um problemfreier leben und voranzukommen, entwickelten wir im Laufe der Zeit Prinzipien, an die wir uns (meist) halten. Mit ihnen orientieren wir uns im Alltag, durch sie wird unser Verhalten sicher. Wir wissen durch sie besser, was zu tun ist. Sie wirken aber auch oft wie Vorurteile, da sie nicht auf der Basis unserer persönlichen Erfahrung und eigenen Beurteilung entstanden sind.

a) Notieren Sie in 1 einige Ihrer wichtigen Prinzipien in Beruf, Familie, Freizeit, Hobby!

1 Wertvolle Prinzipien	2
	——›
	——›
	——›

b) Denken Sie an Ihre Kindheit: Erinnern Sie sich an Situationen, in denen der links stehende Satz bzw. das Stichwort für Sie gegolten hat. Tragen Sie solche Situationen in Spalte 2 ein.

c) Im normalen Lebensverlauf gerät jeder Mensch immer wieder in Schwierigkeiten, er begeht Fehler, scheint sich zu irren. Doch immer wieder können diese „Pleiten“ durch erfolgreiche Handlungen ausgeglichen werden. Notieren Sie hier einige Fehler/Schwierigkeiten/Probleme, die Ihnen in der näheren Vergangenheit begegnet oder Ereignisse, die nicht in Ihrem Sinne abgelaufen sind in 3. Es ist wichtig, daß Sie mehrere Beispiele auflisten.

3	4

Der nächste Schritt erfordert, daß Sie in eine kritische Distanz zu sich gehen (können). Fällt Ihnen dies schwer, dann stellen Sie sich vor, daß ein Ihnen bekannter, kritischer (Ihnen aber nicht feindlich gesinnter) Mensch sich Ihre Prinzipien (1) vornimmt. Er schaut sich darauf Ihre Probleme, Fehler und Schwierigkeiten (3) an. Und dann füllt er die Spalte 4 aus. *Er gibt ausgerechnet Ihren Prinzipien, vermutlich aus der Kindheit und noch heute wirksam, die Verantwortung für Ihre Probleme!* Schreiben Sie deshalb – in dieser Rolle hineinversetzt – neben die Probleme (3) in Spalte 4 jeweils das Prinzip, das in jener Situation gewirkt haben könnte und eben nicht (!) zum Erfolg, sondern zum Mißerfolg geführt hat.

d) Wie denken sie nun nach Übung c) über Ihre wichtigen Prinzipien? Es ist denkbar, daß Sie verunsichert sind. Das sollten Sie nicht zu weit treiben, Prinzipien müssen für Sie auch jetzt nicht schlecht sein, manchmal (!) sind sie eben nicht günstig!
Viele Prinzipien, Grundsätze und Dressate haben heute noch ihre Gültigkeit, andere nicht mehr.

Wenn Sie jetzt mit der folgenden Übung erkennen könnten, welche lästige (weil eventuell Probleme verursachende) Zweitmeinungen Sie unerkannt oder unkritisch mit sich herumschleppen, wäre das eine lohnende Sache. Solchen Ballast gilt es – einmal erkannt – abzuwerfen.

Notieren Sie auf der linken Seite Man-Sätze, die Ihnen von der Erwachsenenwelt in der Kindheit „beigebracht" wurden.

A Man-Sätze	B Ich ....
Z.B.: Man darf nicht vorlaut sein.	Ich muß schauen, daß ich den andern nicht auf die Nerven gehe und mich entsprechend zurückhalte.

Nach einiger Bedenkzeit werden sich diese Sätze rasch einstellen, die Erwachsenen belieferten uns Kinder reichlich. Bei zehn (!) können Sie stoppen. Nach einer kurzen Pause lesen Sie nun jeden Man-Satz durch und schreiben ihn zu einem Ich-Satz um! (Spalte B) Ganz wichtig ist, daß dieser Ich-Satz jetzt und heute *unverändert* gilt. Ansonsten versehen Sie die entstandene Lücke mit einem Fragezeichen.

e) Und was passiert mit den Man-Sätzen, die jetzt für Sie *so* nicht mehr akzeptabel sind und mit einem Fragezeichen markiert sind? Könnten Sie sich von ihnen verabschieden?

Es bietet sich z. B. folgendes Muster an:
„Man ... ißt das, was man auf den Tisch bekommt." Was soll ich noch mit dir? Wenn ich mich erinnere, dann hast du mir schon öfters Schwierigkeiten gebracht: Zum Beispiel damals, als ... ich immer die Schüsseln leerte." Kommt daher meine Neigung zum Übergewicht? Also weg mit dir!

So richtig falsch ist der eine oder andere Satz nicht? Dann verändern Sie ihn doch unter dem Motto: „So nicht!" Aktualisieren Sie ihn! Recht nützlich ist, alle Verallgemeinerungen herauszustreichen und genauer zu formulieren.

Zum Beispiel: Man muß Vorgesetzten gehorchen: Ich kenne Situationen, in denen es ratsam ist, Vorgesetzten nicht zu widersprechen. Andererseits fühle ich mich verpflichtet, mir wichtig erscheinende Kritik zu äußern.

12. Grundgedanke: Mir nützt es mehr, mein Problemverhalten zu verstehen als es nur zu beschreiben

Situation: Ein Vater gesteht sich, leicht verzweifelt, ein: „Ich schiebe wichtige Erledigungen immer wieder vor mir her."

Solche Beschreibungen führen nicht zur Veränderung. Erst wenn Sie das Verhalten als zielgerichtet verstehen, werden Ihnen sinnvolle Maßnahmen einfallen können.

In der Spalte „Verstehen des Verhaltens" sind einige Hypothesen aufgelistet. Es gilt immer erst zu vermuten, zu raten und diesen Ideen dann nachzuspüren: Entspricht das Verhalten meinen Vermutungen? Verstehen Sie das Verhalten zielgerichtet, können Sie etwas ändern; dies läßt sich trainieren:

Mein Problemverhalten früher/ heute	So erkläre ich mir oder andere mir dieses Verhalten	Verstehen des Verhaltens (vermutetes Ziel der Handlungen)
Ich schiebe wichtige Arbeiten vor mir her (z.B. Termin mit X)	Ich bin mir unschlüssig, was ich tun soll	Ich möchte gar nicht mit X reden Ich habe vor dem Gespräch mit X Angst. Ich befürchte ... und das will ich unbedingt vermeiden.

Natürlich können Sie das auch auf die Erziehung übertragen:

Situation: Ein Kind „vergißt" regelmäßig seine Hausaufgaben. Erklärung der Eltern: Das Kind ist faul. Was sagen Sie jetzt dazu (benutzen Sie auch die Tabelle)! Oder: Klaus ist frech. / Mary ist eifersüchtig. / Helmut reagiert aggressiv.

13. Grundgedanke: Mir selbst zuhören heißt mich wahr- und ernstnehmen

Hören Sie sich immer mal wieder bewußt zu. Was rede ich eigentlich da? Sehe ich mich – in dieser Situation – positiv? Wie schimpfe ich mit mir? Wie kritisiere ich mich?

Versuche ich durch dauerndes Wiederholen bestimmter Gedanken eine Stimmung aufzubauen, die mich im Endeffekt zu einer Handlung bringen soll (wobei mir dieser Zusammenhang aber verborgen bleibt/ bleiben soll)?

Beachten Sie Graphik Seite 71 und gestalten Sie eine Situation aus Ihrem Alltag nach. Auch die Übungen zum positiven Selbstgespräch, Seite 74 sind hilfreich.

14. Grundgedanke: Ich bemühe mich um meine seelische Ausgeglichenheit

Zur Selbstermutigung zähle ich auch die ständige Sorge um sich selbst, so daß ich ein „seelisch ausgeglichenes Wesen" entwickeln kann. Erst das befähigt mich, überhaupt dauerhaft ermutigen und damit auch erziehen zu können. Prüfen Sie für sich, ob Sie in Ihrem Bekannten- und Freundeskreis Menschen „haben", die – insgesamt, jeder etwas, keiner alles – folgende Unterstützungsfunktionen übernehmen kann:

- ❑ Haben Sie jemand, der Ihnen zuhören kann, „aktiv zuhört" im Sinne Gordons Techniken des Zuhörens (Kapitel 3), regelmäßig und zeitlich ausreichend?
- ❑ Immer wieder sind wir beruflich oder privat in Situationen, in denen wir alleine überfordert sind oder nicht mehr weiter kommen. Befähigen Sie sich, Hilfe zu bedürfen, und sie sich zu erbitten; sorgen Sie daher durch geeignete Kontakte, daß Ihnen zuverlässige, sachliche Unterstützung – auf Gegenseitigkeit – zur Verfügung steht.
- ❑ Halten Sie sich so kreativ, daß Sie trotz Anerkennung und Erfolg, Veränderung und Neues, Unkonventionelles und sogar Unhaltbares erproben und erfahren können; der belebende Reiz des Neuen kann für Sie zur Energiespritze auf Ihrem gewohnten (Arbeits-)Feld sein und Sie zu vielbeachteten Innovationen befähigen. Die daraus fließende Genugtuung und Anerkennung stärkt Sie auch für kritische Situationen.
- ❑ Sorgen Sie durch Einfühlung, Sympathie, Freundschaft und Kameradschaft, daß Sie sich auch durch die emotionale Wärme und Zuwendung dieser Menschen stützen lassen können, wenn Sie sich einmal schwächer, ausgelaugt, gedemütigt fühlen; dadurch bewahren Sie sich vor Einsamkeit, Depression und psychosomatischen Symptomen.
- ❑ Routine, Erfahrung, ja Abgebrühtheit können zum Erfolg/Gelingen beitragen. Werden sie aber immer stärker zur Basis der Kommunikation, wird das eigentliche Empfinden, das Fühlen allmählich ausgeschaltet. Das kann nur eine relativ kurze Zeit schadlos ablaufen. Sorgen Sie durch das einfühlende Interesse und Engagement an/mit anderen Menschen, daß diese Menschen eindeutig Ihre aktuellen Gefühle, die Sie in der betreffenden Situation haben, erkennen können und sich mit ihnen konfrontiert sehen können:
- ❑ Also lassen Sie sich von etwas, was Ihnen wichtig erscheint „heiß"

machen, zeigen Sie Ihre Wut, Freude, Verärgerung: dies muß noch lange nicht in Entmutigung der anderen ausarten!

- ❑ Es gibt Belastungsphasen, in denen man am Feierabend oder in der Freizeit nur noch abschalten und in Ruhe gelassen sein möchte; sich diese Zeit bewußt und ohne Schuldgefühle zu nehmen („ich sollte eigentlich noch dringend ...“) erhält bzw. erneuert Arbeitskraft.
  In diesem Zusammenhang sei der Wert der bewußten Muse nur am Rande erwähnt.
- ❑ Ebenso wichtig, doch von vielen unterbewertet, ist das Mit-Spielen in unserer Gesellschaft: am Geschehen in der Gemeinde, im Verein, in sozialen und politischen Vereinigungen und Initiativen.

Dieses Sich-einbezogen-Fühlen korrespondiert mit dem sozialen Verantwortungsgefühl, daß Sie motiviert, sich für Gerechtigkeit und Gleichwertigkeit für konkrete Menschen, aber auch für Gesellschaft und Menschheit allgemein zu engagieren. Bemühen Sie sich um Menschen, mit denen Sie die Muse erleben, ebenso um Menschen, mit denen Sie Ihr soziales und politisches Engagement mit Herz und Tat realisieren können. Mit diesen wenigen Punkten wirken Sie der latenten Entmutigungsgefahr durch die (Entmutigungs-)Gesellschaft vor und sorgen für Ihre seelische Stärke und vitale Leistungskraft.

Es gilt, diese Punkte mit Leben zu füllen oder zu prüfen, in welchem Maße dies bisher geschehen ist:

Welche Punkte halten Sie für sich als „erfüllt“? Machen Sie sich bitte genau bewußt, wie und wodurch Sie dies erreichen.

Seelische Ausgeglichenheit wird längerfristig nur möglich sein, wenn alle sieben Punkte gleichzeitig wirken. Wo sehen Sie noch Handlungsbedarf? Welche Bedürfnisse sind noch nicht befriedigt?

Notieren Sie sich das so genau wie möglich und begründen Sie sich dies.

Jetzt bewerten Sie dieses Nichterfüllen eines Punktes als Problem und probieren Sie, ob Sie mit dem Projekt in Kapitel 3.6 weiterkommen:

Ersetzen Sie allerdings das Wort „nachgeben“ durch „Problem“ (nämlich besagten Punkt nicht erfüllen zu können). Danach können Sie, angewandt auf diese Grundidee 18, die vier Etappen durchwandern.

• Weitere Übungen zur Selbstermutigung:

• *Vielen Dank*

In der Beziehung zu unseren Mitmenschen ist es günstig, wenn wir unsere Stärken einbringen können und von anderen so viel erhalten könnten, daß Geben und Nehmen in etwa einem Ausgleich zustreben. Denken Sie jetzt an wichtige Dinge/Gaben, die Sie von anderen annehmen und nutzen konnten und wofür Sie wirklich dankbar sind. Tragen Sie auf den erhaltenen Gaben des Gabentisches Ihres Lebens ein, wofür Sie dankbar sind; z. B.: Geduld vom Vater.

Ergänzung: Wenn Sie so die Päckchen betrachten und Ihre Absender sehen, fragen Sie sich jetzt, ob Sie diese gerade empfundene Dankbarkeit auch den jeweiligen Absendern so gezeigt haben, wie sie es „verdient" haben.

Inhalt des Päckchens	Absender	So zeigte ich bisher die Dankbarkeit	Ideen, um diese Dankbarkeit auszudrücken : Ich könnte ...*
Geduld	Vater	Ich habe ihm das gesagt	Ich könnte mehr Geduld mit ihm selbst aufbringen, indem ich mit ihm öfters spazieren gehe, obwohl er so trödelt.

Formulieren Sie diese Ideen so, daß Sie dem Absender eine Freude bereiten können.

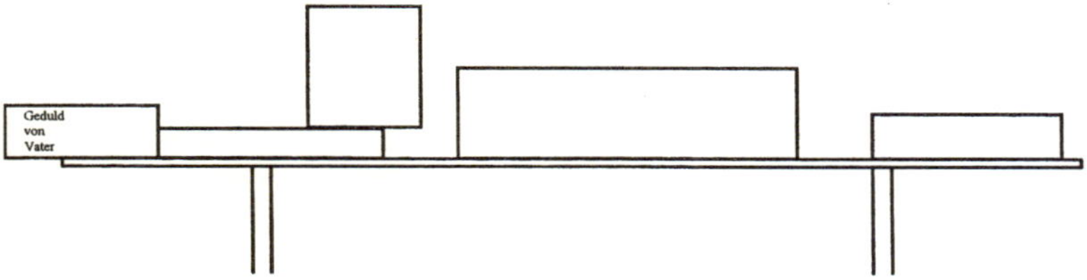

• *Ich bin ein ganzer Mensch*

Stellen Sie sich ein meisterhaftes Gemälde vor: Sonnendurchflutete stimmungsvolle Landschaft. An diesem Werk stimmt alles, dieses Licht! Sicher sehen Sie auch die Schatten, von der Sonne geworfen, beeindruckend gemalt. Was wäre, wenn der Meister die Schatten weggelassen hätte! Zum Meisterwerk hätte es nicht gereicht, dem Meister wäre Peinliches aus dem Pinsel geflossen. Später hätte er es verändert oder übermalt.

Und wie steht es mit unserem Meisterwerk, unserem Leben? Soll es als gelungen gelten, dürfen wir auch unsere Schatten nicht weglassen, sie verschämt übersehen, verbergen oder verleugnen.

Zum „ganzen“ Menschen gehört, daß er seine Schwachpunkte, Probleme, „dunkle“ Seiten als dazugehörend und in Ordnung sieht. Nur so bin ich komplett!

Füllen Sie folgende Zeilen aus und lesen Sie sie sich halblaut vor im Gefühl, zufrieden (das bedeutet nicht selbstgefällig) mit sich sein zu dürfen!

Ich bin ein ganzer Mensch,
denn ich bin sowohl .... als auch .... ;
denn ich bin sowohl .... als auch .... ;
....

Fällt es Ihnen schwer, sich mit den negativen Seiten voll zu akzeptieren und zu sagen: „Ich bin sowohl verläßlich als auch ein hinterlistiger Typ, doch so, wie ich bin, bin ich in Ordnung“?

Was hindert Sie daran? Welche Einwände haben Sie? Angst?

Tragen Sie in das Geäst des Baumes Ihre guten Seiten, Ihre Stärken - in oder unter den Schatten dagegen Ihre "Bosheiten", Schwächen, von denen Sie sich wünschen, daß sie niemand entdecken möchte (und die zu verbergen Sie sich oft große Mühe geben).

Was ist für Sie schlimm, daß es so ist, wie es ist? Sie wollen Ihre schlechte Seiten ändern? Wie lange schon? Ärgert Sie folgender Satz?

Wollten Sie wirklich etwas verändern, hätten Sie es schon lange getan! Das Sich-ändern-Wollen, die neuen Vorsätze und Pläne haben für Sie (unbewußt) nur den Zweck: sich zu entschuldigen und zu entlasten: Ich bin faul – aber weil ich mir vornehme (und es auch noch einige Zeit durchhalte) zuverlässiger, interessierter zu sein, entlaste ich mein schlechtes Gewissen! Das ist der Sinn von Ändern-Wollen, nichts anderes!

Und noch ein banaler Satz: Man ändert sich nur, in dem man anders denkt und entsprechend handelt, und nicht indem man plant, redet, und „Wenn und Abers“ diskutiert und abwägt.

Durch unsere Erziehung bohrt oft ein Ideal in uns herum, daß man nicht schlecht sein darf. Akzeptiert man aber einmal seine Schattenseite bewußt, und weiß, daß das Leben in der Gemeinschaft einen gewissen Anpassungswillen erfordert, dann kann daraus kein Leid entstehen. Auch dunkle Seiten können in zahlreichen Situationen konstruktiv und nicht gemeinschaftsbelastend eingesetzt werden und so als Stärke wirken.

(Denken Sie zum Beispiel an einen pingeligen Menschen, der mit dieser Eigenschaft viele nervt und belastet. Aber durch seine akribisch-perfektionistisch gestaltete Briefmarkensammlung konnte dieser Miesling vielen Menschen auf der letzten Briefmarkenausstellung Freude und Anregung geben)

Eine Übung kann dies verdeutlichen: Stellen Sie sich zwei Stühle gegenüber. Auf dem einen Stuhl spielen Sie eine Ihrer Schattenseiten, einen richtigen fiesen unsympathischen Typ. Stellen Sie sich vor, Sie können aufstehen und zum gegenüberstehenden Stuhl gehen und mit dem Menschen dort sprechen. Und dieser Mensch sind Sie. Sie spielen dort eine Ihrer sympathischen Seiten. Sie kommen ins Gespräch. Bleiben Sie so typisch, wie es Ihnen möglich ist! Vielleicht könntet Ihr beide Euch ja vertragen und vielleicht etwas miteinander unternehmen oder planen, wo jeder seinen Teil beisteuert.

Gestalten Sie auf einem großen Blatt dieses „Modell" nach. Füllen Sie zunächst den inneren Kreis aus:

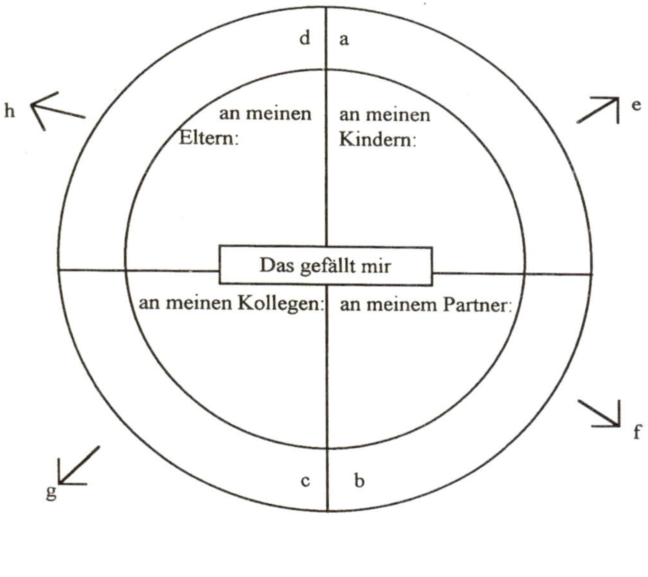

Füllen Sie danach die vier Außenringteile a, b, c, d aus, in dem Sie nun *Ihr* Verhalten gegenüber den Kindern (a), dem Partner (b), den Kollegen (c) und den Eltern (d) notieren, das Ihnen gefällt und das Sie selbst gut finden.

Lassen Sie sich von folgendem Satz „inspirieren“: „Das bringt mich auf die Idee: Ich könnte doch mal ...“ – Schreiben Sie an die Pfeile e, f, g, h einige neue Ideen, die die positive Stimmung weiter stärken kann.

Halb voll oder halb leer?

Durch negative Formulierung – zu denen wir lebenslang erzogen wurden, und von denen wir noch heute meinen, sie seien Ausdruck eines kritischen und damit anspruchsvollen und hochwertigen Geistes – entmutigen wir uns und andere unabsichtlich. Wir entmutigen in den seltensten Fällen absichtlich! Wir wollen doch nur die Wahrheit sagen! Doch mit der Wahrheit ist es wie bei den zwei Gläsern! Was ist es nun? Aus einer negativen Formulierung, halb leer, kann eine genauso wahre positive Formulierung, halb voll, werden. Und das ist das Prinzip, mit dem wir uns und andere positiv beeinflussen können! Notieren Sie einige negative Wahrnehmungen, Verhaltensweisen, Eigenschaften oder Schwächen in die linke Spalte. Danach finden Sie die positiv formulierte Gegensicht, die auch wahr sein muß!

halb leer	halb voll
Z.B.: Ich habe im letzten Diktat 17 Fehler.	Ich habe gleichzeitig in diesem Diktat 140 Wörter fehlerfrei geschrieben.
Helmut hat mich angelogen.	Helmut hat bis auf das eine Mal die Wahrheit gesagt.

Erinnern Sie sich an die Übung Seite 86, in der Sie einen unsympathischen fiesen Typ, der Sie auch sein können, spielen. Oder erinnern Sie sich an Ihre Schattenseiten!

Nehmen Sie die Schattenseiten aus den erwähnten Übungen, tragen Sie sie in die linke Spalte ein und entdecken Sie darauf das „halb volle“ Glas, die unentdeckten Stärken dieser Schatten!

1. Durch positiv gestalteten inneren Dialog können Sie in kritischen Situationen Ihr Selbstwertgefühl stabilisieren.
2. Konsequent die „Voraussetzungen der Ermutigung“ als „Selbstentwicklungsprogramm“ durchführen:
3. Struktur des Entmutigungsgeschehens durch negativen inneren Dialog erkennen und sie konsequent zur Selbstermutigung nutzen: Siehe Tabelle Seite 71.

Kapitel 3 : Werkzeuge zum problemfreieren Umgang mit Schule, Erziehung und Lernen

3.1 Nahziele erkennen und mit ihnen Probleme lösen

Das erste Kapitel zeigt menschliches Handeln als zielgerichtet. Allerdings geschieht die Zielsetzung nicht bewußt (d. h. der Handelnde weiß nichts davon!) und kann auch nicht immer leicht dem Bewußtsein zugänglich gemacht werden. Das vereinfachte Handlungsmuster zeigt, daß viele Ziele ihren Ursprung in der Kindheit haben und unbewußt und unerkannt ein ganzes Leben wirken (können). Ein Mensch strebt im Laufe seines Lebens gleichzeitig je nach Umfeld und Bezugsgruppe mehreren verschiedenen Zielen zu.

Situation aus der Kindheit —›	**Grundmeinung über sich/ andere/Dinge/Welt —›**	**Gefühl—›**	**geeignete Methoden, um Ziel zu erreichen —›**	**Ziel (das im Plus liegt, Selbstwertgefühl unbedroht oder gestärkt)**
Beispiel:				
Mutter gibt sich liebevoll mit Kind ab	Ich bin geliebt, so wie ich bin	Glück	Kooperation, gemeinschaftliches Verhalten	im gemeinschaftlichen Mit- und Füreinander geliebt zu werden
Familie beschäftigt sich oft mit Kind	Ich bin geliebt, ich bin etwas Besonderes	Stolz	sich hilfsbedürftig zeigen, fordernd sein, sich "Helfer" ziehen durch Charme und Liebenswürdigkeit	im Mittelpunkt stehen

Diese beiden Beispiele mögen Sie daran erinnern: Der Mensch ist weder Trieben, Veranlagung, Schicksal noch Umwelt ausgeliefert, sondern das Kind beginnt schon sehr früh zu all diesen „Vorgaben“ Stellung zu nehmen und sie nach eigenem Gutdünken zu bewerten und zu nutzen. Der Individualpsychologe R. Dreikurs stellte fest, daß Problemverhalten von Kindern relativ kurzfristigen Zielen zustrebt, die aber ihrerseits dem längerfristigen Ziel sozusagen (zeitlich) vorgelagert sind. Er nennt sie daher Nahziele. Auch davon weiß das Kind nichts.

Doch wie schon der Name verrät, liegen sie „näher“ auf der Hand, sind zumindest für den Außenstehenden leichter zu erkennen. Dadurch wird das Konzept der Nahziele für die Erziehung interessant und nützlich: Denn die Eltern können mit dieser Methode die Nahziele verstehen und das Verhalten positiv beeinflussen. Dies bedeutet allerdings nicht, daß die von Dreikurs vorgeschlagenen völlig einsichtigen und logischen Maßnahmen den Eltern/Erziehenden leicht fallen!

Dreikurs sah, daß Kinder in ihren Stellungnahmen, mit ihren Meinungen über sich/andere/Leben/Welt auch Entmutigungen verarbeiten: kein Problemverhalten ohne eine vom Kind empfundene Entmutigung!

Da das Kind verschieden stark und lange entmutigt sein kann, setzt es sich auch je nach Entmutigungsgrad verschiedene, dem Kind nicht bewußte Nahziele. Diese Nahziele hängen – wie noch gezeigt wird – auch stark von den Reaktionen der Eltern ab.

Menschliches Handeln zielt grob gesehen nur auf zwei Fernziele [→7]:

- etwas Können/Bewirken (Fähigkeiten erwerben bzw Fortschritte erzielen)
- zur Gruppe (anderen) dazugehören und anerkannt sein.

Bei erlebter Entmutigung und einem angeknacksten Selbstwertgefühl, strebt des Kind dagegen stattdessen auf ein Ziel, das ihm gewährleistet, nicht gedemütigt zu werden und keine Niederlage oder unangenehme Forderungen erleben zu müssen. Das können sein:

- Aufmerksamkeit erregen (Nahziel 1)
- Zeigen von Überlegenheit, Kämpfen um Macht (Nahziel 2)
- Sich rächen (Nahziel 3)
- Das Unvermögen, die Schwäche zur Schau stellen (Nahziel 4).

Aus Kapitel 1.4 kennen Sie die Einteilung der bevorzugten Methoden (um ein Ziel zu erreichen) in aktiv/passiv-sozialbezogene oder aktiv/passive-ichbezogene Methoden [→9]. Dreikurs ordnet sie den von ihm festgestellten vier Nahzielen zu und kann unterscheiden:

Methoden des Kindes, um Nahziel zu erreichen

	Nahziel	aktiv-sozialbezogen	passiv-sozialbezogen	aktiv-ichbezogen	passiv-ichbezogen
1	**(Ungebührliche) Aufmersamkeit**	Erfolg anstreben	Charme einsetzen	Unfug treiben	Faulheit wirken lassen
2	**Machtkampf/ Überlegenheit**	—	—	Aufruhr veranstalten	Sturheit verwenden
3	**Rache/ Vergeltung**	—	—	Bosheit zeigen	verbissene Passivität benutzen
4	**Unterlegenheit, Schwäche zeigen**	—	—	—	Hoffnungslosigkeit demonstrieren

Gemeinschaftsgefühl nimmt ab ↓

Entmutigungsgrad steigt →

	Nahziel 1	Nahziel 2	Nahziel 3	Nahziel 4
• Beispiele für die verschiedenen Nahziele:	S. 117	S. 122	S. 128	S. 130
• Empfehlenswerte Ideen und Strategien zu den einzelnen Nahzielen finden Sie ab:	S. 107	S. 116	S. 121	S. 127

Diese Graphik zeigt auch, daß „Nahziel-Verhalten“ Ausdruck erlebter Entmutigung ist und seine Ausformung mit dem Grad des erworbenen Gemeinschaftsgefühls zusammenhängt. Die nähere Beschreibung zeigt Interessantes:

- daß das Kind z. B. in der Schule gegenüber Frau Meier Nahziel 1, zu Hause gegenüber den Eltern Nahziel 2 und beim „doofen“ Onkel Rolf Nahziel 3 verfolgen kann und in Rechtschreibung Nahziel 4;
- daß die Wahl der Nahziele stark von der Reaktion der Erwachsenen auf die Verhaltensweisen des Kindes abhängt. Wie entsteht nun ein Nahziel?

❍ *Situation, in der ein Nahziel entstehen könnte:*
(Die Zahlen in den Klammern beziehen sich auf nachfolgende Graphik)

Ein Kind X verkleckert sich beim Essen, die Mutter sitzt dabei, schaut zu ihm, reagiert nicht, denkt sich vielleicht, daß sie ihm das nächste mal ein Lätzchen umbinden sollte.

Ein anderes Kind Y verkleckert sich ebenfalls beim Essen (0), die Mutter sitzt dabei, schaut zum Kind hinüber. Verkleckerte Hemdchen sind ein Greuel für sie, und dieses verschmierte Gesicht! Igitt!! (1 = „wunder Punkt“, empfindliche Stelle der Erziehenden). Sie reagiert, indem sie auf das Kind einredet, ihm erklärt, wie es das Löffelchen halten muß und daß man sich so und so bei Tisch verhält (2 → Was nach dem „Wunden-Punkt“-Verhalten passiert). Es hat sich nun gezeigt, daß, wenn das Kind sich im Verlaufe seines bisherigen Lebens die Meinung zurecht gelebt hat (3) „Ich bekomme nicht immer, was mir zusteht“ (z. B. als Folge der Geschwisterreihe, Entthronung), daß es nun sehr schnell aus dieser gerade ablaufenden Situation lernt:

Kleckere ich → dann beachtet mich Mutter und gibt mir, was mir zusteht und spricht mit mir.

Diesen Zusammenhang wird das Kind auch in anderen Situationen und zu anderen Zeitpunkten prüfen.

Und vermutlich erhärten sich seine Erkenntnisse und werden zu einem „wunderbaren Werkzeug“ (4): Auf diese Weise bekomme ich nun doch die Zuwendung, die mir Mutter zu oft verweigert!

Die Mutter empfindet die Vorgänge völlig anders und reagiert genervt und gestreßt. Das Verhalten des Kindes beansprucht sie, denn meist versteht das Kind, auf verschiedenen Gebieten die jeweils „wunden Punkte“ zu nutzen.

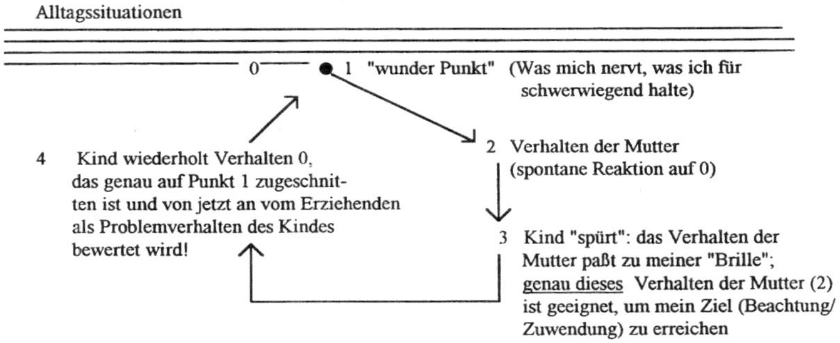

Die Graphik zeigt, daß nun ein Teufelskreis →20 entstanden ist, das Problemverhalten (da es für das Kind ja nützlich ist, siehe 3) wird ständig wiederholt und variiert. Wenn wir es also mit Problemverhalten zu tun haben, dann ist es schon ein sich ständig drehender (Teufels-) Kreis. Im obigen Beispiel entstand so das Nahziel „Ungebührliche Aufmerksamkeit", dem alle (Problem-)Verhaltensweisen dienen. Aus diesem Modell entwickeln sich die „Sieben Schritte" eines positiven Umgangs mit einem festgestellten Nahziel. Es ist hilfreich, sich dieses Modell anhand alltäglicher Problemsituationen in Familie und Schule einzuprägen und seine Dynamik zu erkennen.

Sie werden anhand der genaueren Beschreibung der einzelnen Nahziele rasch erkennen können, um welches es sich handelt und dadurch auch bald Strategien zur Hand haben, um das Kind- und Erzieherverhalten aus dem Teufelskreis herauszuholen.

❍ Zur Darstellungsweise:

Nachfolgend wird der Umgang mit jedem der vier Nahziele konkretisiert. Da ich es für sehr sinnvoll halte, die 7-Schritte-Methode zu lernen, damit sie im Alltag wirken kann, beschreibe ich diese Vorgehensweise ausführlich und mit Beispielen.

Während ich für Nahziel 1 die Methode für alle Schritte genauer beschreibe, beschränke ich mich bei den Nahzielen 2, 3, 4 auf einige Schwerpunkte:

- Die Selbsteinschätzung des Kindes, das dieses Nahziel anstrebt
- Formen des neuen Verhaltens gegenüber dem Kind, um das Problemverhalten zu ändern

- Übersichtstabelle, die wichtige Fakten zur Dynamik des Nahzielverhaltens zusammenfaßt.

Janine war gestürzt und wurde von der Mutter getröstet und liebevoll verarztet.
Strahlend will sie kurz darauf wieder auf den Spielplatz rennen, bleibt aber dann erschrocken stehen und ruft: „Mutti, jetzt habe ich doch vergessen zu humpeln."

Nahziel 1: (Ungebührliche) Aufmerksamkeit erregen

Durchführung der 7-Schritte-Methode (gemäß der Übersicht Seite 101):

Schritt 1: Problemverhalten konkret beschreiben
Leitfrage: Wie sieht das Problemverhalten konkret aus?

Beispiel: Sven zündelt dauernd mit Zündhölzern in seinem Zimmer herum.

Wir betrachten nun diese Verhaltensweisen als Teil eines ständig wirksamen, sich wiederholenden (Teufels-)Kreisverhaltens (siehe Graphik Seite 98): Sie sind auf einen „wunden" Punkt, eine empfindliche Stelle, der jeweiligen Bezugsperson gerichtet.

Schritt 2: Das „Störende" benennen
Leitfrage: Was genau „stört" Sie/macht Sie „heiß" am Verhalten des Kindes (gefragt ist jene Person, die das Verhalten des Kindes als „reagierenswert" erlebt)?

Sie stoßen mit Ihren Antworten auf den „wunden" Punkt, die „empfindliche" Stelle.

Beim Beispiel:
Mutter heftig: Und ob! Wollten Sie gern, daß überall so angebrannte Stellen sind? Die Aussicht, daß mal die Bude abbrennt, ist ja auch nicht erhebend. Ich habe wirklich Angst, das können Sie ja verstehen. Ich kann ihn gar nicht mehr alleine zu Hause lassen!

Haben Sie mögliche wunde Punkte der Mutter erkennen können? Denn genau auf diese zielt das Verhalten des Kindes:
Im Beispiel: Angst, ein Unfall könnte geschehen; es könnte etwas passieren.

Selbstverständlich könnten Sie dies anders sehen! Aber es ist eben der wunde Punkt der jeweiligen Person. Zweifellos ließen sich noch weitere finden. Aus Gründen der Verständlichkeit und der Brauchbarkeit formuliert man die wunden Punkte allgemeiner: Statt „Angst, daß das Haus brennt“ besser: „Angst vor Unfällen“. Dies könnte der „rote Faden“ weiterer Problemverhaltensweisen sein: So ist es denkbar, daß Mutter auch „empfindlich“ reagiert, wenn Kind zu spät nach Hause kommt oder wenn es allein mit dem Rad weg will.

Schritt 3: Unmittelbare Folge des Problemverhaltens feststellen
Leitfrage: Und was passiert nach dem Problemverhalten, eben, wenn z.B das Kind zündelt?

Im Beispiel : Ich schimpfe, zuerst erklärte ich ihm die Gefahren, doch das ist zwecklos! Ich nehme ihm die Streichhölzer weg, das wird oft zu einem Fangenspiel, er versteckt sie, ich suche, er lacht. Manchmal muß ich ihn mitnehmen, wenn ich fortgehe, um sicher zu sein.

Auswertung: Sven will also offensichtlich:
- daß die Mutter mit ihm Zeit verbringt
- daß die Mutter sich mehr mit ihm abgibt (schließlich ist das Zündeln ein ernstes Problem)
- eventuell bezüglich anderer Geschwister: Sie nimmt ihn immer mit in die Stadt.

Und deswegen hat sein Problemverhalten für ihn einen Sinn! Ihm nützt sein Verhalten! Wieso sollte er es also ändern?

Im nächsten Schritt soll das Verhalten des Kindes aus dessen individueller Sicht verstanden werden:

Schritt 4: Vorliegendes Nahziel ermitteln, Selbsteinschätzung des Kindes verstehen
Leitfrage: Welches Nahziel strebt das Kind an? Welche Selbsteinschätzung hat es, welchen Nutzen?

Doch die vorgeschlagene Methode hilft, daß auch ein „Mitbeteiligter“ sich aus dem Teufelskreis befreien kann. Die klare methodische Trennung in die sieben Schritte soll dabei zum Erfolg verhelfen. Um nun das Nahziel zweifelsfrei zu erkennen (dies ist nötig, um dann auch die geeigneten Maßnahmen einzuleiten, die bei jedem Nahziel variieren), fragt

Die 7 Schritte im Umgang mit den Nahzielen:

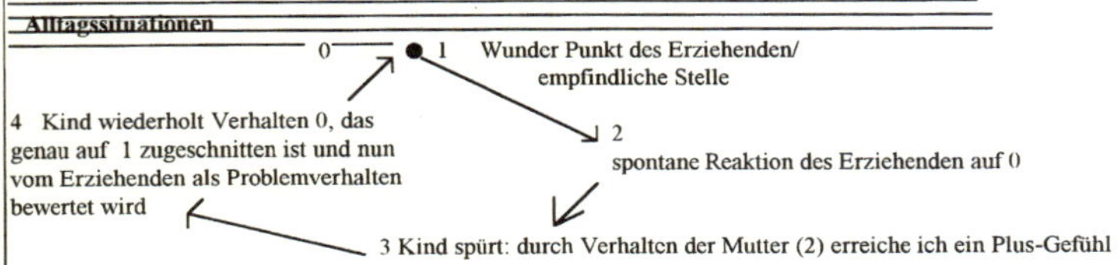

***1**: <u>(zielt auf 0) Auffallendes Verhalten genau beschreiben</u>*

Leitfrage: Wie sieht das Problemverhalten konkret aus?

***2**: <u>(zielt auf 1) Das "Störende" / "Auffallende" benennen</u>*

Leitfrage: Was genau "stört" Sie an 0, am Verhalten von X, was ist daran so auffällig?
—›Welche Gedanken/Gefühle löst es aus ...?

***3**: <u>(zielt auf 2) Die unmittelbare Folge des Problemverhaltens erstellen</u>*

Leitfrage: Was geschieht nach dem Problemverhalten von X
Benennen Sie genau Ihre Reaktion, bzw.die der Gruppe (Klassenkameraden, Geschwister). Machen Sie sich <u>danach</u> bewußt: Ihre Reaktion ist vom Kind unbewußt (aber unabsichtlich) bezweckt! Ihr spontanes Verhalten (oder das beteiligter Gruppen) behebt für einige Zeit einen vom Kind empfundenen Mangel.

***4**: <u>(zielt auf 3) Das vorliegende Nahziel ermitteln, Selbsteinschätzung des Kindes verstehen</u>*

Leitfrage: Welches Nahziel strebt das Kind an?
Benutzen Sie die Übersichten, z.B. Seite XY. Fragen Sie sich: Sieht das Problemverhalten so aus, als ob

Nahziel 1: ... das Kind mich/andere auf sich aufmerksam machen will ... ich/die anderen etwas Besonderes für es tun sollen ... (?)
Nahziel 2: ... das Kind mir/anderen zeigen will, daß es niemand am Handeln hindern kann ... der Chef sein will ... (?)
Nahziel 3: ... das Kind andere verletzen will, sie "fertig machen" will ... (?)
Nahziel 4: ... das Kind allein gelassen sein will ... es glaubt, es sei dumm und nicht will, daß es jemand "merkt" ... (?)

Ja-Antworten deuten auf mögliche Nahziele hin. Was nützt dem Kind das von ihm ausgelöste Verhalten der Erwachsenen/Gruppe? Welcher Nutzen könnte das Kind aus diesem Nahziel ziehen, bezüglich Erziehender/jeweilige Gruppe? Welche Selbsteinschätzung hat das Kind? —› Wie könnten angesichts des Problemverhaltens seine Grundmeinungen über eigene Leistungsfähigkeit, Gruppenzugehörigkeit, andere Menschen, Leben, Welt aussehen?

***5**: <u>(zielt auf 1) Eigener Anteil am Problemverhalten aufspüren</u>*

Leitfrage: Wie kann ich mit meiner empfindlichen Stelle umgehen, damit meine neue Reaktion (auf das Problemverhalten) dem Kind nicht mehr "nützt"? Was "nützt" <u>mir</u> ("insgeheim") das Problemverhalten des Kindes (so daß ich immer wieder ähnliches Verhalten zeige, und "die gleiche Leier" anstimme)? —› siehe auch Projekt Kapitel 3.

***6**: <u>(zielt auf 1) Neues Verhalten ausprobieren</u>*

Leitfrage: Wie könnte mein neues Verhalten aussehen? Es soll dem Kind nicht mehr nützen, damit es sein Problemverhalten aufgibt und das Kind unterstützen, positives Verhalten zu entwickeln und andere Ziele anzustreben. Wie kann ich beteiligte Personen/Gruppen dazu gewinnen, am gleichen Strang zu ziehen?

***7**: <u>(bezieht sich auf 3, hängt stark mit Schritt 6 zusammen) Dem Kind geben, was es braucht</u>*

Leitfrage: Wie kann ich dem Kind geben, was es mit seinem Problemverhalten "erzwingen" wollte und von seinem Gefühl her offenbar benötigt?
Das Kind braucht: Anerkennung, Zuwendung, Ernstgenommenwerden, Fortschritt, Wärme ...

Welches Nahziel verfolgt das Kind?

Übersicht zur Selbstbestimmung des angestrebten Nahzieles:

(Methode: Suchen Sie das Problemverhalten, das Ihr Kind zeigt, beachten Sie dabei, daß dies nur eine Auswahl sein kann! Die Spalte zeigt das mögliche Nahziel. Jetzt können Sie im entsprechenden Kapitelabschnitt die nötigen Informationen zur Verhaltensänderung nachlesen:)

aktiv-sozialbezogene Methoden			
"Ich möchte beachtet werden" durch: Muster-/Lieblingskind sein alle Normen und Forderungen in hohem Maße erfüllen *		*Vorsicht: Diese Verhaltensweisen sind nur dann hier einzuordnen wenn das Kind so handelt, um besser als andere zu sein!	
passiv-sozialbezogene Methoden			
"Ich möchte beachtet werden" durch übertriebene Gefälligkeit, anhänglich, einschmeichelnd, selbstgefällig sein			
aktiv - ichbezogene Methoden			
"Ich möchte beachtet werden" durch Clown spielen, Angeberei, Anwesende nerven, Löcher in den Bauch fragen dauernd reden/fragen	*Zeigen, daß ich stärker bin, durch:* Widersprechen, etwas verweigern, streiten ("streitsüchtig" sein), Verbote übertreten, immer wieder "dagegen" sein, Dickkopf zeigen, Unarten zeigen, immer wieder	*Den Bezogenen wehmachen wollen durch:* brutal und gewalttätig sein, zerstören, stehlen, bösartiges Kämpfen, unverschämtes Auftreten, tiefe Verachtung zeigend	
passiv - ichbezogene Methoden			
"Ich möchte beachtet werden" durch: "Kann-nicht"-Grundhaltung gegenüber sämtlichen Forderungen (von Schule und Familie), Kind beschäftigt sich oberflächlich und unkonzentriert mit ihnen	*Zeigen, daß ich stärker bin durch:* "aufreizendes" Herumtrödeln, Faulenzen, einfach etwas "vergessen", stur und eigensinnig sein, herumträumen	*Den Bezogenen wehmachen wollen durch:* Boykottierung und Verweigerung der Mitarbeit (störrisch und verbissen untätig), hinterlistig, falsch sein, findet Gewalt in allen Formen gut (Spiele, Video)	*In Ruhe gelassen werden wollen durch:* aufreizend Unlust zeigen, sich "dumm" zeigen, sich total ungeschickt, untauglich zeigen, zeigen, daß man keine Hoffnung auf Erfolg hat
↓ **Nahziel 1** Ungebührliche Aufmerksamkeit	↓ **Nahziel 2** Machtkampf / Überlegenheit	↓ **Nahziel 3** Rache / Vergeltung	↓ **Nahziel 4** Unterlegenheit/Schwäche zeigen

sich der Erziehende jene Fragen, die Sie auf der Liste (Seite 101) nachlesen können und hier nicht wiederholt werden sollen. Beantworten Sie sich die Frage eindeutig! Das Übersichtsblatt Seite 102 kann Ihre Festlegung erleichtern. Sie werden durch Erfragen erkennen, daß das Problemverhalten so aussieht, als ob das Kind den Erziehenden auf sich aufmerksam machen will. Hier endet der allgemeine Teil der 7-Schritte-Methode! Ihr Problemfall ordnen Sie eventuell zu Nahziel 2 oder anderen zu. Um konkret weiterzuarbeiten, gehen Sie gemäß Übersichtsblatt Seite 101 vor.

Zu Nahziel 2 lesen Sie einige Schwerpunkte ab Seite 116, zu Nahziel 3 ab Seite 121 und zu Nahziel 4 schließlich auf Seite 127 weiter.

Hier schildere ich nun die 7-Schritte-Methode für Nahziel 1 weiter. Es ist sicher günstig, für Ihr Vorgehen aus der Bearbeitung der restlichen Schritte zu Nahziel 1 Anregungen zu holen.

Zu diesem Schritt gehört auch, sich die Selbsteinschätzung des Kindes (d. h. seine Meinungen über sich/Welt/andere/Dinge/Welt) zu verdeutlichen.

Zur Selbsteinschätzung des Kindes:

Über Kinder, die dieses Nahziel anpeilen, ist zu vermuten: Sie meinen, daß sie nur etwas wert sind, wenn man sie beachtet; sie sind davon überzeugt, daß sie ohne ständige Beachtung wert- und bedeutungslos sind. Ihr Verhalten läßt sich dem Geltungsstreben zuordnen.

Das (Minus-) Gefühl können sie nicht ertragen und erstreben mit den genannten Methoden das Plus (Beachtung) an, das ihnen das Nahziel 1 bringt. Dieser Vorgang ist dem Kind nicht bewußt. Es handelt also nicht etwa gemein oder berechnend! Seine Selbsteinschätzung ist in den ersten Jahren entstanden und verfestigt sich mit den Jahren zu einem für das Kind typischen Stil. Ich weiß nun nach dem vierten Schritt, daß *mein* Verhalten, das in Schritt 3 verdeutlicht wurde, genau zu dem Bedürfnis des Kindes nach Aufmerksamkeit/Bedeutung paßt!

Um nun Ihr Verhalten öfters zu erleben, denn das Kind will ja Ihre Zuwendung, muß es nur sein Problemverhalten wiederholen und Sie geben durch die Wiederholung Ihres Verhaltens dem Kind die erwünschte Aufmerksamkeit. Auf diese Weise nützt das „Problemverhalten" dem Kind.

Doch Sie sind dabei nicht glücklich! Das Beispiel zeigt einen genervten Erwachsenen, der auch leidet.

Das Kind sollte nicht auf Ihre Kosten seine Aufmerksamkeit erhalten dürfen! Schritt 7 unterstützt Sie dabei, dem Kind jene (gebührliche) Aufmerksamkeit und Zuwendung zu geben, die ihm zusteht, die es aber nicht durch Verhaltensweisen wie die hier beschriebenen „erpressen" darf.

Im folgenden Schritt konzentrieren Sie sich auf Ihren „wunden" Punkt, Ihre empfindliche Stelle, durch die das Problemverhalten des Kindes ausgelöst und wiederholbar wird:

Schritt 5: Eigenen Anteil am Problemverhalten aufspüren
Leitfrage: Wie kann ich mit meinem wunden Punkt umgehen, daß ich meine spontane Reaktion (auf das Problemverhalten) so ändern kann, daß es dem Kind nicht mehr „nützt"?

Wir haben alle unsere Schwachstellen, an denen uns etwas überhaupt nicht gleichgültig ist, wo „der Spaß aufhört". Diese „Empfindlichkeiten" erkennen unsere Kommunikationspartner an unserer erhöhten Aufmerksamkeits- und Handlungsbereitschaft.

Daß dies Ihre persönlichen (!) Schwachstellen sind, merken Sie z. B. auch an der völlig andersartigen Reaktion anderer Erwachsenen (z. B. Ihres Partners, was durchaus zu atmosphärischen Spannungen in der Beziehung führen kann), die beschwichtigen, und uns belächelnd zu wissen geben, daß man wieder einmal den Teufel an die Wand malt oder das Gras wachsen höre.

Oft werfen einem solche Mitmenschen dann gerade das an den Kopf, was wir hier mit den Schritten 1–7 gemeinsam erarbeiten: „Der will dich doch nur beschäftigen" (Nahziel 1), „der zickelt mit dir herum, zeig ihm doch mal , wer hier der Chef ist" (Nahziel 2), „jetzt gibt' er's dir halt zurück" (Nahziel 3), oder wenn der Ehepartner cool feststellt: „Die tut nur so, damit du sie in Ruhe läßt und sie nichts tun braucht!" (Nahziel 4).

Doch Ihr Zorn wäre grundlos; Außenstehende sehen klarer, sie haben ja nicht Ihre Schwachstelle! Doch diesen Außenstehenden geht es nicht besser! Auch sie haben eigene Empfindlichkeiten. Und dann zappeln sie genau so wie Sie in ihrem eigenen Teufelskreis. Auch dem Schreiber dieser Zeilen ergeht es nicht anders!

Es würde an dieser Stelle zu weit führen, der interessanten Frage nach dem Woher solcher Empfindlichkeiten nachzuforschen. Die Spur führt nach rückwärts, zu unseren Erfahrungen im bisherigen Leben, aber ganz besonders zu den prägenden Erlebnissen der früheren Kindheit durch Familienatmosphäre und Geschwisterbeziehung. Einige Abschnitte werden Ihren Forschungsdrang hier sicher etwas befriedigen. Hier kann es nicht darum gehen, diese Schwachstellen zu beseitigen. Sie können ja auch sehr wichtige Funktionen übernehmen, da sie durch erhöhte Sensibilität schon sehr früh auf sich ankündigende Probleme hinweisen können. So gesehen wirken diese Schwachstellen als Stärken. Unser Ziel könnte es sein, mit ihnen im Kontakt mit den Kindern so umzugehen, daß wir durch sie nicht mehr „schwach" werden.

Meines Erachtens genügt es,
- diese Schwachstelle ohne heftigen negativen Gefühlsaufwand wiederzuerkennen (sie sozusagen mit dem *gelassenen* Lächeln des Wiedererkennens zu begrüßen)
- zu spüren, woher sie in meinem bisherigen Leben stammen könnten (natürlich ist es vorteilhaft, sich im eigenen Leben kundiger zu machen; einige Kapitel werden Ihnen dabei helfen)
- zu bejahen, daß ich mich etwas zurückhalten muß, damit das Kind sein (Problem-)Verhalten aufgibt. Es geht jetzt darum, gerade so *nicht* zu reagieren, wie es das Kind von Ihnen (wie immer) erwartet und es Ihrem ersten Impuls auch entsprechen würde!
- die Schwachstelle selbst, als empfindliche Antenne kann bestehen bleiben, sollte aber immer wieder hinterfragt werden: Will ich so reagieren? Ist das mein aktuelles Gefühl? Wieso werde ich so wütend, wenn Lehrerin X meiner Tochter etwas ins Heft schreibt? Ist das wirklich die Wut auf diese Frau? Oder ist es eine alte Wut auf …, die nur jetzt durch das gleich aussehende Verhalten der Lehrerin, ihrer Ähnlichkeit mit einer als unangenehm erlebten Person aus der Kindheit ausgelöst wird?

Wenn Sie bezüglich Ihrer empfindlichen Stelle etwas verändern wollen, könnten Sie, befreit vom Ballast früherer Zeiten, Stärken im Umgang mit Menschen werden. Ohne die Arbeit an Ihren Empfindlichkeiten könnten sich allerdings längerfristig wieder ähnliches Problemverhalten und neue Teufelskreise bilden.

Ihre stetige Arbeit an Ihren Schwachpunkten ist nützlich, weil sie später Schritt 6 in freundlicher und gelassener Stimmung durchführen können, was wünschenswert, ja Voraussetzung ist.

Konkret könnte Ihr Verhalten bei Schritt 5 dem Beispiel ähneln, bei dem die Mutter zu sich sagt:

Im Beispiel:
Ach er zündelt wieder (Schritt 1); da kommt wieder meine Angst, daß etwas passiert (Schritt 2); damit will er mich wieder beschäftigen (Schritte 3 und 4). *Da hast du dich aber geschnitten.* Ich werde nicht so handeln, wie du es erwartest! (Schritt 5). Und jetzt folgt Schritt 6, Ihr neues Verhalten, das aus dem Teufelskreis herausführt und das Problemverhalten beendet.

Gerade in der Umstellungsphase kann es günstig sein, wie in den Beispielen gezeigt, die Formulierungen dieser inneren Selbsteinstellung auf die Schritte 1–5 zu beziehen und so konkret wie gezeigt zu sein.

Schritt 6: Neues Verhalten ausprobieren

Leitfrage: Wie könnte mein neues Verhalten aussehen? Es soll
- nicht mehr dem Kind nützlich sein, so daß es sein Problemverhalten aufgeben könnte
- gleichzeitig aber dem Kind hilfreich sein, neues positives Verhalten zu entwickeln und andere (sozialbezogenere [→17]) Ziele anzustreben.

Empfinden Sie auch in Zukunft die Arbeit an Ihren Empfindlichkeiten als hilfreich und wichtige (nicht einzige) Voraussetzungen, gelingt Ihnen dieser Schritt mühelos. Möglicherweise melden sich aber prompt eine Reihe Einwände, die aus jenem Denken stammen, das um Ihren Schwachpunkt, Ihrer Verletzlichkeit kreist. Und deswegen sollten Sie sich – ganz im Sinne von Schritt 5 – etwas zurückhalten.

Selbstverständlich würden die betroffene Mutter aus unserem Beispiel es teilweise als Provokation empfindet, wenn ich – aus der Sicht des Außenstehenden –, mit (meinen) „Wahrheiten“ auf ihr Problem reagiere:

– Wenn ich zur Mutter im genannten Beispiel sagte:
Sven ist nicht dumm! Der mag doch keine angebrannte Sachen oder gar die Wohnung, das Haus anzünden! Sonst hätte es es gemacht! Nichts ist geschehen! Kein Feuer, keine Brandstellen, nur Sie …

Schritt 6 ist für den Berater der heikelste, da er zu Ratschlägen, Tips und wohlfeilen Rezepten verführen kann. Die Erfahrung verbietet dies klar. Ich liste Ihnen einige Ideen auf, die nachweislich vielen Erziehenden geholfen haben, wirkungsvoll auf dieses Nahziel zu reagieren:

- Problemverhalten übersehen, einfach nicht (wunschgemäß) reagieren, sich gegebenenfalls auch räumlich entziehen; vielleicht sogar
- etwas total Überraschendes, Unerwartetes tun; das veranlaßt das Kind, ebenfalls aus den gewohnten Verhaltenstrott zu treten: siehe auch Kapitel 3.4!
- Verhaltensweisen verstärken, die genauer auf die Selbsteinschätzung des Kindes hinzielen, damit das Kind wirklich keinen Grund mehr hat, mit anderen Methoden später wieder dieses Nahziel anzustreben; es könnte sogar, wenn dieser Punkt unbeachtet bliebe, aufgrund ver-

stärkt empfundener Entmutigung das Nahziel 1 mit dem Nahziel 2 austauschen und nun beginnen, mit seiner Umgebung zu kämpfen.

- Das Kind soll jene Beachtung erhalten, die dem Menschenjungen zusteht: Das Kind interessiert sich für vieles: Dort erstrecken sich die Gebiete, auf denen Sie ihm die zustehende Beachtung geben können.
- Erspüren Sie im Kontakt mit dem Kind, wie intensiv sie sich mit dem Kind beschäftigen.
  (Sie können sich fragen: Bin ich schon wieder am „Bändel"? Will ich mein Verhalten?)
- Ermutigender Umgang, Fortschritte sehen und genau benennen, Negatives „runterhängen" sind stützende, unverzichtbare Hilfsmittel.
- Entziehen Sie sich dem Problemverhalten des Kindes, weisen Sie es, wenn Sie ohne den „Zwang" des Problemverhaltens mit ihm abgeben, ausdrücklich darauf hin, daß Sie sich gern mit ihm beschäftigen und es Ihnen gefällt.

Denn eines muß geleistet werden: Das Kind darf durch Ihren Rückzug, durch Ignorieren, in keinem Fall letztendlich (das heißt nach einer Reihe von Interaktionen, z. B. nach einem Tag) zur Schlußfolgerung gelangen: jetzt mag mich Mutter/Vater/ ... nicht mehr.

Bitte beachten Sie hierbei, daß Kinder gerade Sätze nach diesem Muster als „Waffe" benutzen können, wenn Sie sich zurückziehen. Auch darauf reagieren Sie geschickterweise nicht! Kinder intensivieren gern, sobald Erziehende mit neuem Verhalten experimentieren, ihr Problemverhalten! Damit verstärkt sich der Druck auf Ihre empfindliche Stelle! Es wirkt dann so, als wollte das Kind Sie auf die Probe stellen, die neuen Grenzen austesten. Und oft geben Erzieher nach dieser Erhöhung der Dosis des Problemverhaltens entmutigt auf. Entscheidend ist auch, in welcher Atmosphäre Sie das neue Verhalten tätigen: Sie bleiben freundlich, gelassen oder zumindest neutral. In keinem Fall senden Sie durch Worte und Körpersprache Mißmut, Sorge, Gereiztheit aus.

❍ Neue Ziele des Kindes:

Durch ermutigenden Umgang stärkt das Kind sein Vertrauen, etwas leisten zu können und zu den anderen dazuzugehören. Ziel ist nun nicht mehr in erster Linie, Aufmerksamkeit zu erzwingen, sondern etwas zu können bzw. zu verbessern, was ihm aufgetragen ist bzw. er schon immer einmal ausprobieren wollte, aber sich nicht zutraute. Das Kind erfährt nun nämlich im Kontakt mit anderen auch ein positives Echo seiner Umwelt. Und es weiß, daß es vorwärts kommen kann. Dieses Selbstwertbewußtsein wird zunehmend verhindern, daß es weiter dieses Nahzielverhalten braucht.

Schritt 6: So verändert sich das Geschehen von Abbildung Seite 98, die Veränderung beginnt:

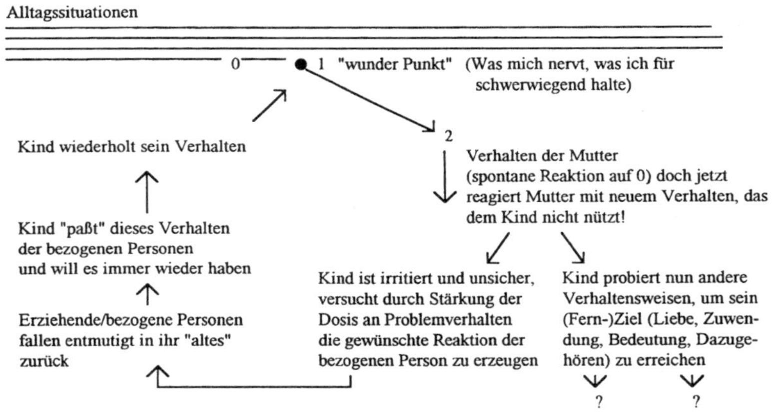

Schritt 7: Dem Kind geben, was es braucht

Leitfrage: Wie kann ich dem Kind geben, was es mit seinem Problemverhalten „erzwingen“ wollte und von seinem Gefühl her offenbar benötigt?

Der Grundgedanke dieses Schrittes wurde schon bei Schritt 6 beschrieben und gehört auch dorthin. Ich hebe ihn hier besonders hervor, um die Ideen, mit dem Nahzielverhalten umzugehen, nicht in äußerliches Agieren verkommen zu lassen; diese Gefahr sehe ich im Alltag immer wieder:

Ein Kind wirft ständig seinen Schulranzen mitten in den Gang (Schritt1); das nervt Mutter, weil es ihren Ordnungssinn verletzt (Schritt 2); die schimpft, nörgelt, räumt ihn schließlich weg (Schritt 3).

Eine Mutter im Änderungsprozeß dagegen erkennt: der will mich beschäftigen: Nahziel 1 liegt vermutlich vor (Schritt 4), das Kind fühlt sich zu kurz gekommen vor (Schritt 4); diese Unordnung! Jeder hat sich an Regeln zu halten (damals bei uns zu Hause galt dies auch) gut, ich werde mich zurückhalten und so schlimm ist ein rumliegender Schulranzen nicht (Schritt 5), ich lasse ihn liegen und reagiere überhaupt nicht! Und wenn er bis morgen früh dort liegen sollte … (Schritt 6).

Soweit die neue denkbare Verhaltenskette bis Schritt 6, fehlt noch Schritt 7.

Die obige Graphik zeigt ja, daß möglicherweise bald ein irritiertes Kind kommen und fragen wird, ob Mutter heute den Schulranzen nicht sieht. Die Mutter reagiert nicht, zeigt aber einen freundlichen Gesichtsausdruck: Sie signalisiert: Bei mir ist alles in Ordnung!

Nun könnte der Angriff kommen: „Du bist heute aber nicht ordentlich, den Ranzen in der Küche zu lassen. Nervt dich das nicht?" Auch jetzt reagieren Sie nicht wunschgemäß, setzen Ihre Alltagstätigkeit ungerührt (aber wortlos) mit freundlicher Mimik, fort. Jetzt könnte Murren einsetzen; die Höflichkeit nimmt ab, das Kind reagiert bald wesentlich aggressiver: „Ihr magt mich doch alle nicht mehr … du hast zur Zeit irgendetwas gegen mich …" oder ähnliches.

Welcher Mutter zuckt da nicht die Zunge, wer möchte da nicht etwas richtigstellen, ein Mißverständnis ausräumen?

Wie die erwähnte Graphik zeigt, versucht das Kind unbewußt, Sie wieder in das alte Fahrwasser, in den alten Trott hineinzuziehen, denn es braucht Aufmerksamkeit! Es fühlt sich nicht gut!

Und das sollten Sie in jedem Fall spüren und ernst nehmen.

Gleichzeitig reagieren Sie lächelnd bis neutral, wortlos, und setzen Ihr gerade begonnenes – vielleicht mit viel Vorsatz-Energie belegtes neues Verhalten fort: Sich räumlich entziehen wäre günstig.

Doch wie gesagt: Ihr Kind benötigt (mehr) Aufmerksamkeit, das wird ja deutlich signalisiert.

Bisher „erzwang" das Kind Aufmerksamkeit. „Zwingend" wurde das Kind-Verhalten,weil es auf Ihre empfindliche Stelle paßte. Jetzt muß es Ihnen darum gehen, dem Kind Aufmerksamkeit zu geben, *ohne daß es dies* – durch Problemverhalten – *erzwingt*! Hier hilft es Ihnen, nicht zu meinen, das Kind bekomme, was ihm zustehe, selbst wenn dies zuträfe!

Unserer Erwachsenen-Sicht gelingt es nicht oft, das Kind-Verhalten zu verstehen und es auf Dauer positiv zu ändern. In Schritt 4 haben wir das Selbstverständnis des Kindes beleuchtet. Für das Kind gilt nur dies, so irrtümlich es sein mag! Für es ist stets wahr, was es meint (da unterscheidet es sich allerdings nicht von Ihnen). Geben Sie Ihrem Kind „unerzwungene" Aufmerksamkeit, zu einem *Ihnen* gelegenen Zeitpunkt. Weisen Sie dann auch darauf hin, wie schön es miteinander ist und sie manchmal das Gefühl haben, es meine Sie beachten es zu wenig. Ohne daß das Gespräch die lockere, freundliche Atmosphäre verliert und gar rechtfertigenden Charakter annimmt, zeigen Sie ihm – als Ihre persönliche Meinung formuliert – anhand nachweislicher Fakten,

a) daß Ihr Kind nicht zu kurz kommt

b) bzw. sie erläutern miteinander, woran es liegt, daß Ihnen oft weniger Zeit für das Kind bleibt als Ihnen lieb ist.

Ihre Worte wirken nicht belehrend, eher als partnerschaftliche Rückmeldung ohne überreden zu wollen!

Beachten Sie abschließend die Übersichtstabelle zu diesem Nahziel auf Seite 111!

Fortsetzung der 7-Schritte-Methode (siehe Seite 101 ab Schritt 4) für

Nahziel 2: Machtkampf / Überlegenheit

Sie haben die Schritte eins bis drei absolviert. Länger und stärker entmutigte Kinder entwickeln Verhaltensweisen, die unbewußt auf Nahziel 2 zusteuern. In diesen Methoden steckt ein deutlicher Schuß Verzweiflung, als appelliere das Kind an die Erziehenden: „Ich bin doch auch jemand; das wirst du schon noch merken müssen, ich zwinge dich dazu!" Daher weigert sich das Kind das Gewünschte zu tun. Dabei geht es – in unseren Erwachsenenaugen – oft skrupellos vor und gewinnt so oft in diesen Machtkämpfen, denn Eltern können ihrerseits ja nicht mit gleicher Münze zurückzahlen:

Ein Kind (5) will im Supermarkt Gummibärchen; Mutter verweigert dies und weist darauf hin, daß zu Hause noch ein Beutel liegt. Das Kind beginnt zu weinen, brüllt, legt sich auf den Boden, läuft rot an ... etc.

Wie kann die Mutter reagieren? Nichtbeachten? – Sie fühlt sich blamiert, alles scheint auf sie und das „ungezogene Kind zu starren, was sie ebenfalls belastet. Oft fühlt sich die Mutter gezwungen, in irgendeiner Weise dem Kind entgegenzukommen: Ihr Schwachpunkt – voll getroffen – und ihre Verantwortung lassen sie den Machtkampf verlieren.

Die „Skrupellosigkeit" eines Kindes kennt eben keine Vernunftgründe, Verantwortung, Stolz, sieht nicht der Mutter Not. Deswegen kann es so unbarmherzig wirken.

Nahziel 1: Ungebührliche Aufmerksamkeit
So kann Verhalten zu diesem Nahziel aussehen (Auswahl) Motto: Ich möchte beachtet werden

Methoden	*ausgelöst durch den empfindlichen Punkt, den das Kind immer wieder nutzen kann*	*Nutzen für Erziehende(= Gefühle, die Erziehende helfen, das bisherige Verhalten beizubehalten bzw zu verstärken*
aktiv-sozialbezogen: Ehrgeiz entwickeln —›(Klassen-)Bester sein, Musterkind spielen, alle Normen, die gerade bei der bezogenen Person/Gruppe gelten in hohen Maß erfüllen; Einfallsreichtum: ihm fällt ständig etwas Neues, Lustiges Interessantes, Intelligentes ... ein; zeigt ständig, wie interessiert, kundig, zuverlässig, ... es ist; "Freude" der Eltern sein; eifrige Mitarbeit in Familie/Haushalt/Schule bereit sein; Geschwister übertreffen wollen	Lehrer gefällt Interesse an der Sache Lehrer will Begabte fördern Erziehende sind von der "Willigkeit", Begabung entzückt; —› genau das, was bezogene Personen hochschätzen und unterstützen	bin guter Lehrer (fördernd) Freude, Bestätigung der Erziehungsarbeit Spaß, Anregung durch originelles Kind (Bestätigung: Ich bin in Ordnung als Erziehender, habe alles im Griff ...; meine Methode ist besser als ...)
passiv-sozialbezogen: Hilfsbereitschaft entwickeln, um Liebling der bezogenen Person oder Gruppe zu werden "Klette", Anhänglichkeit zeigen einschmeicheln, selbstgefällig, eitel	bezogene Person/Gruppe findet Dienste für Gemeinschaft sinnvoll und unterstützenswert Erziehender fühlt sich etwas bedrängt und zeigt dies bezogene Personen freuen sich über Zuwendung Erziehende/Bezogene mögen gewisse Schmeicheleien, Selbstgefälligkeiten nicht	Bestätigung guter Erziehungsarbeit Freude über das Geraten des Kindes Distanz, weniger Nähe mit Kind und dessen Erwartungen Freude, Wärme, Zuwendung den Kindern "wichtige Normen mitgeben"
aktiv-ichbezogen: spielt den Clown; sichdurch geeignete Verhaltensweisen aufdrängen; "nervig" sein, großspurig, angeberisch, herumschreien, vorlaut sein, mit anderen z.B.: Geschwistern, im Blickfeld der Erziehenden streiten	Bezogener signalisiert durch Körpersprache oder Worte seine Gereiztheit; Erziehender zeigt seine Ablehnung von Wichtigtuerei; Eltern wollen, daß es ruhiger zugeht Eltern möchten keinen Streit	Abstand, nicht ständig verfügbar sein für Kind; dem Kind wichtige Normen vermitteln (Eigenlob stinkt; man hält sich zurück; Geschwister halten zusammen) Elternpflichten ernst nehmen (Bestätigung: man braucht mich, ich bin wichtig.. Erziehungsarbeit ist schwer, fordert einen ganz; für Berufstätigkeit(teilzeit) bleibt keine Zeit
passiv-ichbezogen: trödelt bei den Hausaufgaben; "kann nicht"-Einstellung z.B. bei Hausaufgaben, um Helfer zu mobilisieren; sich ablenken lassen, bei Hausaufgaben herumspielen; zeigt sich ängstlich (z.B in der Nacht, bei Unangenehmem); wenig Durchhaltevermögen und Geduld; unsaubere Hefte, Schulsachen, Zimmer unselbständig sein; sich nur oberflächlich und kurz mit etwas beschäftigen Schwierigkeiten beim Essen	Eltern zeigen sich besorgt über die unbefriedigende Art der Hausaufgaben-Erledigung; sie bemühen sich die Konzentrationsfähigkeit des Kindes zu fördern; Erziehende zeigen sich unbefriedigt über die Unselbständigkeit Eltern legen Wert auf "ordentliches" Eßverhalten	Pflichtbewußtsein beweisen; das Nötige tun, um vom Kind Schaden abzuwenden; } Wichtige Normen dem Kind vermitteln (um "gute Erziehende" zu sein)

Hüte dich vor den Bescheidenen; – du ahnst nicht, mit welch gerührtem Stolz sie ihre Schwächen hegen. *Arthur Schnitzler*

M *Zur Selbsteinschätzung des Kindes*

Schritt 4 fragt nach der Selbsteinschätzung machtkämpfender Kinder. Im Streben nach Überlegenheit hat ein solches Kind erfahren, daß es *doch noch* Beachtung finden kann, daß es auf diese Weise seinen Wert erzielen und beweisen kann! Deshalb wird der Machtkampf als günstige Methode immer wieder eingesetzt. Die Grenzen von Nahziel 1 zu 2 sind fließend, das Maß der Hartnäckigkeit und Aggressivität entscheidet.

- Das Kind agiert im Umgang mit seinen Menschen mit der Brille:

„Ich bin nur etwas wert, wenn ich andere beherrsche, kontrolliere."
So nimmt es jede Kommunikation wahr, jede Auseinandersetzung mit anderen und so fühlt es auch.

- Tiefer sitzt die Erfahrung und das Gefühl, daß im Grunde genommen, die anderen Menschen ihm feindlich, oder abgeschwächt, nicht freundlich gesonnen sind.

Das Kind hatte also ganz offensichtlich in der früheren Kindheit Entmutigung im sozialen Kontakt mit anderen erlebt.

- Ein machtkämpfendes Kind fühlt sich anderen unterlegen. Dies gilt meist nicht für alle Lebensbereiche. Aber gerade dort, wo es sich unterlegen fühlt, wird es kämpfen, da es diese Unterlegenheit nicht ertragen kann.

„Ich bin schlechter, dümmer, ..., aber das laß ich mir nicht gefallen, denen werde ich es schon zeigen, daß ich auch jemand bin und sie mich beachten müssen." Und dies wird das entmutigte Kind nicht durch Leistung erreichen, sondern durch Tyrannei.

Mit dieser „Brille" →6, *so wahrnehmend*, gestaltet das Kind jeden Kontakt mit anderen.

Das Gefühl des Herrschens löscht kurzfristig die Flamme des nagenden Minderwertigkeitsgefühls; doch schon bald züngelt das Flämmchen wieder aus der tiefen Glut seiner feindlichen Einstellung gegenüber anderen und der schlechten Einschätzung der eigenen Fähigkeiten, wenn die kalte Zugluft von Konkurrenz oder Leistungsforderung wirksam wird. Das Kind entwickelt Verhaltensweisen, die die Individualpsychologie dem Geltungsstreben →15 zuordnet.

❍ Neues Erziehungsverhalten, so daß das Kind sein Nahziel nicht mehr erreichen kann und sein Problemverhalten einstellt:

Es ist banal, aber trotzdem ernstzunehmen: Ein Kampf braucht mindestens zwei Parteien, die miteinander kämpfen!

- Daher sind alle Möglichkeiten auszuschöpfen, um *nicht* mitzukämpfen bzw. aus dem Kampf auszusteigen, was durchaus Kreativität, Geistesgegenwart und Spontanität erfordert.

Das heißt: all Ihre „Kampfhandlungen" als solche erkennen und niederlegen! Als Kampfhandlungen empfindet das Kind (*und damit sind sie es auch*) in der Regel: Drohungen, Strafen, Kritik bzw.Tadel, Regeln oder Verbote, die Kind aufgezwungen werden oder nicht verstehen können (sowohl in Worten als auch in Gestik, Mimik, Körperhaltung, Stimmlage) Gängeln, gutmeinendes Einmischen, Versorgtwerden, Besserwissen u. a.

- Es ist günstig, einzusehen, daß das machtkämpfende Kind mächtig ist, es Durchsetzungsvermögen entwickelt hat und andere in seinem Sinne beeinflussen kann!

Vielleicht entdecken Sie Möglichkeiten, daß das machtkämpfende Kind diese Fähigkeiten auch konstruktiv einsetzen kann oder dies lernt! Es gibt so viele Gründe und Anlässe zum Kämpfen und dafür andere zu gewinnen! Z. B.: Tätigkeit als Klassensprecher, Kind darin unterstützen, wenn es sich – eher zufällig – für einen anderen kämpferisch einsetzt ..., alle möglichen Formen von sozialem Engagement. Lediglich das Ichhafte →17, egoistische, nur auf Eigennutz und eigenen Vorteil zielende Kämpfen ist problematisch. Spürt das Kind durch konstruktives (gewaltfreies) Kämpfen eventuell Gegenliebe, Anerkennung der anderen, erlebt es Selbstwert! Und so wird sich die Selbsteinschätzung des Kindes verändern können.

- In welchen Situationen kämpft das oft machtkämpfende Kind nicht? Vermutlich wird das auf einem Gebiet sein, auf dem es sich relativ sicher (vor Niederlagen, Demütigung, Infragestellung seiner Position bei anderen) fühlt. Entdecken Sie dort auch die kleinste Ansätze von Mitarbeit und Kooperationsbereitschaft und reagieren Sie mit Anerkennung, Zuwendung und ermöglichen Sie ihm „machtvolles“, aber konstruktiven Handelns z.B. für das Allgemeinwohl (der Gruppe). Auch dies kann das negative Selbstverständnis verändern.

- Machtkämpfer besitzen ein feines Gespür für Macht und haben den Wert der Macht kennengelernt. Und sie wollen ihre Machtkämpfe gewinnen! Solche Kinder „wissen“, wo der „Mächtigere“ sitzt, wo sich ein Kampf nicht lohnt! Stecken Sie also rasch und deutlich die Grenzen ab und bleiben Sie fest und konsequent bei der Beibehaltung dieser Grenzen!

Lehrer erhalten ihre Macht vom Schulgesetz, der Schulordnung, eventuell der Klassenordnung. Und genau dadurch ist sie definiert und eingeschränkt! Es gelten in der Schule die Gesetze Deutschlands (auch die Grundgesetze)! Wo es in der Familie und Klasse/Gruppe unklare Situationen gibt, lohnt es sich durch eine gemeinsam (!) installierte Autorität, Klassenrat, Familienrat, die nötigsten Regeln und Konsequenzen bei Nichteinhaltung festzulegen. Sie gelten dann für alle Beteiligten!

Der springende Punkt ist: Der Machtkämpfer muß immer schon vor der Tat wissen, was bei Nichtbeachtung einer *gemeinsam* erstellten Regel bzw. anerkannten, allgemeingültigen Vereinbarung passiert und Sie so fest und konsequent sein werden, daß Sie kalkulierbar werden. Dies beeindruckt auch Machtkämpfer!

- Kampf wirkt sich auch auf die (Familien-/Klassen-)Atmosphäre aus. Auch Ihr Ton macht die Musik. Und wenn jemand auf ein feindlich zu verstehendes Wort lauert (denken Sie an die „Brille“ in der Selbsteinschätzung), dann vermag ein in Ihrer Erregung „ausgerutschtes“ Wort eine Kampflawine auszulösen. In Schulklassen nehmen dann gleich mehrere fast automatisch den Kampf auf.

Um den Kampf nicht zu schüren, hilft Ihnen eine möglichst gleichbleibende, freundliche Kommunikation, die sich immer wieder darum bemüht, bei der Sache zu bleiben.

Mit der ermutigenden Erziehung (siehe Kapitel 2) schaffen Sie eine Atmosphäre, in der Machtkampf nicht gedeihen wird. Die genannten Ideen zur Verhaltensänderung werden dagegen ohne die belebende Kraft der Ermutigung und der dazu nötigen inneren Einstellung (skizziert z.B. in den „Voraussetzungen zur Ermutigung“) zu oberflächlich sein und zum Minenspiel verkommen. Ein Machtkämpfer behält dann leicht die Oberhand und versteht es geschickt, Sie doch wieder in den Kampf hineinzuziehen.

❍ Die neuen Ziele des Kindes:

Die Selbsteinschätzung verändert sich im Erleben der anderen und sich selbst, durch Maßnahmen/Schritte einer ermutigenden Erziehung. Das Kind wird sich (bezüglich der Erfüllung gestellter Aufgaben) mehr zutrauen und die anderen weniger feindlich bewerten und auch Positives an anderen erleben können. Sein (unbewußtes) Ziel färbt sich zunehmend positiver: Anerkennung, Dazugehören durch Zuwendung anderer, Freunde schaffen, Probleme selbständig lösen ... Die „Werkzeuge" des Kämpfenden (Kritisieren können, Ungerechtigkeiten aufspüren, sich nichts gefallen lassen, argumentieren, alle Möglichkeiten ausschöpfen, um sich durchzusetzen, Nase für Machtverhältnisse und Machtmißbrauch) können im sozialen Engagement genutzt werden und so sehr positiv wirken.

Das Nahziel Kampf/Überlegenheit ist nun für das Kind nicht mehr nötig. „Kontrolle anderer" und „Vermeidung von Mißerfolg" verlieren an Bedeutung.

❍ So sieht das Verhalten des Nahziel 2 aus: siehe Abbildung auf Seite 116!

Fortsetzung der 7-Schritte-Methode (siehe Seite 101 ab Schritt 4) für

Nahziel 3: Rache / Vergeltung

Sie haben die Schritte eins bis drei absolviert. Wer keine Aufmerksamkeit auf sich ziehen kann, Machtkämpfe verliert, der vermag vielleicht noch zu zerstören, Schmerzen zuzufügen (auch wenn er selbst verzweifelt und nicht mehr an seine Fähigkeiten glaubt, etwas zu leisten oder wegen seiner selbst zu anderen dazuzugehören können), so glaubt er doch noch (Lebens-)Spuren hinterlassen zu können: „Ihr werdet es noch bereuen, mich so schlecht behandelt zu haben, doch Ihr seid selbst schuld an dem, was jetzt passiert", scheint das sich rächende Kind einem verzweifelt ins Gesicht zu schleudern. Das Kind zieht jetzt seinen Wert aus der Tatsache, daß es etwas bewirken kann, wenn auch nur Leid, Zer-

So kann Verhalten zu diesem Nahziel aussehen (Auswahl):
Nahziel 2: Machtkampf/Überlegenheit
Motto: Zeigen, daß ich stärker bin

Methoden	*ausgelöst durch die empfindliche Stelle, die Kind immer wieder nutzen kann*	*Nutzen für Erziehende (= Gefühle, die Erziehende helfen, das bisherige Verhalten beizubehalten bzw zu verstärken*
aktiv-ichbezogen: dauernd dagegen sein, widersprechen, einseitig das Negative/Schlechte sehen darauf " herumreiten", hänseln, Redensarten/Flüche, immer wieder Verbote/Regeln mißachten, "streitsüchtig" sein, ständig provozieren, anklagen, sich ungerecht behandelt fühlen, demonstrativ Unarten zeigen und beibehalten: z.B.: Nasebohren, Schlampigkeit, "Ekelhaftigkeiten", Lügen, Daumenlutschen, an Fingern herumbeißen, Bettnässen;	Erziehende - finden es schlimm, wenn Kinder nicht gehorchen, eigenwillig sind , sich nicht an Regeln (die meist sie aufstellen) halten - wollen harmonisches Miteinander (nach ihrem Maßstab) - schätzen Gerechtigkeit, Gleichheit hoch ein - vertragen solche Unarten/"Kinderfehler" nicht und möchten sie an ihren Kindern nicht sehen;	Ich muß zeigen, daß ich meine Erziehungsarbeit ernst nehme und nicht alles hinnehme. Friedliches Miteinander ist ein wichtiges Ziel. Als pflichtbewußter, guter Erziehender will ich wichtige Erziehungsnormen vermitteln. Gute Erziehung ist um Gerechtigkeit bemüht. Unarten müssen beseitigt sein, sonst hat das Kind es schwer im Leben, wird ausgelacht, bestraft oder es muß Nachteile hinnehmen; dies muß ich verhindern. Allgemein: Viele negativen Gefühle können durch solches Verhalten vorübergehend gedämpft werden
passiv ichbezogen: einfach etwas nicht tun, immer wieder; demostrativ faul sein und auch nichts ernsthaft dagegen tun, Unzuverlässigkeit zeigen: etwas vergessen, nach eigensinnigen Mustern falsch machen, lügen, vertuschen, "etwas verschwinden" lassen, schwindeln, den gesetzten Normen, Wünschen entgegenwirken: Termine vertrödeln, immer auf sich warten lassen ...	Erziehende befürchten schlimme Berufsaussichten, was verhindert werden muß; —›Angst, Ohnmacht; Solche Eigenschaften signalisierenden Erziehenden: die Entwicklung des Kindes läuft im Moment in die falsche Richtung	Gefühl: ich tue mein Menschenmögliches Negativen Gefühlen gegenüber dem Kind "Luft" verschaffen Pflichtgefühl befriedigen: Als gute Eltern müssen wir uns darum bemühen: - damit das Kind Zukunft hat und nicht total versagt - es "Arbeitstugenden" entwickelt - "Unarten" ablegt

störung und Verzweiflung. Doch mit der privaten Logik des Kindes verstanden, genügt dies.

M *Zur Selbsteinschätzung des Kindes*

● „Was soll ich noch tun?
Man nimmt mich nicht ernst! Vielleicht hat man sogar recht, denn ich kann nicht viel. Aber man verkennt mich auch. Man gibt mir auch keine Chance! Die sind doch alle gegen mich! Die wollen mich doch fertig machen. Die Welt ist mir im Grunde genommen feindlich gesinnt. Und da zählt doch nur der, der dreinschlägt, kaputtmacht, zerstört, zurückschlägt, gnadenlos. Mit mir kennt man auch kein Pardon! Was nutzt Euch dann das alles, wenn's kaputt ist?"

So „programmiert", tief entmutigt, begegnet es der Umwelt. Es ist gewohnt zu handeln, seinen Frust und seine Not zur Hand zu nehmen, aktiv zu werden. Und seine Wut, seine Rachegelüste können alle treffen, ansatzlos, scheinbar ohne Motiv. Selbst unbekannte Menschen werden unversehens Opfer seiner Rache.

● Doch viele Kinder sind so entmutigt, daß sie sich mehr und mehr isolieren und jegliche Mitarbeit verweigern, gleichzeitig gelingt es ihnen „hintenrum", die anderen an ihre Grenzen zu bringen. Sie verwenden „passive" Methoden.

„Ich lasse mich nicht fertig machen. Ich bin hart wie Stein, da beißt Ihr Euch die Zähne aus! Und wenn's keiner denkt, dann schlag ich zu. So lasse ich nicht mit mir umspringen!

Ich spiele Euer Spiel nicht mit. Da habt Ihr Euch verrechnet!"

Unter dieser Oberfläche brodelt die Hoffnungslosigkeit; es weiß mittlerweile:

„Ich werde nie dazugehören, zu denen die etwas gelten und glänzen.

Ich werde es nie zu etwas Anerkanntem bringen, mir fehlen Kenntnisse und Fähigkeiten, doch schuld daran sind die Lehrer (oder die Eltern oder ...), die mich nicht genug gefördert haben, mich ständig benachteiligten und zurückgestoßen haben! Ich wurde nie geliebt!

Man hat mir nie gegeben, was mir zusteht, deshalb habe ich ein Recht dazu, mich zu wehren und mir zu holen, was mir zusteht (private Logik)!

❍ Neues Verhalten gegenüber Kindern entwickeln, so daß das Nahziel nicht mehr erreicht werden kann und sich Problemverhalten ändern muß:

Angesichts der tiefen Entmutigung der sich rächenden Kinder, kann der Teufelskreis nur durch konsequentes Durchführen einer ermutigenden Erziehung durchbrochen werden.

Der Erziehende hat Erhebliches zu leisten, denn das Verhalten solcher Menschen ist ja darauf aus, zu kränken! Diese Kinder sind in unseren Augen gemein und undankbar!

Unversehens reagieren die Erziehenden, wie es das Kind beabsichtigt: nämlich sich beleidigt, betroffen fühlen oder „endgültig" fertig und überfordert vom Kind sich zurückzuziehen.

Damit ist das Kind seine Sorgen (zunächst mal) los: Niemand verlangt jetzt noch etwas. Das Nahziel Rache hat das Kind dem möglichen (unbewußten) Fernzielen „Vermeidung von Mißerfolg", Kontrolle ... „vorgeschaltet".

Ohne Ermutigung kann sich die Selbsteinschätzung nicht verändern, weil der psychische Hintergrund für das Problemverhalten „Rache" weiterbesteht. Die Ideen zur Selbstermutigung und das konsequente Realisieren der „Voraussetzungen für die Ermutigung" (Kapitel 2) sowie das Umsetzen der Ermutigungsstrategien sind die „lebensnotwendigen" Hilfsmittel, um nicht als Helfer zu verzweifeln.

- So „vorbereitet", können Erziehende die notwendige Maßnahme tatsächlich befolgen: Fühlen Sie sich durch das Problemverhalten nicht verletzt! Gelingt Ihnen dies, verblüfft es das Kind stark. Das überraschte Kind sieht sein Nahziel nicht erreicht. Da Sie dies alles in einen ermutigenden Umgang einbetten, bieten Sie dem Kind gleichzeitig Möglichkeiten, sein Selbstwertgefühl zu stärken; dadurch ist dem Verhalten des Kindes eine neue Richtung geöffnet!

- Deshalb kommt der Wertschätzung des Kindes ein so hoher Stellenwert zu! Erschwert wird dies durch

– das nervraubende Problemverhalten
– die Tatsache, daß ein entmutigtes Kind Wertschätzung meist „ohne Vorleistung", „ohne Bedingung" braucht, denn zunächst soll es ja überhaupt erst in Stimmung zur Veränderung, also in konstruktive Initiativebereitschaft, versetzt werden.

Die feindliche Einstellung des Kindes gegenüber anderen ändert sich durch neue Erfahrungen und neue Wahrnehmungen: Die sich immer wiederholenden Verhaltensweisen, Sichtweisen und Bewertungen der anderen verlieren ihren Automatismus. Extreme, einseitige und verabsolutierte Meinungen weichen wirklichkeitsnäheren Einstellungen; das Verhalten ist in einen positiven Veränderungsprozeß geraten: „Die finden mich ja eigentlich gar nicht so schlecht!“ könnte dann die irritierende Erkenntnis sein, die die Macht der Gewohnheit im Kindverhalten durchbricht.

- Dieses so nötige bedingungslose Wertschätzen des Kindes können Sie erreichen, wenn Sie seine Selbsteinschätzung sehen. Dann erkennen Sie – weil Sie das Kind verstehen können! – einen völlig anderen Menschen:

das bösartige Kind		das verzweifelte, hoffnungslose Kind
dieses kriminelle Objekt		das Kind, das mit völlig ungeeigneten Mitteln seinen Selbstwert finden will
der undankbare Flegel	wird	das Kind, das die irrtümliche Meinung hat, die anderen wollen ihm nur Böses, sie seien seine Feinde
der hinterhältige Typ	zu:	das Kind, das sich nicht zutraut, auf anerkanntere Weise „dazuzugehören“ und überzeugt ist, daß er die geforderte Leistung nicht bringen kann
der gemeine und unverschämte Kerl		das Kind, das auf diese Weise dem Druck, dem es sich nicht gewachsen fühlt, entrinnen will: Angst und Demütigung

Einige Therapieschulen nennen diesen wichtigen Vorgang Umdeutung oder Refraiming. Das Entscheidende an diesen Neuformulierungen: die neue Sichtweise muß (auch) wahr sein.

- Jetzt gelingt Ihnen auch der nächste wichtige Schritt: Tat und Täter unterscheiden:

Hier ist das verzweifelte Kind
→ Es bedarf der förderlichen Hilfe, allein ist es offensichtlich hoffnungslos verloren, besitzt keine Chance, in dieser Welt zufrieden zu leben und es gefährdet das friedliche Zusammenleben; Gründe genug, etwas zu unternehmen!
Dort ist seine Tat
→ Es zerbrach eine Vase, die der Mutter viel bedeutete, in vollem Wissen um deren Wert.
Die Tat ist verurteilenswert, das verzweifelte Kind ebenfalls?
Mit der bewußten Trennung von Tat und Täter, gelingen Ihnen die hier aufgeführten Ideen besser.

- Dem Kind ist nun in Verwirklichung der hier vorgestellten Anregungen – und im Rahmen der ermutigenden Erziehung – zum Erfolg zu verhelfen, um so die Hoffnungslosigkeit abzuschwächen und Selbstvertrauen wachsen zu lassen.

Da der Erfolg nicht von allein eintritt, müssen die Erziehenden ihn arrangieren:
- In Familie und Schule stufenweise kleinste Erfolgsmöglichkeiten finden und
- den erzielten Erfolg konkret benennen;
- Zuversicht in die Möglichkeiten des Kindes und in die Möglichkeit des Sich-Ändern-Könnens prägen die Kommunikation mit dem Kind.

Und langsam bauen Sie die Leistungen auf, immer realistische Ziele miteinander festlegend und den Mißerfolg „miteinkalkulierend". Erst im Zusammenspiel der aufgeführten Maßnahmen gelingt eine Verhaltensänderung auf längere Sicht. Wichtig hierbei ist auch, möglichst bald Gleichaltrige, Mitglieder der jeweiligen Gruppe, in den Ermutigungsprozeß einzubeziehen, so daß auch von ihnen neue Verhaltensweisen aufgrund neuer Sichtweisen möglich sind. Dadurch erlebt das Problemkind rascher neue Erfahrungen. Die Verhaltensweisen des Kindes könnten es erzwingen, daß Sie von verschiedenen Seiten (Schule, Nachbarn, Kindergarten ...) unter Druck gesetzt werden, etwas zu unternehmen; diese Zeilen können Ihnen die Richtung weisen; häufen sich aber die Problemfälle über einen längeren Zeitraum, sollten Sie unbedingt zusätzlich die professionelle Hilfe von Erziehungsberatungsstellen beanspruchen!

❍ Die neuen Ziele des Kindes:

Wozu sollte das Kind seine zerstörerische Kraft einsetzen? Der psychische Hintergrund, die Verzweiflung und Hoffnungslosigkeit, stimmen jetzt nicht mehr mit den aktuellen Gefühlen überein, die ein Kind erlebt, das mit ermutigenden Menschen zusammentrifft.

Mit konstruktiveren Methoden versucht das Kind die gestellte Aufgabe bzw. den Umgang mit anderen zu gestalten, um so Anerkennung, Zuwendung und neue Fähigkeiten zu erreichen.

Machtkampf und Vermeidung von Mißerfolg verblassen mit der Zeit, je mehr sich das Selbstwertgefühl kräftigt.

❍ So sieht das Verhalten des Nahziel 3 aus: siehe Abbildung auf Seite 122!

Fortsetzung der 7-Schritte-Methode (siehe Seite 101 ab Schritt 4) für

Nahziel 4 : Rückzug (Unfähigkeit zeigen)

Sie haben die Schritte eins bis drei absolviert. Stellen Sie sich ein zur Passivität neigendes Kind vor, das gleichzeitig aufgrund gesammelter Erfahrungen sich unfähig fühlt,

- mit den anderen in Kontakt zu kommen, so wie es andere Kinder vermögen (und sich so auch nicht mehr vorstellen kann, auf die „übliche" Art dazugehören zu können)
- eine allgemein anerkannte Leistung zu bringen.

Durch Experimentieren hat nun dieses immer wieder entmutigte Kind herausgefunden, daß es mit dem Zeigen von Unfähigkeit sein eigentliches (Fern-)Ziel erreichen kann: Vermeidung von Mißerfolg, Beachtung, Kontrolle der Situation (unerwartete Demütigungen vermeiden bzw. ausschließen). Häufig beobachtbare Folgen dieser oft aufreizenden Passivität können sein:

- Der Erwachsene läßt resigniert von dem „hoffnungslosen" Fall ab und fordert auch nichts mehr; damit hat das Kind sein Ziel erreicht: Keine Bedrohung/Demütigung!

Nahziel 3: Rache/Vergeltung
So kann Verhalten zu diesem Nahziel aussehen (Auswahl):
Motto: Wehmachen wollen

Methoden	*ausgelöst durch die empfindliche Stelle, die Kind immer wieder nutzen kann*	*Nutzen für Erziehende(= Gefühle, die Erziehende helfen, das bisherige Verhalten beizubehalten bzw. zu verstärken*
aktiv-ichbezogen: rohes , brutales, gewalttätiges Streiten und Umgehen mit Mitschülern, Kindern jenes Verhalten wiederholend, von dem Kind "spürt", daß es den bezogenen schmerzt: z.B.: stehlen, aggressive Unhöflichkeit, und Distanzlosigkeit, aggressive Ablehnung und Verachtung des Erziehenden/ Freude an Gewalt; Boshaftigkeit durchzieht die Handlungen: zerstören, was geschätzt wird; verspotten, was geachtet wird,; versäumen, was anderen wichtig ist; "unmögliches" Verhalten , wo angemessenes Verhalten erwünscht wird; Formen der Selbstschädigung zum Schmerz der Erziehenden	Einstellung: Gewalt ist schrecklich! Gewalttätige Menschen haben viel Negatives aus dem Elternhaus: deshalb muß ich handeln! Das ist ja entsetzlich! Ich bin schmerzhaft schockiert! Alle sehen ,daß meine Erziehung versagt hat: Das ist peinlich, schlimm! Alarm. Tue etwas! Ändere so schnell wie möglich etwas, sonst droht noch Schlimmeres! Mein Ansehen ist gefährdet!	Mein Handeln zeigt: Ich gebe mir Mühe, tue Menschenmögliches; dieses Handeln hat er von ..., da ist nichts zu machen; Obwohl ich mein Bestes gebe, ist wohl alles umsonst; da spielen doch noch andere Faktoren mit, die ich nicht beeinflussen kann; mir/uns muß man helfen ich/wir sind chancenlos; ich muß Kontakt mit anderen meiden
passiv-ichbezogen: passive Verweigerungshaltung, die den Erziehenden/Bezogenen angesichts seines Engagements "schmerzt": Boykottierung der Forderungen, die ein gewisses Maß an Mitarbeit und Leistungsbereitschaft erfordern; durch "Nichttun" gegen Normen verstoßen: undankbar, gemein, "falsch"...	schmerzhafte Wut Wo führt denn das hin? In den Abgrund! Da muß gegengesteuert werden, um das Schlimmste zu verhindern; So ein schlecht erzogenes Kind, ich habe versagt Was denken die andern über mich! Schande!	Was soll ich da noch tun? Da habe ich doch keine Chance mehr; ich gebe mein Bestes! Ich tue meine Pflicht! Das Leben ist eben schwer; das Verhalten hat er von ..., da ist nichts zu tun; Rückzug, um Blamage vermeiden.

- Weniger entmutigte Menschen, „Helfertypen“, bemühen sich um diesen „schweren“ Fall und versuchen ihn zu aktivieren, räumen ihm „Schonräume“ und Sonderrechte ein. So gelingt es dem Kind, überhaupt nicht mehr „vergleichbar“ mit anderen zu sein! Auch auf diese Weise kann das Kind sein Ziel erreicht haben: Beachtung und Kontrolle sowie Vermeidung von Demütigung.

Beachten Sie bitte die Übersicht „So sieht Verhalten des Nahzieles 4 aus“ auf Seite 124!

Zur Selbsteinschätzung des sich zurückziehenden Kindes:

Dieses Kind nimmt seit einiger Zeit die Ereignisse in seiner Umgebung mit folgender, möglichen „Wahrnehmungsbrille“ wahr: „Ich bin dumm ... – Man liebt mich nicht ... – Ich werde es nie schaffen ... – Die andern sind besser als ich, sie lachen mich aus ..., deshalb gehöre ich nicht dazu – Ich fühle mich am wohlsten, wenn ich alleine bin, wenn man mich in Ruhe läßt ... – Ich werde es nie schaffen, zur Klasse/Gruppe zu gehören ... – Ich werde nie im Unterricht etwas Gutes leisten ... – Schule/Leistungssituationen bringen nur Mißerfolg, Demütigung und Ärger ... – Die anderen (Erwachsenen) wollen immer etwas von mir, was ich nicht kann ... sie überfordern mich ständig – Die anderen bemühen sich nur um mich, wenn ich mich total hilfsbedürftig zeige.“

Ob und was aus dieser Auswahl zutrifft, entscheidet das Kind ganz individuell in der Auseinandersetzung mit anderen. Wir Erwachsenen wissen genauso wenig wie das Kind selbst, welches nun zutrifft. Doch wir können das Verhalten des Kindes beobachten und „raten“/vermuten: Es sieht so aus, *als ob* das Kind die Meinung *hätte*, daß ... (es meint es sei dumm ...).

Solche Menschen fühlen sich, je älter sie werden immer stärker, dem Leben nicht gewachsen zu sein, fürchten jeden Kontakt und sind auch selbst nicht bereit – wozu auch, es hilft doch alles nicht! – ein Teil der Gesellschaft zu sein und leistungsfähig zu sein (was ja für den Lebensunterhalt Voraussetzung ist).

❍ Neues Erziehungsverhalten entwickeln, damit das Kind sein Nahziel nicht mehr erreichen kann und sein Problemverhalten einstellt:

Die Gefahr ist groß zu resignieren, wenn auch nach intensivstem Bemühen das Problemkind passiv bleibt und mit Hoffnungslosigkeit signalisierender Körperhaltung nicht mitarbeitet resignieren Erziehende verzweifelt und demonstrieren dem Kind ihre Hilfslosigkeit: jammern,

Nahziel 4: Unterlegenheit/Schwäche zeigen
So kann Verhalten zu diesem Nahziel aussehen (Auswahl):
Motto: in Ruhe gelassen werden

Methoden	*ausgelöst durch die empfindliche Stelle, die Kind immer wieder nutzen kann*	*Nutzen für Erziehende(= Gefühle, die Erziehende helfen, das bisherige Verhalten beizubehalten bzw zu verstärken*
aktiv-ichbezogen: ——	——	——
passiv-ichbezogen: teilnahmslos, uninteressiert, "apatisch" auf "Angebote" der Bezogenen reagieren, doch auch mitzuarbeiten, dabeizusein, selbst etwas tun; aufreizend "keine Lust" haben, sich dumm, ungeschickt, untauglich, phlegmatisch zeigen; zeigen, daß man überhaupt keine Hoffnung auf Erfolg hat (jetzt und in Zukunft)	Passive Menschen machen mich total "heiß" —›starke Antipathie das Kind ist krank, behindert, irgendwie gestört; ich muß mir Hilfe suchen; das Kind ist stark gefährdet, ich darf es nicht im Stich lassen; Ich bin am Versagen, ich muß was tun (Verzweiflung, Wut); "da ist doch Hopfen und Malz verloren!"	Antipathie führt zum Rückzug —›Entlastung; (vererbte) körperliche Mängel, Behinderungen haben dieses Verhalten verursacht: ich bin machtlos; Pflichtbewußtsein aktiviert: Ich bin überlastet —›brauche Hilfe —›gebe mir die größte Mühe, wenn auch umsonst Rückzug —› Einschalten von Fachleuten, Heim

predigen, drohen, alles hilft nichts, weder „im Guten noch im Schlechten“. Wer kann schon diesen Menschen, der dem Erziehenden zum leibhaftigen Beweis seiner pädagogischen Unfähigkeit wird, länger ertragen?

Nutzen für das Kind:

- (Fern-) Ziel wird erreicht: keine Demütigung, keinen Mißerfolg, Kontrolle der Situation, weil
  - niemand mehr etwas von ihm will
  - dem Kind ein Sonderstatus eingeräumt wird (Sonderrechte)
  - das Kind weiß, daß es in Ruhe gelassen wird; dadurch erhält es Freiräume.
- Es ist möglich, daß auch das (Fern-) Ziel Anerkennung, Bedeutung, Zuwendung erreicht werden kann, denn das sich aufreizend zurückziehende Kind fällt natürlich auf. Das Kind *meint*, es muß sich aber *stets* zurückziehen, um dieses Bemühen der anderen aufrechtzuhalten! Das Kind erhält relativ starke Beachtung bei den kleinsten Kooperationsäußerungen.

Abbildung Seite 124 weist auf den Nutzen, den die Erziehenden mit ihrer Reaktion haben.

Deshalb muß zunächst für sich selbst klar entschieden werden: Ich kann und will auf diesen „Nutzen“ verzichten! Ein Fortschritt dieses Kindes stellt für mich einen größeren Wert dar.

Vorsicht! Ein Ja drängt sich förmlich auf, entspringt der Notwendigkeit und Vernunft. Doch wir handeln nicht vernünftig, wenn wir in unserer privaten Logik anderes Verhalten für notwendig erachten.

Natürlich darf man nicht zugeben, daß einem die Ruhe wichtiger ist, als sich um den kleinen Martin zu sorgen, der dort in der Ecke sitzt und viel Aufwand erfordert, wollte man ihm weiterhelfen!

Mir geht es darum, beizutragen, daß Sie den „Nutzen“, die „geheimen Bedürfnisse“ für sich klarer und bewußter erkennen und benennen können.

Dann können Sie auch wirklich entscheiden: Will ich den Aufwand (um Martin zu helfen) tätigen oder ist es für mich notwendiger, daß ich mich um mich selbst sorge (meine Nerven, Gesundheit und damit auch Arbeitsfähigkeit bzw. Wohlbefinden) und beides meist nicht gleichzeitig möglich ist.

Diese Frage wird oft moralisch beantwortet: Anderen helfen ist wichtiger als „nur" an sich zu denken. Dieser Standpunkt hilft nicht weiter. Denn in Wirklichkeit, im Endeffekt werden Sie immer (!) nur das getan haben, was Sie ursprünglich für sich nützlich fanden (wobei allerdings der Nutzen sich oft rasch ändern kann): Viele Menschen „verleugnen" ihre Bedürfnisse, versuchen zu helfen, aber sie beweisen sich im Laufe der Aktionen selbst, daß „es nicht geht". Viele Vernunftgründe helfen Ihnen dabei:

„Er will nicht, kann nicht; er ist zu dumm; es ist geistig behindert, er benötigt Therapie; da ist eh schon alles zu spät, das hat er von seinem Vater ..."

Deshalb:

Entscheiden Sie für sich, eingedenk Ihrer wahren Bedürfnisse und Motive! Falls sie sich bewußt werden, mit den Kind nicht mehr „zu können", suchen Sie jemand, den Sie für fähig halten, Ihnen (mit dem Kind) und dem Kind fachlich-kompetent zu helfen.

Ungünstig wäre sicher, „irgendwie weiterzumachen", ohne selbst Hoffnung auf Erfolg (wie das Kind!) mehr zu haben. Falls sie sich am Ende Ihrer „Selbstprüfung" zutrauen, mit Hilfe einiger Ideen auf der Basis einer ermutigenden Erziehung (siehe Kapitel 2) eine Verbesserung dieser Situation anzustreben, finden Sie in den nächsten Zeilen einige Anregungen. Ist diese Entscheidung ehrlich und entspricht sie Ihrem aktuellen Bedürfnis, können Sie die folgenden Ideen aufnehmen und auf Ihre ganz persönliche Art umsetzen.

Es versteht sich von selbst, daß auch im Kontakt mit diesen entmutigten, sich elend und ungeliebt fühlenden Menschen die Prinzipien und Voraussetzungen der ermutigenden Erziehung zur Anwendung kommen. Als Schwerpunkte bieten sich an:

- Das Verhalten solcher Kinder könnte Sie immer wieder entmutigen und halten Sie dies auch für eine logische und verständliche Reaktion Ihrerseits, dann gelingt es Ihnen, konstruktiv mit diesen Gefühlen umzugehen (z. B.: durch regelmäßige Selbstermutigungsaktivitäten);
- durch genaues Beleuchten der Selbsteinschätzung des Kindes und des „Nutzens", den diese Menschen von ihrem Verhalten haben, wissen Sie, daß Predigen bzw. pädagogisches Herumreden nichts bringt ... (siehe „Kommunikationssperren", Kapitel 3.2)
- ... und es geraten erscheint, dem Kind seine Entscheidungsfreiheit zu

lassen: Es darf so bleiben wie es ist!!! Dadurch wird jeglicher Trotzreaktion des Kindes vorgebeugt. Das Kind empfindet nun: Ich darf so bleiben wie ich bin! Ich darf so bleiben wie ich bin?? Will ich das? Und so kann die Bereitschaft zur Veränderung eventuell bei manchem Kind keimen.

- Sich zurückziehende, ihre Unfähigkeit zeigende Kinder empfinden das Leben als etwas Belastendes, ja Bedrohliches (für das Selbstwertgefühl). Sicher besitzt es noch kleine „Nischen", in denen es sich wohlfühlt, Freude empfindet und erlebt, daß es etwas kann, wert ist. Doch sind diese „Nischen" oft so winzig, daß sie im Lebensablauf wenig Zeit einnehmen oder sie werden allgemein als so gering betrachtet, daß das Kind ihm selbst auch keinen wirklichen Wert beimißt! Entdecken Sie solche Nischen und nehmen Sie sich unauffällig ihrer an, betrachten sie zunächst aus der Ferne das „Geschehen".

Entdecken Sie Positives. Doch denken Sie an das Selbstverständnis dieses Kindes, erinnern Sie sich, daß es vermutlich in Ruhe gelassen werden will. Da dies zu respektieren ist, können Sie das entdeckte Positive nicht direkt – die Zurückgezogenheit störend – dem Kind zurückmelden. Finden Sie Gelegenheit, dies so nebenbei wie möglich (aber unmißverständlich!) zu tun. Gut geeignet ist das Gespräch mit Dritten, das vom Kind – wie zufällig – gehört werden kann.

Solche Rückmeldungen wirken wie Signale, die dem Kind zeigen, daß es doch etwas kann, „beachtenswert" ist. So könnte das Interesse am Wieder-Mitmachen langsam keimen.

Das Kind müßte bald erleben können, daß das Leben auch für es reizvoll und vielversprechend sein kann. Der Kreativität und dem Einfallsreichtum der Erziehenden liegt ein breites Feld von Möglichkeiten offen; es gilt dasjenige im häuslichen/schulischen Umfeld zu erspüren, auf das dieses Kind positiv reagiert und Freude empfindet. Hier hilft die Einstellung, daß das Kind – der Mensch ganz allgemein – grundsätzlich den Willen und die Kraft besitzt, „vorwärts" zu kommen. Das „Vorwärts" war bisher nur falsch „definiert": siehe „Nutzen für das Kind". Aber diese grundsätzliche Kraft wirkte immer! Und jetzt gilt es, diese Kraft behutsam zu nutzen, damit das Kind wieder lebensbejahender und (mit-)lebensbezogener werden kann.

- Dieses „behutsame" Nutzen darf nicht mißverstanden werden. Sie sollten in erster Linie gar nicht aktiv werden, sondern diese Selbsthilfekraft als dem Menschen angeborene Fähigkeit, „vorwärts“ zu kommen, lediglich abwarten, erkennen und, taucht sie auf, indirekt nutzen.

Beispiel:

Ein Kind sieht auf der Zeitungsseite, die Vater liest, eine Mickey-Maus-Figur. Es ist ein Bericht über Eurodisney. Vater sieht das Interesse, achtet unauffällig darauf, daß das Kind weiter den Artikel betrachten kann und redet mit der Mutter über dieses Bild und den Artikel auf eine Weise, die das Kind versteht. Jetzt ist das Feld offen: das Kind kann fragen, etwas dazu äußern; die Eltern reagieren warm, freundlich, doch eher zurückhaltend, aber anerkennend.

Falsche Äußerungen/Antworten, Fehler müssen übersehen (-hört) werden, da sie bewirken, daß das Kind„seine Fühler des Interesses“ sofort zurückzieht.

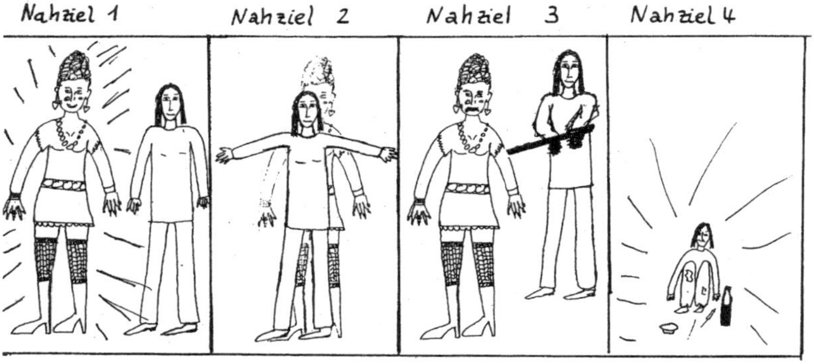

❍ Die neuen Ziele des Kindes:

Wenn die ermutigende Erziehung dem Kind zur Hoffnung verhelfen kann, doch noch diesem Leben mit seinen Anforderungen (⟶ gewisse Leistung zu erbringen/mit anderen zusammenzu leben) gewachsen zu sein, dann wird es aktiver werden und weniger Angst vor Mißerfolg bezüglich Leistung und Kontakt zu anderen entwickeln.

Auch hier werden konstruktive „warme“ Ziele durch starke Ermutigung die destruktiven und kalten Ziele Vermeidung von Mißerfolg/Kontakt/Demütigung ersetzen:

Statt Vermeidung strebt das Kind allmählich „Erreichen von Anerkennung“, Freude, Freunde, Zufriedenheit ... an.

3.2 Zuhören können / Gespräche führen

• Die „vier Techniken des Zuhörens“ (Th. Gordon)

Mit den folgenden Gedanken beziehe ich mich auf die „vier grundlegenden Techniken“ des Zuhörens“, die Thomas Gordon in seinen „Konferenzbüchern“ ausführlich darstellt. Sie sind wichtige pädagogische Hilfsmittel, bei der Vorbeugung bzw. beim Umgang mit Problemen. In der ermutigenden Erziehung kommt man ohne bewußten Umgang und Einsatz des Zuhörens nicht aus. Deshalb leiten mich bei der Darstellung folgende Motive:
Der Leser soll die Techniken des Zuhörens anwenden lernen,

- um das Kind verstehen zu lernen
- sie als Ermutigungsstrategie nutzen zu können.

Passives Zuhören (Schweigen)

Sie sind dem Kind offen zugewandt, mit Ihrer gesamten Körperhaltung signalisieren Sie dem Kind: Jetzt kannst du reden. Ich nehme dich und deine Worte ernst, voll und ganz, ich lasse dich ausreden. Ich bin an deinen Gedanken und Gefühlen interessiert, sie sind mit wichtig!

Der Zuhörende erhält viele Informationen. Mit etwas Übung kann er sie (geistig) zu einer „Handlungskette“ zusammensetzen, die als Hilfsmittel fungieren kann, um das Verhalten verständlicher zu machen:

Handlungskette: Aktuelle Situation → (gewohnte) negative Gedanken des Kindes über sich/andere/Leben/Welt → lösen Gefühl aus → unbewußtes Ziel setzen → geeignete Methode anwenden, um Ziel zu erreichen (siehe auch Graphik Seite 72).

Passives Zuhören verbietet natürlich, nach fehlenden Stücken dieser Handlungskette zu fragen. Da gilt es Geduld zu wahren, Ohren und Augen offenzuhalten. Der Mensch als unteilbares Ganzes zeigt sich immer ganz. Was für unser Verständnis nicht zusammenpaßt: es gehört zusammen; es gilt – um das Kind zu verstehen – dies zu finden und falls möglich, die fehlenden Glieder der Kette zu finden.

Beobachten Sie während des passiven Zuhörens:

- Signale seines Körpers (Gestik, Mimik, Körperhaltung, Stimmlage …)

- Sein Auftreten sieht aus, als ob er meine, daß er selbst, die anderen, die Welt, das Leben...

Mit dem Zuhören und Schweigen signalisieren Sie außerdem: Du hast die Verantwortung
- für das, was du mir mitteilst bzw. nicht mitteilst
- für dein Problem, von dem du mir berichtest.

Ich werde mich nicht – eigenmächtig – in deine Angelegenheiten einmischen! Gleichzeitig bin ich an dir interessiert, du bist nicht allein.

Zeichen der Aufmerksamkeit geben

In einer gegebenen Situation zeigen Sie durch Ihre Körperreaktionen, daß Sie gerne zuhören möchten:
- Sie nicken freundlich zu, lächeln verständnisvoll oder zeigen eine angemessene, der jeweiligen Äußerung entsprechende, aufrichtige Reaktion: erschrecktes Gesicht, Stirne runzeln, auch die Arme und Hände diesen Situationen und Mitteilungen entsprechend bewegend (Hand vor Überraschung an Mund, Augen weit geöffnet ...), animieren den Gegenüber weiterzureden, sich mitzuteilen. Sie signalisieren: Ja sprich weiter, ich bin an deiner Meinung/Problem /Situation interessiert.

„Einladungen" geben, „Türe öffnen"

Dazu eignet sich auch, durch bestimmte Äußerungen dem Gesprächspartner sein uneingeschränktes Interesse zu zeigen:

Wirklich? Echt? Tatsächlich? Im Ernst? Magst du mit mir darüber reden? Das hört sich ja aufregend, komisch, ... an. A, ja, das hat dir sicher gefallen ... Da gab's dann wohl kein Halten mehr für dich, was? Ich würde das schon noch ein bißchen mehr darüber erfahren, möchtest du? Mich würde interessieren, was du darüber denkst. Das klingt, als hättest du eine bestimmte Meinung dazu ...

Aktives Zuhören

Der Zuhörer wird aktiv, in dem er aus der „Botschaft" des Gesprächspartners etwas „heraushört", was die tatsächliche, gar nicht in Worte gefaßte, Mitteilung ist, und diese sozusagen entschlüsselte, Botschaft dann dem Gesprächspartner (dem „Sender“) zurückmeldet. Auf diese Weise gelangen beide zu einer – ermutigend wirkenden – Übereinstimmung: das Kind/der Gegenüber fühlt sich verstanden.

Beispiel:

Vater und Sohn unterhalten sich über mögliche Wochenendaktivitäten.
Kind (etwas skeptisch): Machen wir dann auch eine Wanderung?

Beim aktiven Zuhören spürt der Zuhörer bewußter jenen Faktoren nach, die den Gesprächspartner dazu beeinflußten eine Botschaft zu senden, hinter der eine andere Mitteilung steckt, die also „verschlüsselt“ ist. Um sie entschlüsseln zu können, sollte ihm, gerade wenn Sie sich kennen, einiges über den Gesprächspartner einfallen:

- Welche Grundmeinungen könnte er/sie
  - über sich selbst haben? → grundsätzliche Leistungsbereitschaft/Erfolgsaussicht
  - über andere, Welt, Sache → ich komme mit Mitmenschen gut aus/ andere sind mir feindlich gesinnt
- Mögliche unbewußt angestrebte Nah-/Fernziele → möglicher Zweck der Aussage → offener Zweck → verdeckter Zweck
- Welches Gefühl begleitet die aktuelle Situation? Wie kann ich die Körpersignale deuten?

Diese Gesamtbetrachtung des Komplexes Meinungen-Gefühle-Körpersignale-Worte wirkt bei der Entschlüsselung der empfangenen Botschaft stets mit, doch meist sind Sie sich dessen nicht bewußt.

Doch auch in Ihre Rückmeldung schwingt vieles von Ihnen selbst hinein: Machen Sie sich daher deutlicher:

- Grundmeinungen über mich → Welche Sicht, die ich von mir habe, soll in die Rückmeldung einfließen?

„Ich bin ein cleveres Kerlchen.“ Will ich das meinen Gesprächspartner „spüren“ lassen? Oder eher: „Ich kann gut rechnen.“

- Grundmeinungen über andere/Leben/Sache/Welt → Wird anderen/Situation grundsätzlich bedrohliche/negative Absichten/Folgen unterstellt?

„Die meisten Mitmenschen können mir nicht das Wasser reichen."

Soll diese Meinung „rüber kommen"? Oder vielleicht: „Den anderen ist nicht zu trauen, die wollen mich meist ausnützen, also: Vorsicht!"

- Mögliche unbewußt angestrebte Nah-/Fernziele → Welchen vordergründigen Zweck will ich erreichen? Welcher mir bisher verdeckte Zweck meiner Aussage könnte möglich sein? Möchte ich im Grunde Überlegenheit anstreben, zeigen, wer das Sagen hat! Oder den andern gleich einschüchtern, in die Defensive treiben. Will ich aus einem Schwächegefühl
  - etwas verbergen oder mich besonders stark, klug, sicher geben/darstellen?
  - verhindern, daß ich klein beigeben muß, die Überlegenheit des andern anerkennen muß.

Welches Gefühl bewegt mich bei meiner Aussage? Was meldet mir mein Körper? Angst, Mißtrauen?

„Mein Körper meldet mir Unbehagen, oft zittert mir anfangs in solchen Situationen die Stimme, peinlich!"

Welche Worte sind geeignet, mein aktuelles Befinden (Meinungen-Gefühle-Körpersignale) auszudrücken?

Nein! Sie sollen während des Gesprächs keine Doktorarbeit abliefern! Wichtig ist, daß Sie sich dieser Vorgänge, die grundsätzlich jede Gesprächssituation bestimmt, bewußter sind. Schon in den nächsten Tagen wird Ihnen dann einiges klarer werden!

Beispiel:

Vater und Sohn unterhalten sich über mögliche Wochenendaktivitäten.
Kind (etwas skeptisch): Machen wir dann auch eine Wanderung?
Vater entschlüsselt die Botschaft auf die eben beschriebene Weise, in dem er die vermutete, subjektive Sicht des Kindes berücksichtigt und sich sagt: Den graut's schon wieder vor einer Wanderung.
Zum Kind sagt er (sich seiner Haltung gegenüber der Anti-Wanderung-Einstellung des Kindes bewußt): Mit einer Wanderung wärest du nicht einverstanden?

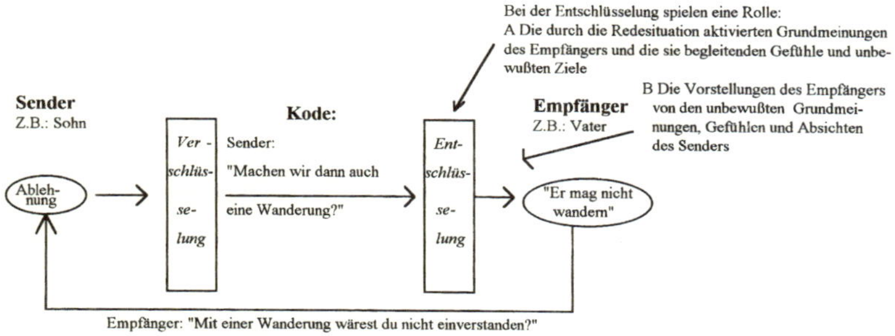

Kommunikationssperren

Gordon will dem Erziehenden bewußt machen, daß viele Menschen Verhaltensweisen bevorzugen, die von vornherein die Kommunikation, das Gespräch, belasten. Grund: Sie sind entmutigend oder geben eindeutig vor, wer der Herr und wer das Gefolge ist, was viele Kinder zu Nahzielverhalten provoziert. Als Kommunikationssperren wirken: befehlen, drohen, warnen, moralisieren, predigen, Lösungen geben, kritisieren, urteilen, loben, beschimpfen, lächerlich machen, analysieren, interpretieren, trösten, forschen, verhören, aufheitern, bemitleiden u. ä. Kommunikationssperren, werden sie zur bestimmenden, Form der Kommunikation eines Menschen gehören also in den Sprachschatz der Entmutiger.

Meist bevorzugen wir, falls wir Kommunikationssperren gebrauchen, einige; oft führen immer wieder verwendete Kommunikationssperren auch immer wieder zum selben Ergebnis. Daher läßt sich interessanterweise vermuten, daß diese Ergebnisse *unbewußt* bezweckt werden!

Es könnte Ihnen schwer fallen, ja wehtun, dies zu akzeptieren. Ihr Unbewußtes →19 schützte Sie bisher vor dieser Erkenntnis und hielt diese Ihre wahre Absicht „unter Verschluß"!

Ereignen sich immer wieder ähnliche Situationen, dann wäre man doch blind, würde man als *Außenstehender* nicht ein gewisses „Strickmuster" erkennen können:

Die Kommunikationssperre wird verwendet, (1) um durch die darauf folgende Reaktion des Kommunikationspartners (2) einen Gefühlszustand zu erzeugen (3), der es einem *ermöglicht bzw. erleichtert*, das zu tun, was man *eigentlich nicht darf/sollte/zugeben kann* (weil es in der Gesellschaft, ja allgemein als anstößig, falsch, feig, asozial, eben charakterlich negativ bewertet wird).

Es wäre günstig, beim Durchlesen dieser Liste jene „Sperren“ zu entdecken, zu denen Sie immer wieder mal greifen. Notieren Sie sich diese „Sperren“! Wozu brauchen Sie in den jeweiligen Situationen diese „Sperren“? Was wollten Sie damit erreichen? Welche (negative) Folge stellte sich – nach der „Sperre“ ein? Wie reagierten Sie Ihrerseits auf diese Folge der Kommunikationssperre?

Wie fühlten Sie sich? Was sagten Sie? Was bestätigte sich (für Sie) eventuell (wieder einmal)?

Gestalten Sie mal für Ihre bevorzugten „Sperren“ das gesamte Strickmuster nach!

Beispiel: Die Drohungen des Vaters (1), immer wieder verwendet, lassen das Kind auf seine typische Weise (2) reagieren: es bockt und verschwindet; dadurch aktiviert der Vater seine Grundstimmung (3) gegenüber seinem Sohn bzw. Kindern: Versagensgefühle, Enttäuschung, Ohnmacht, Angst …

Und jetzt ist er handlungsbereit: Er tut nichts; er schlägt drein; er straft, er macht seiner Frau Vorwürfe … Was genau im erzeugten Gefühlszustand der Erziehende unternimmt, hängt von seinem Lebensstil → 12 ab, von seiner typischen Art mit Problemen fertig zu werden (vom Minus zum Plus zu streben). Wollen Sie aber dagegen etwas unternehmen, stellen Sie sich solchen manchmal unangenehmen Wahrheiten. (Sie brauchen dies ja niemand zu verraten!)

Nützliche Gespräche führen

Diese Anregung fand ich bei E. Blumenthal, mit ihr können Sie während des Gesprächs so ermutigend wirken, daß die Gesprächspartner bereit sind, den eventuell zum Problem gewordenen Standpunkt zu „überdenken“. Sie hilft Ihnen auch zum Verstehen des anderen.

Situation: Sie halten die Äußerung eine Gesprächspartners für falsch (bzw. schlecht, nachteilig) und können sie in keinem Fall akzeptieren. Wenn Sie ihm das sagen, dann ist die Tür zur Verständigung zugeworfen, ein für die Änderung so wünschenswerten Austausch von vernünftigen Argumenten vereitelt.

Beispiel: Michael verkündet: Ich brauche die Hausaufgaben in Mathe nicht machen, weil Herr X sie sowieso nicht kontrolliert.

1. Widersprechen Sie der Aussage Ihres Gegenübers nicht

Hören Sie aufmerksam und interessiert zu; gegebenenfalls stimmen Sie sogar zu. Damit deuten Sie dem Gesprächspartner an, daß Sie seine Sicht (also seine private Logik) verstehen und in sich stimmig finden. Sie sagen dadurch nicht, ob Sie die Aussage richtig finden! Doch der Gesprächspartner fühlt sich ernstgenommen, da er trotz möglicher Meinungsverschiedenheit, Irrtums oder falscher Information sich als Gleichwertiger fühlen kann. Da Sie nicht widersprechen, kann auch kein Machtkampf entstehen.

Beispiel (Forts.): Mutter hört zu. Sie meint: „Es ist nicht hilfreich, wenn die Hausaufgaben nicht nachgeschaut werden."

2. Fragen Sie nach, ob die Aussage auch in weiteren Situationen zutrifft bzw. grundsätzlich (für alle Menschen und alle vergleichbaren Situationen) gilt

Weil Sie nicht mit Ihrem (besseren) Wissen auftrumpfen, kann der Gesprächspartner „unbedrängt" die eigene Argumentation überdenken. Seine Äußerung wird in einen größeren Zusammenhang gestellt und mit der allgemeingültigen Logik in Verbindung gebracht. Der Gegenüber kann nun selbständig private Logik und allgemeine Logik miteinander konfrontieren, weil er sich nicht eingeschüchtert, „schlecht gemacht" oder bevormundet fühlt.

Beispiel (Forts.):
Mutter: Denkst Du, daß man nur Hausaufgaben machen sollte, wenn kontrolliert wird? Das könnte sogar bedeuten, daß man nicht lernen braucht, wenn einem niemand abhört? Oder wenn ich hier zu Hause die Hausaufgaben nicht kontrolliere, dann müßtest Du sie auch nicht machen?

3. Neue Erkenntnisse und Einfälle erleichtern dem Gesprächspartner, eine eigene, eventuell veränderte Sicht zu gewinnen.

Der Gesprächspartner kann, sich unbedrängt fühlend, seine neuen Ideen in seine frühere Sich einfließen lassen und zu neuen Erkenntnissen gelangen.

Beispiel (Forts.):
Michael: Gut, das wäre natürlich übertrieben. Ich bin schon für Hausaufgaben. Wenn sie nicht so viel sind.

Mutter: Egal ob sie vom Lehrer kontrolliert werden?
Michael: Eigentlich nicht, ich gebe mir Mühe und dann möchte ich auch dafür anerkannt sein. Ich weiß ja, daß ich nicht für den Lehrer lerne, aber …

3.3 Konflikte (gewaltfrei) lösen können

Mit der „Konfrontationstechnik" Probleme lösen

Oft ist es auch in der ermutigenden Erziehung nötig, Klartext zu reden. Da Du-Botschaften oft entmutigend wirken und zum Widerstand herausfordern können, empfiehlt Gordon den Erziehenden, die dreiteilige Ich-Botschaft zu verwenden. Auch sie dürfen keine Vorwürfe oder negative Empfindungen („bin stocksauer auf dich!") enthalten.

Konfrontationstechnik		**Daraus abgeleitet: Ermutigungstechnik**	
Teil 1: Das Problemverhalten kurz beschreiben	Wenn du dauernd die Wände (unserer Wohnung) mit Filzstiften bemalst …	Genaues Beschreiben des Gelungenen	Deine sauber gefertigten Hausaufgaben …
Teil 2: Greifbarer Effekt für beteiligte Erziehende benennen	muß ich für Geld die Wände renovieren lassen, das uns dann für etwas Schönes (z.B. Ferien) fehlt …	Greifbarer Effekt für Erziehende	zeigen mir, daß du dir Mühe gibst …
Teil 3: Gefühl, das Erziehender dabei empfindet	das macht mich ärgerlich und traurig.	(Positives) Gefühl des Erziehenden	und das freut mich sehr und erleichtert mich.

Durch die Konfrontationstechnik erfährt das Kind, daß es durch sein Verhalten in der aktuellen Situation ein Problem für jemand anders *verursacht.* Das Kind besitzt das Problem und muß es selbstverständlich auch aus der Welt schaffen.

„Niederlagelose Methode"

Der Psychologe Th. Gordon entwickelte diese Idee, um Konflikte in einer Gruppe demokratisch lösen zu können, womit sie sich auch für das Regeln des partnerschaftlichen, ermutigenden Miteinanders eignet, dem dieses Buch gewidmet ist. Sie kann auch als Methode „erlernt" werden, mit dem im Familienrat (siehe Kapitel 3.3) Streitpunkte „behandelt" werden.

Die sechs Schritte des (Konflikt-)Lösungs-Vorgangs:

1. Benennen Sie den Konflikt und beschreiben Sie ihn möglichst genau.

Äußern Sie auch Ihre Empfindungen (Wut, Angst, Enttäuschung ...) mit und sagen Sie , welche Ihrer Bedürfnisse nicht befriedigt sind (was ja den Konflikt auslöste). Benutzen Sie Ich-Botschaften.

2. Wir entwickeln gemeinsam Lösungsideen
Jeder Teilnehmer nennt seine spontanen Einfälle, die zur Lösung führen könnten; diese werden notiert, aber in keinem Fall kommentiert oder bewertet!

3. Die Lösungsvorschläge werden kritisch beleuchtet
Die Beteiligten bewerten die Ideen, beschreiben ihre Gefühle und Bedürfnisse, Meinungen und Vorlieben; auch hier mit Ich-Botschaften und Konfrontationsmethode miteinander sprechen.

4. Wir entscheiden uns
Die Qualität des Lösungsvorschlages muß allen Beteiligten ermöglichen, zuzustimmen. Die Niederlagelose Methode lehnt Mehrheitsentscheidungen ab.

5. Gemeinsam unseren Beschluß verwirklichen
Erst jetzt (!) befassen sich die Teilnehmer mit den Einzelheiten der Umsetzung! Dabei wird sich die Verantwortung auf viele Schultern verteilen; denn die Gruppe (z.B. Familie, Klasse ...) ist darauf angewiesen, daß jeder die übertragene Aufgabe nach seinen Kräften erfüllt.

6. Kritischer Blick auf unsere Lösung
Die Konfliktlöser sprechen darüber, wie sie die Lösung empfinden, wie sie sich bewährt.

‚Wirklich' nennt der Bürger nur die Dinge,
die von allen oder doch von vielen ähnlich
wahrgenommen werden. *H. Hesse*

Einige Bemerkungen zur „niederlagelosen Methode":

1. Im Rahmen der ermutigenden Erziehung dient diese Methode einem konstruktiven Bewältigen der Konflikte.
2. Sie ermöglicht gemeinsam akzeptierte Lösungen, wo bisher oft nur

durch Machteinsatz etwas durchgesetzt werden konnte, gegen den dann (offen oder verdeckt) Widerstand geleistet wurde.

3. Sie behandelt Erziehende und Kinder gleich.
4. Die niederlagelose Methode beginnt man geschickterweise wie bei allen neuen Tätigkeiten, bei weniger wichtigen Streitfällen, bei denen man gefühlsmäßig auch nicht so stark engagiert ist.
   → „Wer ist zu einem Experiment bereit, unser Problem (diese Fragestellung) mit einer neuen Methode gemeinsam zu lösen?"
5. Die niederlagelose Methode funktioniert nicht, wenn hinter dem Konflikt ein Streit um Grundwerte („Wertekollision") steckt: Wenn es also um unterschiedliche Wertvorstellungen, Wahl von Freunden, Moralvorstellungen, „Geschmacksfragen", politische Überzeugungen u. ä. geht.
   Die Kinder kämpfen dann um die eigenen Rechte. Sie fragen: „Was stört denn dich echt, daß ich mir Löcher in die Jeans schneide, die ich mir von meinem eigenen Geld gekauft habe?"
   Die niederlagelose Methode könnte nur dann helfen, wenn das Verhalten der Kinder die Eltern ganz konkret an der Befriedigung ihrer Bedürfnisse hindert. Ansonsten hilft nur eines und wenn es auch für die Erwachsenen unbefriedigend klingt: akzeptieren Sie, was Sie nicht verhindern können!
   Bleiben Sie trotzdem (!) Ihren Kindern ein nützlicher Partner:
   - gesprächsbereit
   - nicht belehrend oder predigend
   - die Entscheidungsfreiheit des Kindes respektierend.
   - Nutzen Sie viel bewußter die Möglichkeit, *gemeinsame* Interessen zu pflegen (es gibt sie immer!) und gemeinsam aktiv die Freizeit zu gestalten.
6. Die niederlagelose Methode erfordert vom Erziehenden Vorleistungen:
   Sie sollten zuvor mit Ich-Botschaften (alle drei Bestandteile) relativ sicher umgehen können und deren Wert für die Kommunikation und Konfliktbewältigung als wertvoll einschätzen können.
7. Beachten sie weitere Ideen bei der Darstellung des Familienrates als praktische Anwendungsmöglichkeit der niederlagelose Methode in der Familie. In der Schule kann sie im Rahmen eines „Klassenrates" durchgeführt werden.

Familienrat

Ich möchte den Familienrat als wichtiges Element der ermutigenden Erziehung – auch der Partnerschaftserziehung – zugeordnet wissen. Vor allem der Individualpsychologe R. Dreikurs benutzte den Familienrat als wirkungsvolles Mittel, Formen des kooperativen Miteinanders einzuüben. In seiner Forderung nach „demokratischen „ Erziehungsformen, beruhend auf dem Grundgedanken der „sozialen Gleichwertigkeit", entwickelte er den Familienrat, in dem Gespräche geführt und Konflikte gelöst werden, wie sie in Kapitel 3.2 und 3.3 beschrieben werden.

Familienrat wird zum Element der ermutigenden Erziehung, wenn diese Kommunikationsform bereits einige Zeit „läuft" und Einfühlung, Verständnis und kooperatives Mit- und Füreinander zu vertrautem Handeln und Denken geworden ist.

Familienrat kann erst begonnen werden, wenn in der Familie/Gruppe nicht mehr gegeneinander gekämpft wird und jeder einzelne grundsätzlich in der Lage bzw. bereit ist, etwas Neues auszuprobieren, und „ein harmonisches Miteinander" zu verstärken.

Anleitungen von Familienberatungsstellen könnten hier für den wünschenswerten Antriebsschwung und für Sicherheit sorgen.

Ideen zum Familienrat:

1. Familienrat können alle Gruppen durchführen, die in einer Wohngemeinschaft zusammenleben (die also nicht miteinander verwandt sein müssen), sich als sozial gleichwertig betrachten und Einfühlung sowie Kooperation als zu verwirklichenden Wert akzeptieren. Die Teilnahme muß freiwillig bleiben.
2. Der Familienrat trifft sich jede Woche regelmäßig zum gleichen – zuvor gemeinsam festgelegten – Zeitpunkt. Jeder Teilnehmer sollte sich dafür mindestens eine Stunde freihalten.
3. Um Ergebnisse festzuhalten und eine „geordnete" Durchführung zu gewährleisten, sollte sich die Gruppe einen Protokollführer und einen Vorsitzenden geben. Diese Posten wechseln turnusmäßig in jeder Sitzung, jeder Teilnehmer – gleich welchen Alters – soweit er sprechen kann, kommt an die Reihe, niemand sollte sich „raushalten".
4. Werden Konflikte ausgetragen, so hält man sich im Ablauf an die „niederlagelose Methode" Gordons oder Blumenthals Methode.

Falls nötig helfen die Eltern den jüngeren Kinder zurückhaltend bei der Leitung.

5. Unbehindert Gespräche führen,
   - die weder durch Verhaltensmaßregeln, noch
   - durch Herumpredigen und Besserwisserei belastet werden,
   - in denen es keine Zeitbeschränkung gibt, jeder darf auf seine Art ausreden; falls dies zu ausführlich wird, versuchen die Teilnehmer durch wachsende Einfühlung zu verstehen, warum X so lange redet; dies sollte/kann ebenfalls angesprochen werden
   - in denen kein Thema, kein Ausdruck oder Gefühl tabu ist
   - in denen Kinder nicht getadelt und zurechtgewiesen werden und
   - bei Beleidigungen die Anwesenden hauptsächlich zu erfahren versuchen, welches Ziel damit verfolgt wird; dies kann Diskussionsgegenstand werden
   - in denen jedem Vorschlag der gleiche Respekt entgegengebracht wird.
6. Der Zeitraum des Familienrates ist als Schutzzone zu betrachten; niemandem darf aufgrund des in dieser Zeit Geäußerten (später) Nachteile entstehen.
7. Alle Teilnehmer werden ohne Rücksicht auf das Alter gleichbehandelt.
8. Kann keine klare Entscheidung getroffen werden, dann hat jedes Mitglied das Recht, das zu tun, was es für das Beste hält; Abstimmung vertagen. Keine Entscheidung, die andere betrifft, gilt, wenn sie nicht von allen gut geheißen wird!
9. Familienrat nicht nur zum Beschweren, Kritisieren oder Maßregeln-Einführen benutzen. Durch seine Regelmäßigkeit soll er auch Gelegenheit bieten, bei Bedarf seine Probleme vorzubringen. Die Gruppe überlegt dann, ob und was sie zur Lösung des Problems beitragen kann.
10. Kinder könnten aus Unerfahrenheit falsche Entscheidungen treffen. Sind diese nicht lebensbedrohlich, halten sich die Erwachsenen zurück. So können sie das Ergebnis einer solchen Entscheidung in ihren persönlichen „Erfahrungsschatz" einbauen.
11. Eine Entscheidung gilt mindestens bis zur nächsten Familienratsitzung. Hält sich jemand nicht daran, brauchen auch andere Mitglieder irgendeine Abmachung nicht beachten!
12. Was Erziehende und Kinder als ihre private Sphäre und Angelegenheit betrachten, kann nicht zum Thema werden:

- eheliche Meinungsverschiedenheiten
- sexuelle Probleme
- unterschiedliche Ansichten über Religion, Politik, Verwandte.

Diese „Ideen zum Familienrat" sollten als Grundregeln anerkannt und nicht „verwässert" werden. Doch überall dort, wo sie Fragen offen lassen und Interpretationen zulassen, ohne daß die Grundidee des Familienrates und der ermutigenden, partnerschaftlichen Erziehung angetastet wird, können Sie selbstverständlich eine den Bedürfnissen der jeweiligen Gruppe angepaßte Spielart des Familienrates ausgestalten.

3.4 Sich situationsangemessen zu helfen wissen

Folgende Ideen können Ihnen bei der Umsetzung der in diesem Buch beschriebenen Erziehungs-Grundgedanken, wie Ermutigung, Gleichwertigkeit, Förderung des Gemeinschaftsgefühles und partnerschaftliches Erziehen, weiterhelfen.

Doch auch sie entheben Sie nicht von der Notwendigkeit, durch sie angeregt, für Ihr Kind und Ihre Familie eigenständiges, konkretes Handeln zu entwickeln. Kein Buch, kein seriöser Berater, wird Ihnen sagen, was Sie genau zu tun haben. Niemand kann Ihnen die Verantwortung abnehmen.

1. Natürliche und logische Folgen anwenden (statt strafen, drohen ...)

Wenn wir bestrafen oder belohnen, zeigen wir uns den Kinder (unbewußt oder bewußt) als „Machthabende". Dies schadet im günstigsten Fall (wenn das Kind selbst einsieht, daß es falsch und „sträflich" gehandelt hat) wenig, im Regelfall aber schon:

- es belastet die Beziehung (die Kinder zweifeln an Zuwendung, Liebe ...)
- Strafen fordern zu (aktive/passive) Widerstandsformen heraus, denn in jedem Menschen wohnt das Gefühl der sozialen Gleichwertigkeit, das nicht ohne weiteres Befehle, Druck und Beschränkung hinnimmt.

Der Grundgedanke ist einfach:
Indem das Kind die Folgen seines eigenen Handelns erkennt, sammelt

es wichtige Erfahrungen über die „Natur“ (d.h. der „Funktionsweise“) der Dinge und über die Ordnung des Zusammenlebens. Beim Strafen und Belohnen dagegen ist ein wertender Mittler dazwischengeschaltet, der das Kind vor in seinen Augen Unzumutbares schützen will und im Endeffekt den notwendigen „hautnahen“ Kontakt zur Realität verhindert.

Natürliche Folgen:
Sind Ergebnisse, die eintreten, weil es in der Natur der Dinge liegt. Sie ereignen sich von alleine; z.B.: Glas kann zerbrechen.

Logische Folgen:
Sie werden von den Erziehenden und Kindern arrangiert, beruhen aber nicht auf Willkür, sondern auf gemeinsamer Verabredung, gemeinsam erstellten Regeln, allgemeingültigen Gesetzen oder Vereinbarungen; z.B.: Schüler halten sich an eine Klassenordnung, die sie selbst verfaßt haben.

a) Natürliche Folgen anwenden:

Folgendes Handlungsmuster (gilt nur in Situationen, in denen „Leib und Leben“ des Kindes oder anderer Beteiligter nicht gefährdet sind!) bietet sich an:

Situation – Erziehender schildert sachlich die Folgen, die sich in Ausgangssituation ergeben könnten – Erziehender läßt dem Kind die Entscheidungsfreiheit – natürliche Folgen treten ein – möglich: Ideen eines sachgemäßeren Umgangs erläutern, eventuell einüben – gelassene Reaktion des Erziehenden.

Verhalten/natürliche Folgen (nF):	***Anstatt (Erzieherverhalten, das die Beziehung belastet und eine förderliche Entwicklung hemmt):***
2jähriges: Schwierigkeiten beim Erklettern eines Stuhles. nF: Stuhl fällt um.	helfen, eingreifen(obwohl Gefahr für Leib/Leben gering)
Kind bummelt herum. nF: Kakao bekommt ungeliebte Haut.	Mutter ruft wiederholt das Kind und sagt, daß der Kakao eine Haut bekommt.
Kind räumt sein Zimmer nicht auf. nF: Es findet sein Maskottchen nicht mehr.	ständiges Auffordern, Befehlen, endlich aufzuräumen
Kind ißt nichts beim Mittagessen (bäh). nF: Bald Hunger, warten bis später.	ständig das Kind zum Essen auffordern, "Extrawurst braten"

Zugegeben, uns fällt es nicht immer leicht, natürliche Folgen wirken zu lassen. Verdeutlicht man sich aber, wie Belehrung, Strafe und Verbot die

Beziehung belasten, können und oft Ursache für feindliche Meinungen →2 gegenüber den Erziehenden sind, dann lohnt es sich, hier bewußter und entschlossen sowohl die natürlichen, aber auch die logischen Folgen wirken zu lassen.

b) Logische Folgen

Folgende Handlungsstruktur zeigt das Anwenden logischer Folgen:

(1) →	(2) →	(3)
Gemeinsame Vereinbarung treffen Möglichst genau; auch die Folgen bei Nichteinhaltung aushandeln: Wenn-Dann-Abmachungen. treffen. oder: Es gelten Regeln/Gesetze, an deren Entstehung man beteiligt war bzw. mit denen man grundsätzlich einverstanden ist (z.B. Klassenordnung, Familienratvereinbarungen).	Vereinbarung wird nicht eingehalten	Eintreten der abgesprochenen Folgen aufgrund der Vereinbarung 1 Erziehende bleiben freundlich, aber fest.
z.B.: Donnerstags putzt Mutter in Sabines Zimmer; alles was auf dem Boden liegt, "frißt" der Staubsauger. →	Spielsachen liegen auf dem Boden herum, seit Tagen wurde nicht aufgeräumt. →	Mutter läßt die Spielsachen für zwei Wochen in einen dafür bereitgelegten Sack in der Abstellkammer verschwinden (wie abgemacht).

Anmerkungen:

Zu 1: Die Erziehenden bezeichnen mit einer Ich-Botschaft ihr aktuelles Problem (siehe Kapitel 3.3).

Jetzt äußern die Kinder ihre Ansichten und Bedürfnisse. Gemeinsam, jeder gleichwertig, vereinbart man nun, wie das Problem gelöst wird, und was passiert, wenn …

Bei einem sehr umfangreichen/schwerwiegenden Problem bieten sich Ideen aus Kapitel 3.2 und 3.3 an. Wichtig:

- Die Kinder fühlen, daß sie an der Entscheidung mitwirkten.
- Sie sind mit den vereinbarten Folgen einverstanden.

Zu 2: Es ist sehr günstig, wenn *die Kinder* auch die Konsequenzen bestimmen; nur wenn ihnen keine einfallen, können die Erziehenden Folgen *vorschlagen.*

Kreativität und Phantasie werden gefordert, aber auf Dauer auch gefördert! In jedem Fall vermeiden: Logische Folgen einseitig (d.h. von Eltern bestimmt nur für Kinder geltend) anordnen!

Das wird als Bestrafung empfunden, auch als Teil eines Machtkampfes; sie wirken wie Drohungen; die (Ermutigungs-)Methode wäre zerstört.

Zu 3: Was beim Nichteinhalten passiert, kann niemand überraschen. Jeder hat gewußt, was folgt, wenn ... Der Übertreter einer Vereinbarung hat sich quasi mit den Folgen einverstanden erklärt; es ist ein Gebot der Fairneß, die Folgen auch tatsächlich hinzunehmen.

Der freundlich-feste Ton mit dem die Erziehenden die logische Folgen wirken lassen, darf in keinem Fall unterschätzt oder gar „vergessen" werden! Hier macht der Ton, der freundlich bis neutrale Gesichtsausdruck, die sachlich feststellenden Worte, die Musik! Das Kind darf sich nicht bestraft fühlen; keine „geschieht dir recht"-Vergeltungshaltung mit der man böse Kinder ins Bett jagt! Eltern sollten streng darauf achten, daß die Geschwister diese Haltung ebenfalls umsetzen lernen!

Es gibt auch keine Chance, die Folgen wegzudiskutieren oder sie abzuändern! Mit Festigkeit wird das realisiert, was ja zu Beginn noch gemeinsam – und da hat ja jeder freiwillig zugestimmt – verabredet wurde!

Das Vereinbaren und Realisieren von logischen Folgen ersetzt Belohnung und Strafe, Lob und Tadel, Drohungen und Erpressungen. Und dadurch ermöglicht diese Methode ein wesentlich reibungsloseren und befriedigenden Umgang miteinander.

Sie ist eine Methode der ermutigenden Erziehung und verhindert, daß Stärkere die Schwächeren beherrschen bzw. Familienmitglieder sich ausgenutzt, gedemütigt, überfordert und ungerecht behandelt fühlen.

R. Dreikurs:
„Ich habe kein Recht, eine Person, die sozial gleichwertig ist, zu bestrafen; ich habe aber die Verantwortung, mein Kind zu leiten und zu führen. Ich habe nicht das Recht, meinen Willen durchzusetzen, aber ich habe die Verantwortung, seinen ungebührlichen Forderungen nicht nachzugeben."

2. Kinder zur Mithilfe gewinnen

Kleine Kinder zeigen noch sehr deutlich, daß es ihnen ein Grundbedürfnis ist, im Haushalt mit Mama/Papa mitzutun, ihre Tätigkeiten nachzuahmen. Sie wollen so wie die Eltern sein. Auch sie wollen Geschirr waschen, kochen, putzen, Betten machen, Holz spalten, Blumen gießen.

Diesen Impuls der Kinder, der selbstverständlichen Teilnahme an der Arbeit der Gruppe gilt es von klein auf zu erhalten, zu pflegen.

Doch die Realität ist oft anders:
Das Kind will beim Staubsaugen helfen. → Mutter will rasch fertig sein. → Nach den ersten Momenten, in denen sie das Kind gewähren läßt, merkt sie, wie beschaulich-umständlich der Jüngste zu Werk geht; da nimmt sie ihm den Staubsauger weg und meint: „Zieh dir mal lieber die Schuhe an, wir gehen einkaufen." Enttäuscht schaut das Kind der staubsaugenden Mutter nach.

In diesem Beispiel fehlen jegliche abwertende Worte, die uns in solchen Situationen meist zusätzlich über die Lippen springen und die negative Wirkung verstärken.

Weil der natürliche Impuls des Mitarbeitens von klein auf „in uns wohnt", aber – wie erwähnt – durch negative Erfahrungen unterdrückt wurde, soll ihm wieder Geltung verschafft werden.

Klären Sie für sich folgende Einstellungen. Wenn Sie sie akzeptieren, gelingt Ihnen das überzeugende Handeln:
- Ihr Kind hat einen Beitrag zum Ganzen zu geben (und zwar keinen Alibi-Beitrag, sondern einen ernstzunehmenden).
- Es ist von seinem Wesen her dazu bereit und fähig, wenn es dadurch auch Anerkennung und Zuwendung erfährt.
- Sie tragen Verantwortung in der Familie, und Ihr Kind muß als vollwertiges Familienmitglied auch Verantwortung – alters- und reifebezogen übernehmen (dürfen).
- Als verantwortungsbewußtes Gruppenmitglied soll es denken (lernen): Was erfordert die (jeweilige) Situation (von mir)? Was ist zu tun?

Dieses selbstbewußte Mitleben und Mithandeln entspricht der Natur und den Bedürfnissen der (Menschen-)Kinder. Kann das Kind dies nicht ausleben, wird es Verhalten zeigen, das wir Erwachsene als Problem- und Fehlverhalten bewerten. Fragen Sie deshalb das Kind immer wieder freundlich, ob es Ihnen helfen mag, trauen Sie ihm etwas zu.

Es wäre ein fatales Mißverständnis des gerade Erläuterten, wenn Sie die Mitarbeit des Kindes, die Bereitschaft am Ganzen teilzunehmen, vom Kind, mit entsprechender verbaler „Begleitmusik", fordern. Im Rahmen der ermutigenden Erziehung setzen Sie sich dieses Ziel und versuchen es bewußt mit den Methoden der ermutigenden Erziehung anzustreben.

3. Die „alte Leier“ durch „Überraschungen“ ersetzen:

Ihr Kind beginnt schon wieder herumzutrödeln, bis es mit den Hausaufgaben beginnt? Wie gestern, ja eigentlich wie immer? Und Sie wollen gerade wieder Ihre alte Leier anfangen mit: „Hole den Schulranzen … räume den Schreibtisch auf … etc … wie gestern … wie jedes Mal?“

Und da erwarten Sie im Ernst heute bei Ihrem Kind ein (plötzliches) anderes Verhalten als gestern und vorgestern? Was sollte man sonst tun?

- Sagen Sie doch mal gar nichts!
- „Ich wette, du brauchst länger als drei Minuten, bis das Wort „Hausaufgabe“ in deinem Deutschheft steht!“
- Gehen Sie spazieren, fragen Sie Ihr Kind – besonders wenn das Kind gewöhnlich viel zu lange an den Hausaufgaben „herumdoktert“ – bis wann es sicher mit den Hausaufgaben fertig ist, dann wollen sie wieder zurück sein; und nicht auf irgendwelche „alte“ Einwände auf „alte“ Weise reagieren (z. B.: dann werde ich nicht fertig und du bist schuld).

Spielen Sie solche Ideen nicht nach! Unternehmen Sie aber immer mal wieder etwas Unerwartetes – das ist das Entscheidende – Sie werden sehen, auch Ihr Kind wird sein Verhalten ändern.

Der Knabe und die Straßenbahn

Immer fährt so ein kleiner
rothaariger Knabe
auf dem Trittroller her.

Plötzlich dreht er und fährt
in die andere Richtung

und weiß auf einmal
genau, was er tun muß,
um die Straßenbahn zu überholen,
auch wenn er bloß ein kleiner
rothaariger Knabe
auf dem Trittroller ist.

Ernst Jandl

---

4. Kinder achten die Rechte der Eltern

Die Kinder sollten schon bald erfahren, daß sie selbst, aber auch die Eltern und andere Menschen Rechte haben, die es zu respektieren gilt.

Gleichzeitig müssen Sie als Eltern/Erziehende diese Rechte auch für sich selbst einfordern! Gerade gegenüber kleinen Kindern sind viele Eltern zu großzügig mit der eigenen Kraft, und mit einer freigiebigen Selbstlosigkeit gehorchen sie dann irgendwelchen (oft aus Augenblickslaunen entstandenen) Wünschen der Kinder: Dies frißt aber Energie, die Sie irgendwo vielleicht nötiger brauchen; gleichzeitig belastet es die Beziehung, denn im Innern fühlen sich die Eltern ausgenützt; Frust und Aversionen gegen das „ichsüchtige" Kind können anwachsen und plötzlich in Aggressionen hervorbrechen, die Ihnen danach wieder leid tun und Schuldgefühle erzeugen. Als Entschädigung werden Sie dem Kind wieder stärker zu willen sein, als Sie es „eigentlich" möchten und der Teufelskreis →20 wiederholt sich und hält Sie stark im Griff:

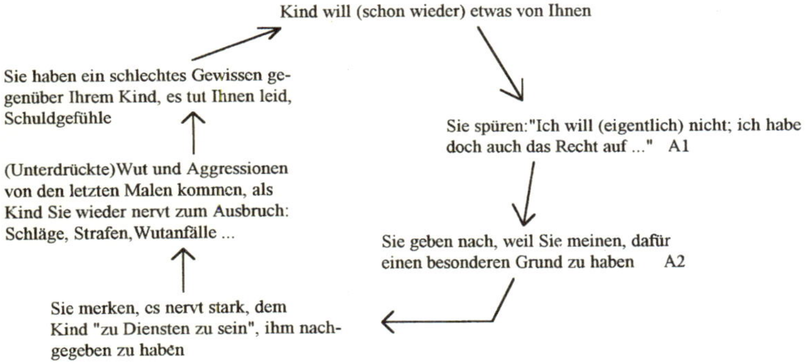

An mindestens zwei Stellen können Sie aus diesem Teufelskreis ausbrechen: Bei Ausweg A1 und Ausweg A2, die im folgenden genauer beschrieben sein sollen.

Ausweg A1: eigene Rechte gegenüber dem Kind aufrechterhalten
Achten Sie auf eine Ruhepause, in der Sie nicht ansprechbar sind, auch wenn Sie meinen, daß dies eigentlich nicht nötig sei! Erst danach geht der Alltag weiter: z. B.: mit Hausaufgabenbetreuung, Einkaufen, gemeinsame Unternehmungen. Hier wird von Ihrem Kind Rücksichtnahme gefordert! Erläutern sie dem Kind Ihre Bedürfnisse und treffen Sie genaue Abmachungen (Uhrzeit!). Auch Sie haben ein Recht auf Freizeit ohne Ihre Kinder. Zugegeben, es fällt nicht immer leicht, dies im Familientrubel zu arrangieren, aber es muß sein:

– Sie brauchen es für Ihre seelische Ausgeglichenheit

- die Kinder haben es nötig, damit sie Sie nicht in ihrem Anspruchsdenken total vereinnahmen; dadurch, daß Sie dem Kind die Realität vorenthalten (nämlich Ihre Erschöpfung, Ihr Ruhebedürfnis, Ihre Zeit für sich), verwöhnen Sie das Kind [→23], was unterm Strich dem Kind schadet.

Abends ausgehen: bei kleineren Kindern gibt es Babysitting-Möglichkeiten in Familie, Nachbarschaft, Bekanntschaft, Ausreden gibt es daher praktisch keine; können Sie es trotzdem nicht: Ausweg 2 anwenden. Bei größeren Kindern Abmachungen treffen mit der „niederlagelosen Methode“ oder dem Familienrat. Lautstärken-Belästigung (Radio, CD) brauchen Sie sich nicht gefallen lassen und überhaupt: Fassen Sie alles, was Sie stört, in verständliche Worte, schlucken Sie nichts hinunter! Bedenken Sie, daß Sie durch Ihr Verhalten stets auch als Modell für Ihre Kinder dienen, ob Sie dies wollen oder nicht. Als hervorragende Methode bewährt sich dabei die vollständige Ich-Botschaft (Kapitel 3.2).

Ausweg A 2: Siehe Kap. 3.6

5. Eltern achten die Rechte der Kinder

Setzen Sie sich mit folgenden Gedanken auseinander:

- Das Kind besitzt grundsätzlich Verantwortung.
  Gemäß des allgemein üblichen Rechtsverständnisses bezieht sich dies auf den jeweiligen Entwicklungsstand des Kindes; die Frage heißt: Was ist dem Kind aufgrund seiner geistigen und körperlichen Reife zuzumuten? Dies wird sich *ständig* verändern und die Eltern müssen deshalb auch *ständig* diesen Bereich verändern! Beispiel: Bettmachen, Schuheputzen, Hausaufgaben, Schulegehen, Kleiderkaufen, werden je nach dem Entwicklungsstand des Kindes in seinen Verantwortungsbereich gegeben.
- Der Stärkere unterstützt den Schwächeren, damit er seine Rechte wahrnehmen kann. Rechte und Pflichten ordnen das gemeinsame Zusammenleben; sie sind demokratisch, bauen sie auf Gleichwertigkeit der einzelnen. Deswegen muß jeder einzelne darauf bedacht sein, daß es keine rechtlich Schwächergestellte gibt.
- In der Familie ist durch den Alters- und Reifungsunterschied nicht jeder gleich! Daher kann Gleichwertigsein nicht auch Gleichbehandeln

bedeuten! Kinder kann man sehr wohl die Unterschiede innerhalb der Familie verdeutlichen.

- Durch Alter und Reifung gibt es viele Unterschiede, z. B. beim Schlafengehen und Aufstehen; dadurch, daß im Fernsehen Filme laufen, die schon vielen Kindern geschadet haben, ist eine Wahl nötig; „Erwachsenen macht eben vieles keine Angst mehr", könnte man einem 8jährigen begründen, warum Vater den Film sehen „darf", er aber„lieber nicht". In vielen Filmen kommen Sätze vor, die Kinder schwer verstehen, z. B. (und dann nennen Sie einen Beispielsatz mit schwereren Wörtern, die nicht zum Sprachschatz eines Kindes gehören und durchaus in besagtem Film vorkommen könnte). Sehen Kinder etwas nicht ein, liegt es weniger an der Kraft der Argumente, sondern an den sich negativ auswirkenden bevorzugten Erziehungsstil. Ein verwöhntes Kindes zum Beispiel *will* eben jetzt den Film ansehen; dies hat aber nichts mit Reife oder Unmündigkeit zu tun!
- Auch der Gesundheits- und Fürsorgeaspekt und die öffentlich geltenden Gesetze schaffen Unterschiede, die leicht zu respektieren sind, z. B.: beim Rauchen, Alkoholkonsum, Auto- und Mofafahren.
- Der unterschiedliche Status innerhalb der Familie:
  Oft fällt es Kindern schwer, einzusehen, warum sich Vater an der Schokolade bedienen darf, obwohl Mutter doch „verboten" hat, weiter Schokolade zu essen, „denn die genossene Menge genüge, zuviel schade der Verdauung" o. ä.. Hier ist darauf hinzuweisen, daß zwischen Kindern und Eltern andere Beziehungen bestehen („Du bist mein Kind, ich bin für dich solange verantwortlich, bis du das auch alleine kannst) als zwischen Ehepartnern oder Erwachsenen Mitgliedern einer Wohngemeinschaft („Papa ist nicht mein Kind so wie du, deshalb muß er selbst wissen, was er für richtig hält").
- Auch aus der Tatsache, daß Eltern Geld verdienen, Kinder von ihnen Taschengeld erhalten, ergeben sich oft situativ Ungleichheiten, die Kinder – angemessen erklärt – akzeptieren können.

Diese Unterschiede entstammen nicht Ihrem Kopf, Ihrer Laune oder Willkür, sondern basieren auf den allgemeinen Rechten unserer großen Gemeinschaft, dem Staat. Im Grunde tasten Sie die Gleichwertigkeit des Menschen nicht an. Sie sichern jedem Menschen in der *gleichen Situation* (Alter, Reife) die gleichen Rechte. Wenn Kinder solche Unterschiede ansprechen, dann begründen Sie sie in jedem Fall (egal in welchem Alter das Kind ist) den jeweiligen vom Kind monierten Unterschied. Halten Sie sich aber nicht zu lange in (meist auch immer wieder denselben) Diskussionen auf (Nahziel 1!). Entscheidend ist: Es gibt gute Gründe für diese Art von Ungleichbehandlung; dies akzeptieren in der Regel die Kinder schnell; für sie ist es wichtig, daß kein Machtspiel vorliegt, denn dagegen wehrt sich das Kind.

Die Mutter ließ sich von ihrer Freundin ein Sommerkleid nähen. Da noch viel übrig geblieben war, reichte der Stoff auch noch für ein Kleidchen für die dreijährige Tochter Martina.
Beim Probieren standen sie beide nebeneinander vor dem Spiegel; da rief Martina:
„Schau Mutti, jetzt sind wir Zwillinge!“

Und damit sind wir auch am Ende der „ungleichen“ Rechte angelangt. Sie können daher dem Kind keine weiteren rechtlichen Einschränkungen aufbürden (quasi aus Willkür und Laune heraus):

- Es gibt kein „Recht auf Strafe“ → Es gibt andere wirkungsvolle Erziehungsmittel/Methoden, so daß Sie diese Methode dem Staat überlassen können; besser: Folgen wirken lassen, gemeinsam Abmachungen treffen.
- Auch das Kind hat sein Rückzugsgebiet, das Sie respektieren (Zimmer; klopfen Sie!).
- Wenn Sie das Kind wie einen guten, erwachsenen Gast (!) betrachten, dann werden Ihnen einige „Grenzüberschreitungen“ deutlicher bzw. Sie können Sie besser vermeiden:

- im Ton (Stimmlage), wie Sie mit Kindern reden
- im Zugriff auf seine „Privatsachen“
- in der Art, wie Sie auf Wünsche und Absichten eingehen und argumentieren
- Was Kind mit seinem Taschengeld macht ist seine Sache (geben Sie ihm genügend, so daß es auch damit haushalten lernt!); Taschengeld „mit Bedingungen“ ist Machtausübung!
- Was Ihr Kind anzieht, was Ihr Kind ißt
- Auswahl seiner Freunde
- Tätigkeiten in der Freizeit
- Die Probleme und Konflikte des Kindes gehören dem Kind! Verwandeln Sie sie nicht „aus Liebe“ zu Ihren eigenen Problemen, die Sie zu lösen versuchen!
- Falls sie Gehorsam fordern müssen, bieten Sie eine stichhaltige (auf

Basis gemeinsamer Abmachungen oder allgemeingültiger Gesetze) Begründung an.

Fazit:

- Versuchen Sie in allen wichtigen Bereichen, in denen es zu Spannungen und „Ungerechtigkeitsgefühlen" kommt, *gemeinsam* mit dem Kind *klare* Abmachungen zu treffen. Notieren sie diese und hängen Sie diese aus („Schwarzes Brett" oder ähnliches; natürlich dürfen dies auch die Kinder).
- In Bereichen, in denen das Kind Hilfe anfordert, können Sie sich als *Berater* anbieten (nicht aufdrängen!). Ohne zu predigen (siehe „Kommunikationssperren") geben Sie die gewünschten Informationen, wobei Sie die Entscheidungsfreiheit des Kindes beachten.

Versuchen Sie leicht praktikable Abmachungen auszutüfteln, die für die Gruppe und den einzelnen „stimmen", da sie frei sind vom Verdacht auf Willkür und Machtausübung.

6. Mit Mitleid konstruktiv umgehen

Wir geraten immer wieder in Situationen, in denen unsere Verbundenheit, unser Einfühlen in den anderen und dessen Leid und Schmerz uns mitleiden lassen. Mit unserer gesamten Haltung nehmen wir am Leiden teil. Diese wichtige menschliche Fähigkeit kann zum Trost und zur nötigen Ermutigung beitragen, in dem wir das unmißverständliche Signal senden: Du gehörst zu uns, dein Verlust, dein Leiden schmerzt uns, weil wir dich mögen, weil du uns etwas bedeutest.

Es gibt viele Situationen, in denen es nicht beim Mitfühlen bleiben kann, sondern tatkräftige Reaktion gegenüber dem Leidenden vonnöten ist. Mitgefühl zeigen ist wichtig und nötig. Trotzdem kann das Mitleid in der Erziehung auch problematisch werden: Denn bemitleiden wir ein Kind, könnte es eventuell (!) die Meinung bilden: „Wenn mich andere bemitleiden, dann habe ich es wirklich schwer." Es wird beginnen, sich selbst zu bemitleiden. Zum Leid kommt somit noch das Selbstmitleid hinzu und so verstellt sich das Kind den Weg zum selbständigen Weiter-Handeln trotz des Leidens! Das Selbstmitleid „frißt" die Motivation, den Tatsachen ins Auge zu sehen und das zu tun, was jetzt erforderlich ist. Durch das Selbstmitleid fühlt es sich nicht mehr in der Lage selbst zu handeln und erwartet, daß andere etwas unternehmen.

Das Leiden – frei von Selbstmitleid – drängt nach einer gewissen Zeit des Beeindrucktseins zum Handeln, das Gegebene gewissermaßen zu akzeptieren und auf der Basis des vorhandenen Selbstvertrauens nach vorn zu schauen und das Nötige zu unternehmen. So lernen auch Kinder Enttäuschungen und Schäden zu ertragen und vorwärts zu schauen!

Falsch verstandenes Mitleid erzeugt Selbstmitleid und verhindert eine solch „gesunde Reaktion".

- Das Kind erwartet vielmehr, daß andere an seiner Statt etwas tun
- Es lernt nicht, mit Enttäuschungen konstruktiv umzugehen, sondern wird anfällig, auch in ähnlichen Situationen „hilfsbedürftig" zu sein
- Erleben Kinder öfters Niederlagen und ihnen wird unzureichend geholfen, dann sind sie überzeugt, daß ihnen die Gesellschaft, die Gruppe etwas schuldet. Sie fühlen sich im Recht, angesichts ihres Elends, nichts zu tun und andere, denen es besser geht, zu beschuldigen, an ihrer mißlichen Lage schuld zu sein.

Leiden, Probleme, Schicksalsschläge – niemand ist vor ihnen sicher, sie gehören zum Leben. Wir Erwachsenen können durch unser Vorleben (= Lernen am Modell) →25 dem Kind zeigen, wie in Krisen trotz Leidens konstruktiv und selbstbewußt gehandelt werden kann, indem wir das tun, was angesichts der neuen Lage erforderlich ist.

7. Bewußte „Klimapflege" belebt das Familienleben

Die Familie ist ein lebendes System, das ständig Problemen, Belastungen, neuen Situationen ausgesetzt ist und darauf reagiert. Ohne daß wir selbst immer aktiv handeln, kann in einer Woche sehr viel geschehen: Krankheit des Jüngsten, Nöte der Mittleren, Vater vier Tage auf Dienstreise, Mutter hat ungünstige Schicht. Wir sollten nicht nur einfach den Alltag hinnehmen und reagieren, sondern bewußt das, was in der Familie geschieht, überdenken und gestalten. Indem wir ständig auf ein lebensbejahendes konstruktives Klima achten, bleiben wir Handelnde und bewältigen zuversichtlich durch ein konstruktives Miteinander unsere jeweiligen Aufgaben.

- Immer wieder Möglichkeiten finden, etwas gemeinsam zu unternehmen; gemeinsame Interessensgebiete erkennen und pflegen, dabei aber nicht der Versuchung und Gefahr erliegen, eigene Interessensgebiete zu denen der Kinder zu machen; Gemeinsamkeiten pflegen. Einander als Gruppe, die miteinander Spaß hat, erfahren lassen, die einander als verläßliche Kameraden erlebt, denen man sich anvertrauen kann. In der heutigen Terminnot des Alltags empfiehlt es sich, auch die Zeiten des gemeinsamen Spielens vorher (z. B. zu Wochenbeginn) in etwa festzulegen.

● Kameradschaftlicher Umgang: Wir vergleichen uns nicht miteinander
In Familien gibt es immer (offen oder verdeckt) Eifersüchteleien unter den Geschwistern. In der Wettbewerbs-Konkurrenz-Gesellschaft können es Erziehende nicht vollständig unterbinden, daß Kinder dieses Verhalten von „außen“ immer wieder mitbringen. Kameradschaftlicher Umgang bedeutet, daß Sie als Erziehende des Bewußtsein fördern, daß jedem seine eigene Entwicklung und sein eigenes Entwicklungstempo zusteht, jeder seine Stärken besitzt.

Fördern Sie das Interesse am andern, an dessen Fortschritt, verhindern Sie Vergleiche (meist sind sie wegen des Altersunterschiedes sowieso ungerecht), unterstützen Sie gegebenenfalls den einzelnen, sein „Spezialgebiet“ zu finden. Die Familienmitglieder sollten sich fragen:

Wozu vergleiche ich mich → mit Partner, mit Schwester, Bruder?

Auch die Ehepartner hinterfragen immer wieder ihre Eifersüchteleien. Ehrlich beantwortet, bringt dies Hinweise auf Überlegenheitsstreben, auf das Gefühl wenig beachtet und anerkannt zu werden (das kann ja stimmen, muß also nicht automatisch Nahziel 1 sein).

● Das Wir-Gefühl wachsen lassen
Das negative Reden über Abwesende – auch ohne böse Absicht – vergiftet häufig unseren Lebensraum Familie. Unterschwellig wirken Motive, die den anderen abwerten bzw. eine Selbsterhöhung anpeilen (→ Ziel des Handelns). Wozu reden wir mit anderen über abwesende Dritte (aus der Familie); die Mutter mit dem Sohn über den Vater; die Tochter mit der Mutter über den Sohn? Vorsorglich könnten wir darauf achten, daß es niemand nötig hat,

- sich auf Kosten anderer bei einem Gruppenmitglied einen Vorteil zu verschaffen
- einen Angehörigen als Ersatzperson für den Ehepartner zu gebrauchen
- seine Angst vor dem anderen auf diese Weise auszudrücken.

Lernen wir daher bewußt miteinander Gespräche zu führen. Gordons Methoden lassen sich ebenso wie Blumenthals Vorschlag (siehe Kapitel 3.2) leicht von allen Familienmitgliedern „so nebenbei" allmählich erlernen und ermöglichen so einen partnerschaftlichen Umgang in gegenseitiger Achtung.

● Einander verstehen und offen miteinander umgehen
Rechthaberei belastet auf Dauer jede Gemeinschaft; aber auch das Gegenteil schadet dem Zusammenleben: das Nachgeben, meist „um des lieben Friedens willen". Allein die Erfahrung, daß es keine objektive Wahrheit gibt, daß wir unsere Wahrheiten ja selbst produzieren (→ siehe Meinungen, Brille, private Logik), entlarvt Rechthaberei als Kampf: meine Wahrheit gegen deine Wahrheit! Rechthaberei ist Machtkampf (→ Nahziel 2 und kann auch mit den dort beschriebenen Ideen „behandelt" werden). Stärkt man das Selbstwertgefühl des rechthaberischen Mitgliedes, hat es diesen Kampf nicht mehr nötig. Offenheit kann durch das gegenseitige Gefühl der Gleichwertigkeit in der jeweiligen Gruppe entstehen; keiner fühlt sich dann schlecht oder wertlos, bzw. herabgemindert, wenn er seine Probleme, Mängel zugibt oder sie zur Sprache kommen. Denn durch das Bewußtsein, daß Tat und Täter unterschieden werden, verliere ich als Person trotz Fehlers nicht meinen Wert; lediglich mein aktueller, situativer Fehler wird kritisiert. Nachgeben wird daher auch nicht als persönliche Niederlage gewertet.

Offenes Ansprechen von Problemen – weil keine Angst hemmt – ermöglicht die Problemlösung bereits im Anfangsstadium: Es verhindert so schmerzhafte und länger dauernde Reibereien, Mißverständnisse, Heimlichkeiten, Parteienbildung und Rivalitätskämpfe, die bei jeder „harmlosen" Kleinigkeit wieder aufbrechen können. Ich werde meine Bedürfnisse und Wünsche offen ansprechen können, wenn das Wir-Gefühl und das gegenseitige Vertrauen mich sicher machen, daß es wegen meiner Offenheit kein Nachspiel geben wird.

● Eltern tauschen regelmäßig ihre Wahrnehmungen und Ansichten aus
Ein regelmäßiger offener Austausch der Wahrnehmungen und Wertungen des Verhaltens (des Kindes) begünstigt ein förderliches Miteinander. In einer partnerschaftlichen Beziehung kommt es sicher nicht darauf an, „einen Nenner" in Sichtweise und Interpretation zu erreichen. Allerdings erleichtert es die Erziehung erheblich, könnten sich die El-

tern zu einem vom Kind als *einheitlich und vor allem eindeutig* empfundenen Erziehungsverhalten durchringen.

Das bedeutet meist, daß ein Elternteil „nachgibt“, d.h. eine Erziehungsmaßnahme entspricht trotz gemeinsamer Erörterung nicht den Auffassungen beider Partner. Dies ist kein Nachteil; echte Partner achten darauf, daß der nachgebende Teil immer wieder wechselt.

Bei Th.Weiß fand ich eine schöne Idee:
Der Münzwurf oder gerade/ungerade Tage entscheiden, welcher Elternteil bestimmen darf.

Gerade die letzte Idee ist für die Kinder praktisch, da sie am Kalender ablesen können, wen sie fragen und wen sie danach (!) nicht auch noch ansprechen dürfen. Der Ehepartner, der nicht entscheidet, notiert/überlegt, was er an der Entscheidung des Ehepartners lobenswert findet!

Dies kommt im gemeinsamen „Abstimmungsgespräch“ (im Sinne von „sich abstimmen“) zur Rede. Dort geht es aber, sobald mehrere Kinder da sind, um die Geschwisterdynamik, wie sie sich in den Meinungen der Kinder niederschlägt. Kein einzelnes Kind kann dann noch allein betrachtet werden bzw. als Einzelwesen verstanden werden!

8. Zuviele Worte machen „taub“

Immer wieder reden Erwachsene viel zu viel an ihre Kinder heran, mit der gutmeinenden Absicht, zu belehren, Ideen zu geben oder sie auf etwas Wichtiges vorzubereiten.

Eltern reden oft auch aus Unentschlossenheit, wenn sie etwas (z.B.: eine Frage oder einen Wunsch des Kindes) noch nicht entscheiden können. Ständige Wiederholungen anscheinend wichtiger Erfahrungen „nerven“ aber die Kinder. Und was Sie selbst nachprüfen können: 80 % dessen, was so an ein Kind herangeredet wird, weiß es selbst! „Wenn du über die Straße rennst, kann dich ein Autofahrer überfahren“; „du hast schon wieder die Hausaufgaben nicht gemacht“; „es regnet draußen, zieh deinen Anorak an“; „es ist jetzt 21 Uhr“.

Beobachten Sie einmal Erziehende, die sich gerade aufregen. Wieviel prasselt da auf das Kind nieder; in Wirklichkeit redet da jemand seine Erregung weg, erleichtert sich da einer inneren Spannung! Doch erzieherisch haben diese Rede- und Belehrungs„anfälle“ kaum positiven Effekt!

Übermäßiges Reden verhindert Gespräche und ist kein Mittel des Miteinanderlebens.

Es lohnt sich auch Möglichkeiten zu entdecken, das Schweigen an den richtigen Stellen positiv wirken zu lassen!

3.5 Dem (Problem-) Kind zur Selbsterkenntnis helfen

Als Rudolf Dreikurs das System der Nahziele entwickelte, war es ihm sehr wichtig, den Eltern ganz konkrete Anweisungen zur Hand zu gehen, damit sie sich auch wirklich helfen können. Die 7-Schritte-Methode (Kapitel 3.1) ist gewissermaßen eine Weiterentwicklung jener Ideen, motiviert durch den Gedanken, daß Dreikurs' Erkenntnisse viel zu gut sind, als daß sie in bloßem Aktionismus verkommen dürfen.

Um den Veränderungsprozesses zu beschleunigen, nutzte Dreikurs den Gebrauch des „Erkennungsreflexes“: Das Wort Erkenntnislächeln weist ebenfalls auch diese typische menschliche Reaktion, die viele auch Aha-Effekt nennen, hin: Es ist diese automatische Reaktion, die der Mensch zeigt, wenn er plötzlich etwas erkennt, in diesem Fall, wenn ihm plötzlich etwas über sich selbst klar wird. Dann lächelt der Mensch unwillkürlich, fast reflexartig. Dabei sei ein „eigenartiges Zwinkern der Augen“, wie es Dreikurs nannte, zu beobachten, wenn er sich erkannt fühlt.

Dreikurs nutzt diese menschliche Eigenart, um dem Kind das bisher unbewußte Nahziel bewußt zu machen. Er setzt dies in einem Stadium ein, wo die Veränderung bereits läuft. Und, wie Sie wissen, erlebt ja das Kind in ermutigender Atmosphäre und neuem Elternverhalten (flankiert auch durch neue Re-Aktionen der Gruppenmitglieder in Schule, Kindergarten, Familie) sich selbst, seine Leistungsfähigkeit, seine Eigenschaften und Beziehungen zu den Mitmenschen und den verschiedenen Aufgaben anders als früher.

Trotzdem zeigt es, jetzt eher aus Gewohnheit, als aus seelischer Notwendigkeit immer noch Nahzielverhalten. Und in diesem Stadium erkennt das Kind, nun sich viel weniger bedroht fühlend und sich (unbewußt) schon viel mehr zutrauend, urplötzlich auf bestimmte Fragen nach dem Nahziel, dieses unbewußte Ziel.

Und da das Kind sich ja unbedrängt fühlt, kann es viel gefahrloser auch „zugeben" (das muß ein selbständiger, spontaner Erkenntnis-Akt des Kindes sein!) und einsehen, daß dies ja alles gar nicht mehr stimmt! Jetzt ist alles anders als früher!

Und wenn nach einer Weile, Macht der Gewohnheit, das Kind wieder zum Nahziel-Verhalten „ansetzt", kann es in günstigen Fällen sogar selbst über sich schmunzeln und sagen, daß es ja schon wieder „Aufmerksamkeit" erzwingen will, dabei „bekomme ich die ja eh ..." Dann wird es die Mutter eben nicht herbeirufen und die Rechenaufgabe selbst versuchen, wissend, daß Mutter/Vater später Zeit haben wird.

Die Regel ist das freilich nicht. Aber der Veränderungsprozeß wird begünstigt, die Eltern werden behutsam an das einmal „erlächelte" Nahziel erinnern. Vielleicht bricht das Kind dann von sich aus das Nahziel-Verhalten ab.

Die folgende Aufstellung gibt Ihnen einen Eindruck von der Art der Fragen, die ein solches Erkenntnislächeln (in der besagten Veränderungsphase) begünstigen können.

- Diese Fragen
  - dürfen das Kind nicht bloßstellen oder eine Beschuldigung enthalten oder als solche vom Kind verstanden und empfunden werden können
  - sollten so gefaßt sein, daß das Kind spürt, daß Sie nur vermuten, ja raten, also nicht wissen; daher gebrauchen Sie vage Formulierungen.

Die Achtung vor dem Kind verbietet Ihnen das „Besserwissen", obwohl Sie durch Schritt 4 der 7-Schritte-Methode in etwa das Nahziel kennen.

● Diese Fragen sind meines Erachtens sinnvoll während Schritt sechs und sieben. Sie passen Sie nahtlos in eine Ihnen geeignete Situation ein. Die Aktion geschieht völlig unauffällig, so nebenbei, ohne große Doktorei und Extratusch des Allwissenden. Gebrauchen Sie daher die folgenden Ideen – wie gewohnt – nur als Anregungen.

Bevor Sie die speziellen Fragen zu dem Nahziel stellen, holen Sie sich – gemäß partnerschaftlicher Erziehung – höflich die Erlaubnis ein, ob das Kind überhaupt die Gedanken und Vermutungen der Erziehenden über sein Verhalten wissen möchte, ob es daran interessiert sei zu erfahren, wozu es dies tue bzw. unterlasse.

„Darf ich mal raten, was dich zu dem → Problemverhalten, z. B. dauerndem Dazwischenreden, bringen könnte? Und danach folgt die spezielle Frage zu dem vermuteten Nahziel.

Bei einen Nein geben Sie ihre Absicht ohne Überredungsversuche sofort auf: die Entscheidungsfreiheit des Kindes ist zu respektieren. Falls es nun Zustimmung und Interesse signalisiert, fragen Sie direkt zum bereits von Ihnen in Schritt 4 erkannten Nahziel.

Die speziellen Fragen zu den Nahzielen:

Nahziel 1: Ungebührliche Aufmerksamkeit erregen

Ich habe manchmal den Eindruck, daß du willst, daß .../Könnte es sein, daß du willst, daß ...

- ich mich öfters mit dir abgebe .../ mit dir beschäftige .../ mit dir etwas unternehme ...
- ich dich mehr beachte .../ ich etwas Besonderes für dich tue, z. B.: ...
- die Klassenkameraden/Geschwister ... dich stärker beachten, über dich lachen ...
- du beachtest wirst und im Mittelpunkt stehen kannst?

Nahziel 2: Überlegenheit zeigen/Machtkampf gewinnen

Könnte es sein, daß .../ Einem Außenstehenden könnte der Gedanke kommen, daß .../ Ich kann mich täuschen, aber manchmal sieht dein Verhalten für mich aus , als ob ...

- du der Bestimmer, Chef, Boß, Star, King, Anführer, Verantwortliche ... sein willst?
- du mir zeigen willst, daß wir dir nicht gewachsen sind ..., daß du dich

gegen uns durchsetzen kannst ..., daß du dich von uns /von mir zu nichts zwingen/befehlen läßt?
- du selbst bestimmen willst, was du tust, daß wir da gegen dich keine Chance haben?

Nahziel 3: Sich rächen

Trifft es möglicherweise zu, daß .../ Könnte es sein, daß .../ Stimmt eventuell die Vermutung, daß ...
- du mich für .... bestrafen willst ... mich bestrafen willst, um .../ damit ich ... / du dich rächen willst, damit ich ... / du mir wehtun willst, damit ich .../ du willst, damit ich mir böse/schlecht/ als Versager vorkomme .../ du das, was ich getan habe, total ablehnst/haßt und mich daher verletzen willst/ wehtun willst ...

Anstelle der Lücken setzen Sie den genauen Zweck ein.

Nahziel 4: Unfähigkeit zeigen

Für mich sieht es manchmal aus, als ob du mit dem ... → Problemverhalten .../ Ich frage mich schon lange, ob du ..../ Könnte es sein, daß du ...
- mir zeigen willst, daß du in Ruhe gelassen werden willst, da du meinst, du bist dumm/ungeschickt/ unfähig und es nicht willst, daß dies die anderen merken?
- du in Ruhe gelassen sein willst; vielleicht aus Angst zu versagen oder ausgelacht zu werden?
- du nicht dauernd Forderungen, Bitten, kluge Wünsche, unsere Befürchtungen und Sorgen um dich hören willst?

Diese Fragen können dem Kind zur Selbsterkenntnis verhelfen. Treffen sie zu, zeigt es das Erkenntnislächeln. Wenn das Kind die Vermutung ablehnt oder unschlüssig ist, verrät es Ihnen aber durch seine Körperhaltung, durch Mimik und Gestik, ob es Ihre Deutung/Vermutung trotzdem „erkannt“ hat und sie nur nicht zugeben will. Es besteht keine Notwendigkeit, argumentativ nachzusetzen. Falls das Kind zur Selbsterkenntnis gelangt ist, ist es ja gut, wenn nicht, ist es vermutlich, falls die hier geschilderten Hinweise beachtet wurden, noch nicht so weit, fühlt sich noch zu stark in Spannung und fürchtet sich vor Niederlagen.

Einem neuen Versuch, einige Wochen später, mit neuen Formulierungen ist nichts entgegenzusetzen.

Bitte beachten Sie:
- Das Kind ist zur hilfreichen Selbsterkenntnis bereit, wenn die Fragen im wohlwollenden Ermutigungsprozeß eingebettet sind, in dem die partnerschaftlich Erziehenden sich als gleichwertig mit dem Kind verstehen
- Selbsterkenntnis ist dem Kind möglich, wenn es im Ermutigungsprozeß bereits erlebt hat, daß sich vieles verändert hat und daher auch einige Grundmeinungen/Einstellungen so nicht mehr stimmen, d.h., wenn sich das Kind nicht mehr bedroht und unter Druck fühlt.
- Selbsterkenntnis ist ein selbständiges Handeln des Kindes, in dem es sich unbewußte Zusammenhänge selbständig ins Bewußtsein ruft.
- Beweisführung, Überzeugungskünste, Belehrungen, Besserwisserei, Beharren auf das Wissen des Erziehenden verhindern den Selbsterkenntnisprozeß und wirken sich negativ auf den Veränderungsprozeß aus, da sie Widerstand erzeugen.
- Die Entscheidung des Kindes („Nein, so ist es nicht!") ist widerspruchslos zu akzeptieren.
- Erkenntnislächeln/-reflex beachten, auch seine nicht in Worten ausgedrückten Erscheinungsformen.
- Die aufgelisteten Fragen behutsam in die jeweilige Situation einpassen, vermeiden Sie daher die „Könnte-es-Sein-itis"!

Vielleicht noch ein Hinweis, warum das Nutzen des Erkenntnislächelns, obwohl es doch themenmäßig dort hingehört, nicht in der 7-Schritte-Methode aufgenommen ist: Oft stellen Erziehende viel zu früh im Ermutigungsprozeß diese Frage und beachten zu wenig Hinweise, weil sie selbst noch nicht mit der Ermutigungsmethode vertraut sind. Der dadurch erlebte Mißerfolg entmutigt alle Beteiligten und erschwert den Veränderungsprozeß erheblich.

Beispiel:
Mutter sitzt im Wohnzimmer und liest. Die achtjährige Tanja spielt mit ihrer größeren Schwester im Kinderzimmer. Die Familienatmosphäre ist entspannt; die Eltern anerkennen die Bedeutung von Ermutigung und partnerschaftlicher Erziehung. Innerhalb zehn Minuten erscheint Tanja dreimal! Jedes Mal zeigt sie ein Legohäuschen, an dem sich einige Klötzchen jeweils verändert haben. Mutter fiel schon öfters auf, daß die Kleine sie beschäftigen will (Nahziel 1). Da sie jetzt einen geeigneten Augenblick sieht, spricht sie das an:
Mutter: Ich merke, daß du in zehn Minuten schon dreimal gekommen bist. Dir gefällt es wohl, mir das zu zeigen?
Tanja: Ja klar. Ich kann gut bauen.

Mutter: Das stimmt (*ermutigender Impuls*). Du verstehst aber sicher, daß ich auch mal eine halbe Stunde ganz ungestört lesen möchte.
Tanja: Jaaaa ...
Mutter: Ich glaube, mir ist vorhin eingefallen, warum du so oft kommst.
Tanja: Und, was meinst du?
Mutter: Könnte es sein, du kommst so oft, dreimal in zehn Minuten, weil du willst, daß ich mich mehr mit dir abgebe, dich mehr beachte? (*Aufdeckung des Nahzieles*)
Tanja (*lächelt*) (*Erkenntnislächeln*): Vielleicht ...
Mutter: Der gleiche Gedanken ist mir auch schon mal gekommen, als mir auffiel, daß du mich dauernd bei den Hausaufgaben rufst. (*Einsicht des Nahzieles wird auf ähnliche Bereiche übertragen in wohlwollender, entspannter Atmosphäre*) Dabei kannst du doch die Aufgaben fast immer. (*Bewußtmachen des Könnens, ermutigender Impuls, Stärkung des Selbstwertgefühls*)
Tanja (*lächelt*) (*Erkenntnislächeln*): Es ist schön, wenn du kommst und bei mir bist.
Mutter. Ja, es ist schön mit dir. Und wir haben dich ganz lieb. Das ändert sich nicht. Mama und Papa brauchen manchmal eine Stunde Pause (*Stärkung des Selbstwertgefühles, des Gefühls angenommen, geliebt zu werden*).
Tanja: Ja klar.
Mutter: Du weißt ja auch, daß wir viel miteinander unternehmen. Nachher gehen wir ins Hallenbad, morgen ... (*Hinweis kann bewußter machen, daß Nahzielverhalten nicht mehr nötig wäre*)
Tanja: Stimmt ja!
Mutter: Da fällt es dir sicher leichter, nicht so oft zu kommen.
Tanja: Könnte schon sein.
Mutter: Ich glaube schon, versuch's mal!

3.6 Projekt für Festentschlossene

Das hier vorgestellte Projekt ist als Angebot zu verstehen, sich mal einen ganz neuen „tieferen“ Zugang zu Problemsituationen zu bahnen. Es ist allerdings günstig, wenn Sie sich dafür viel Zeit nehmen und nicht gerade in einem aktuellen, heiß machenden Konflikt stecken. Ruhiges Betrachten in entspannter Atmosphäre ist dabei ebenso vorteilhaft, wie das Bewußtsein, daß einige Etappen ganz „dicke Brocken“ sein könnten. Daher ist eine gründlichere Kenntnis von Kapitel eins und zwei zu empfehlen.

- **Projekt:**

Erkennen, warum und wozu ich immer wieder nachgebe

Bereits im Kapitel 3.4, Punkt 4 „Kinder achten die Rechte der Eltern“ erwähnte ich jenen häufigen Fall, daß Erziehende sich zwar etwas vornehmen, zum Beispiel konsequenter gegenüber ihren Kindern zu sein, doch wenn es kritisch wird, halten sie nicht durch. Für sie gibt es dann – plötzlich – einen guten, „besonderen Grund“, dem Kind doch nachzugeben.

Wenn Sie es dabei nicht bewenden lassen wollen, kann Ihnen dieses Projekt weiterhelfen.

Denn: Dieser „besondere Grund“ verhindert ja, daß sich etwas wirklich verändert! Er liegt wie ein riesiger Klotz auf der Schiene, die in Richtung Veränderung führt.

Entlarven Sie nun diese „besonderen Gründe“ als Hindernisse zum Wohlfühlen in der Familie.

(Dieses Projekt gilt auch als A 2 für Kapitel 3.4, Punkt 4)

Dieses Nachgeben in Situationen, in denen Sie „vom Kopf her“, von Ihrer erzieherischen Absicht, eigentlich ursprünglich durchhalten wollten, erzeugt sehr schnell danach Frustration und Aggression gegen das Kind (das es mal wieder geschafft hat) und gegen sich selbst (weil Sie mal wieder umfielen, schwach wurden oder Sie eben keine Änderung erreichen können). Die „besonderen Gründe“ verblassen in dieser Stimmung wieder.

Doch in einer neuen, ähnlichen Situation wirkt dieser „besondere Grund“ wieder unvermindert.

Dies zeigt nochmals der Teufelskreis:

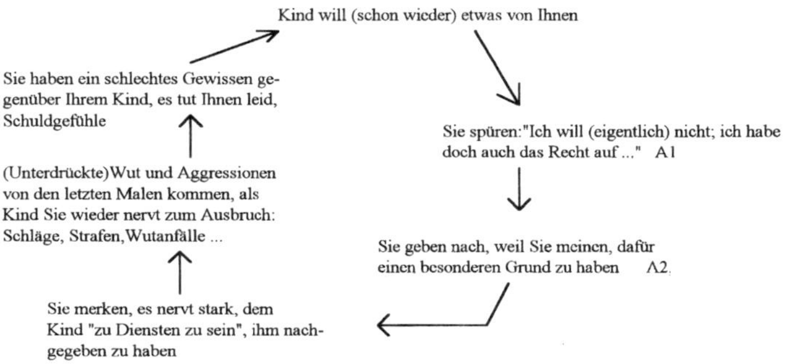

Hierzu bietet sich eine „Selbst-Entdeckungsreise" in vier Etappen an:

Etappe 1: Den Grund für Ihr (öfteres) Nachgeben nennen
Etappe 2: Zugrunde liegende Befürchtungen formulieren
Etappe 3: Meinungen er„raten"
Etappe 4: Mögliche Ziele/Zwecke aufspüren

Etappe 1: Den Grund für (öfteres) Nachgeben nennen
Erkennen Sie möglichst genau die Gründe Ihres Nachgebens bzw. Ihres Ertragens von Verhaltensweisen, die Sie nerven; notieren Sie ausführlich.

Etappe 2: Zugrunde liegende Befürchtungen formulieren
Was befürchten Sie (möglicherweise), daß passieren könnte, wenn Sie nicht nachgeben, zurückstecken, durchhalten? Notieren Sie!

Formulieren Sie danach die gesammelten Befürchtungen in Sätze nach folgendem Muster um:

Wenn ich jetzt an mich denken würde, und ..., *dann* ...

Beispiel: *Wenn* ich jetzt an mich denken würde und ihm nicht bei den Hausaufgaben helfe, sondern mich in mein Zimmer zurückziehe, *dann* macht er keine Hausaufgaben oder höchstens ganz schlampig und unvollständig, und morgen denkt die Lehrerin, ich kümmere mich nicht um mein Kind.

Etappe 3: Grundmeinungen er„raten"
Aus welche Ihrer Meinungen (aus der Kindheit) [→2] könnten die aktuellen Befürchtungen stammen? Lassen Sie diese Frage einige Minuten wirken, Sie werden bald wertvolle Hinweise und Ideen aus Ihrem Unbewußten erhalten (= plötzliche Gedankeneinfälle)! Notieren Sie diese Ideen!

Zwei Beispiele sollen relativ häufige festgestellte Meinungen und ihre möglichen Auswirkungen auf das aktuelle Verhalten zeigen:

Mögliche Grundmeinung, entwickelt in der Kindheit:		**So wirkt sie auf mein aktuelles Verhalten:**
Beispiel 1:		
Bin ich brav/gut/problemlos/tüchtig, dann beachtet man mich, sonst ist man unzufrieden, schimpft, demütigt mich, liebt mich nicht (mehr).	→	Ich muß/will eine **gute Mutter** sein (sonst ... denkt die Lehrerin über mich ... sonst merken all, was für eine ... ich bin).
Beispiel 2:		
Ich genüge nicht den Anforderungen, bin schlecht, dumm ...	→	Möglich: Ich erziehe mein Kind schlecht, ich bin schuld an den Problemen des Kindes ...
Ich bin an vielem Leid schuld und muß es wieder gut machen ...	→	Ich gebe ihm zuwenig Zeit/Zuwendung/Liebe ... —› **Schuldgefühle**
Ich bin ein Egoist, weil ich viel zu viel an mich denke und das ist schlecht ...	↗	

Falls Sie sich auf das Ermitteln solcher zugrundeliegender Meinungen stärker konzentrieren wollen, dann forschen Sie zusätzlich nach den möglichen Kindheitssituationen, in der Sie die mögliche Meinung entwickelt haben könnten. Während Sie sich diese damaligen Vorgänge ins Bewußtsein ziehen, seien Sie gleichzeitig darauf gefaßt, daß sie unter Umständen wieder ins Unbewußte abtauchen wollen: Durch plötzliches Vergessen oder aber durch Vernunftgründe, mit denen Sie die gerade gewonnenen Ideen „als Unsinn" wieder verwerfen.

Etappe 4: Mögliche Ziele/Zwecke aufspüren

Betrachten Sie die bei Etappe 3 erhaltenen möglichen Meinungen. Wie in Kapitel 1 gezeigt, strebt menschliches Handeln auf ein Ziel [→7] zu. Es gilt Ziele zu finden, die zur Meinung aus der Kindheit (Etappe 3) passen. Sie wirken, da nicht aufgegeben oder verändert, auch heute noch! Notieren sie hier Ideen zu möglichen Zielen, verwerfen Sie keine, erscheint sie Ihnen auch noch so unsinnig!

Der Grundgedanke dieses Schrittes:

Ihr bisheriges Verhalten (Schuldgefühle entwickeln/schlechtes Gewissen oder „will gute Mutter sein") verfolgte einen Zweck: Unbewußt wirkte Ihr Verhalten als geeignete Methode, ein empfundenes Minus (das in Ihrer Meinung „steckt") in ein Plus zu verwandeln, um damit ein stabileres Selbstwertgefühl zu erlangen. Ihnen nutzte also Ihr Verhalten, mit dem Sie im Teufelskreis bleiben. Ja man kann sagen, dieses Hängenbleiben im Teufelskreis,

- das Ihnen so offensichtlich Probleme und Streß bringt
- Sie daran hindert, an sich selbst zu denken, die eigenen Rechte zu beachten,
- dieses Verhalten, das Sie vielleicht sogar gesundheitlich gefährdet und Sie total „fertig macht", bringt Ihnen – unbewußt (d.h. sie haben kaum Ahnung davon und können praktisch nichts dagegen tun) Vorteile, Nutzen!

Das ist absurd?

Es ist nicht sofort einsehbar – d.h. vom Unbewußten ins Bewußtsein zu bringen, klar.

Doch bevor Sie verärgert weiterblättern, schauen wir uns doch in den beiden verwendeten Beispielen von Etappe 3 den jeweiligen (bisher eher unbewußten) Nutzen an:

Beispiel 1 von Seite 175 (die „gute Mutter"):
Die „gute Mutter" arbeitet ständig, wir können uns den stressigen Tag gut vorstellen; sie plagt sich, ist stets unterwegs, es bleibt wenig Zeit für sich. Sie hat zwei Kinder und das bringt sie an ihre Leistungsgrenze, doch sie ergibt sich in ihr Los. Sie ahnt – ohne davon vielleicht zu wissen – daß sie aus dem Teufelskreis nicht herauskommt.

Denkbar wäre aber auch eine Mutter mit einem Kind, die es als Lebensaufgabe betrachtet, ihrem Kind das Leben so angenehm wie möglich zu machen, ihm alle Widrigkeiten zu ersparen unter denen sie selbst vielleicht früher gelitten hat. Auch sie fühlt sich ganz schön unter Streß, zumal die bereits wirksame Anspruchshaltung des Kindes in ihr immer wieder Widerstand gegen das Kind erzeugt, worunter sie leidet.

Doch Sie lasen gerade, daß die Mutter durch dieses Verhalten einen „geheimen" also ihr unbekannten Nutzen habe. Das könnte sein:

- Dem Ehemann zeigen, von dem sie – nicht unbegründet – meint er denke, sie arbeite als Nur-Hausfrau weniger als er: Ich schufte, ich bin wichtig, so wichtig wie du, arbeite ich in Wahrheit mehr als du. (Als „neue" gute Mutter hätte sie mehr Zeit und viel weniger Arbeit, was den Ehemann in seiner Ansicht bestätigen würde!)
- Der Ehemann beanstandet öfters, daß das Geld nicht ausreiche; er meint, sie könne noch halbtags arbeiten: Ihm wird durch ihr Erschöpftsein, ihre gesundheitliche Belastung und durch die offensichtliche Überlastung drastisch gezeigt, daß sie nicht in den Beruf zurück kann. Diesen Gedanken vertiefend wäre denkbar: sie mag nämlich

ihren Beruf nicht, sie fühlt sich dort unfrei, gegängelt, gedemütigt – und nach den Jahren zu Hause auch total inkompetent; Gefühl: Vorsicht, im Beruf droht mir Mißerfolg; Ziel: Mißerfolg vermeiden; Methode um dieses Ziel zu erreichen: Zeigen, daß Familie mich braucht, und mich das total auffrißt! (Als „neue“ Mutter hätte sie Zeit, halbtags zu arbeiten; damit wäre sie täglichen, beruflichen Demütigungen ausgesetzt; das will sie nicht!)

Bisheriges Idealbild einer "guten Mutter"	Neues, realistisches "Bild" einer "guten Mutter"
stets ansprechbar sein stets hilfsbereit/einsatzbereit sein	
Spenderin des Trostes, der Wärme und Geborgenheit	Spenderin des Trostes, der Wärme und Geborgenheit sein
für alles zuständig sein, was das Kind betrifft: - wecken, Kleidung, Frühstück, Geschirr, Einkauf - Kochen, Bett machen, Zimmer putzen, aufräumen, - Kind zur Schule fahren, abholen, - Hausaufgabenbetreuung, Nachhilfe, - Freizeitgestaltung (Spielen, Basteln, Ideen geben, vorlesen, unterhalten ...) - Hobby (zum Üben anhalten, Üben kontrollieren, zum Training bringen) - sonstige Pflichten des Kindes überwachen, eventuell begleiten (Arztgang, Kirche ...) - Fernsehkonsum bestimmen/überwachen - zum Schlafengehen anhalten, durchsetzen	Dem Kind ein nützlicher Begleiter durch den Alltag sein, Ansprechpartner (Techniken des Zuhörens) Initiatorin für Verantwortungsfähigkeit und Selbstverantwortung: Durch Arbeitsteilung und festlegen, was dem Kind zuzumuten ist, sich Zeit frei machen (klare Abmachungen treffen und konseqent sein), denn gute Mutter heißt auch: - sich immer wieder regenerieren, Erziehungs"laune" "aufladen"; dies gelingt, wenn Mutter auch an sich denkt, eigene Zeit hat, Interessen pflegt, räumlich getrennt ist - die kooperative Gestaltung mit dem Lebenspart- nicht vernachlässigen
- Schlaf-"Betreuung"(regelmäßig nachschauen) - Probleme des Kindes lösen, alles managen, "beherrschen"; deshalb sind auch Strafen nötig, damit Sie das, was Sie für "gut" finden auch durchsetzen können.	Folgen wirken lassen Nahziele erkennen und entsprechend handeln sich nicht in Streit der Kinder einmischen
- Auch die Schule wird in diesem Sinne "betreut": Lehrer werden beraten, über das Kind informiert, handelt Schule nicht wunschgemäß muß mit ihr im Interesse des Kindes gekämpft werden	Einsicht: Schulbildung gehört dem Kind, es trägt letztlich die Verantwortung "Der Lehrer ist der Lehrer" Ich greife nur ein, wenn dem Kind Unrecht getan wird.

– In der Familie bin ich wichtig; ich gebe doch nicht meine Bedeutung auf; als „neue“ Mutter verliere ich meine zentrale Rolle in der Familie. Wer bin ich dann noch?
– Es gibt unzählige, ganz individuell zu ermittelnde Nutz-Effekte; z. B.: Ich liebe meinen Mann; ich brauche ihn, will ihn nicht verlieren! Wenn ich wieder Zeit fände, würde ich meinen langgehegten Wunsch verwirklichen und weiterstudieren, und den Doktor machen! Das würde allerdings unsere Ehe stark gefährden, denn eine völlig unabhängige, besser als er verdienende Frau, so schätze ich seine Äußerungen ein, kann er nur schwer ertragen. Wir würden uns auch total

auseinanderentwickeln; da ich dann öfters abwesend sein müßte, wird er sich verstärkt um die Kinder bemühen müssen, was ihm auch nicht behagt. Wir hätten auch viel weniger Zeit füreinander, das wird er nicht hinnehmen!

Zu Beispiel 2 von Seite 169: Nutzen aus Schuldgefühlen/schlechtem Gewissen ziehen:

„Wir haben eben zu wenig Zeit, deswegen können wir uns um unser Kind zu wenig kümmern: Es macht praktisch, was es will: sieht schon morgens vor der Schule fern, zu den Hausaufgaben ist es kaum zu bewegen. Und mit uns springt es in einem Ton um, inakzeptabel ... Aber wir können nicht hart sein; jedes Mal, wenn ich mir vornehme, jetzt verbiete ich ihm das frühe Fernsehen, dann denke ich an die wenige Zeit, die wir für es haben. Wir sind abends nicht zu Hause, wir haben unsere Kneipe, deshalb ist er ja so frech zu uns und will dies, will jenes. Was soll ich ihm denn verbieten? Dann kennt er mich nur schreiend, bestrafend. Das will ich nicht. Ich kann dann einfach nicht hart sein! Wir sind doch eigentlich schuld, wir geben ihm zu wenig Zuwendung, aber ich kann's nicht ändern. Und jetzt, in der ersten Klasse, will er natürlich auch, daß alle nach seiner Pfeife tanzen. Das läßt sich die Lehrerin nicht gefallen. Wir finden das alles nicht gut, wie es läuft, doch das Kind kann nichts dafür."

Und deswegen wird diese Frau, werden diese Eltern nicht aus dem Teufelskreis ausbrechen, werden sie nicht ernsthaft versuchen, ihr Recht in Anspruch zu nehmen und dem Kind die nötigen Grenzen setzen.

Welchen (möglichen) Nutzen zieht nun diese Mutter aus ihrem Festhalten am beklagten Zustand?

In dem sie sich die Schuld für das Problemverhalten des Kindes gibt, scheint sie gleichzeitig zu sagen: so ist es, da kann man nichts verändern (ich nehme ja die Schuld auf mich und jetzt laß mich in Ruhe!). Sie redet über Vergangenes, nicht über das, was zu tun sei, heute, morgen, in der Zukunft.

Sie ist – sieht man nur auf ihr Verhalten, im Grunde zufrieden wie es läuft: Die Kneipe läuft gut, um das Kind braucht sie sich nicht viel zu kümmern, es beschäftigt sich allein, und wenn es etwas will, dann wird es gekauft. Die kleinen Komplikationen soll ihnen die Beratungsstelle „wegmachen".

Aber nach außen darf die Frau das nicht zeigen, denn das Verhalten des Kindes ist das eines extrem Verwöhnten, denn die Probleme in der Schule sind ernstzunehmen. Als „gute" Mutter muß sie besorgt sein, müßte etwas ändern wollen (wie würde sonst die Klassenlehrerin reagieren!)

Und so erscheint sie zur Beratung (geschickt von der Klassenlehrerin) unter dem Motto: Wasch mir den Pelz (laß dieses herrschsüchtige Verhalten meines Kindes verschwinden), aber mach mich nicht naß (aber dies auf eine Weise, daß ich, wir, an uns und den Zuständen nichts ändern müssen)!

Doch will man an dem unselbständigen, egoistischen Verwöhnten etwas ändern, müßte sich auch das gesamte erzieherische Umfeld ändern! Was wäre dann mit der Kneipe; und das Kind machen lassen und seine Ruhe haben?

Auch andere Ideen könnten zutreffen: Die Frau braucht die Schwierigkeiten, das „unmögliche Kind", um etwas durchsetzen zu können: Vielleicht kann sie so erzwingen, daß sie die Kneipe, die sie gar nicht, ihr Mann aber so stark an ihr hängt, aufgeben müssen? Diesen geheimen Wunsch kann sie aber nicht ihrem Ehemann anvertrauen, aus Furcht vor schweren Auseinandersetzungen. Es ist in diesen Beispielen weniger entscheidend, die Wirklichkeit erraten zu haben, das ist sehr schwer.

Doch die Schlußfolgerung ist deutlich:

Fragen Sie sich immer wieder, wenn Sie an einem Problemverhalten im Teufelskreis hängen bleiben: Was nützt das mir? Und wenn die Frage noch so schwer und absurd erscheint (in Wirklichkeit ist sie höchstens ungewohnt): Es gibt einen Nutzen, und Sie können ihn erkennen!

Ist es mir das wert?

Wenden wir uns einem weiteren Aspekt zu: Angenommen, Sie erkennen einen dieser Nutzen: Fragen Sie sich: Ist dieser Nutzen es wert, daß ich soviel „zahlen" muß …

Es gibt mindestens drei Möglichkeiten zu reagieren:

a) Den Nutzen beibehalten, aber ihn mit neuen Methoden anstreben; vielleicht können Sie den Nutzen auf andere, weniger schmerzende, problembelastete Weise erreichen?

Lassen Sie sich Zeit: Erarbeiten Sie sich eine klare Antwort. Ersinnen Sie sich mehrere alternative Ideen! Im Beispiel der „guten" Mutter (Seite 175, Beispiel 1) könnte sich die Frau überlegen: Mein Ziel ist: Mehr Zeit für mich, meine Rechte wahrnehmen, meine Interessen pflegen, meinen Kindern eine nützliche Begleiterin zu einem selbständigen Leben sein. Ich möchte in keinem Fall halbtags arbeiten.

Dies habe ich mit meinem bisherigen alten „Gute-Mutter-Verhalten“ und dem Verharren im Teufelskreis erreicht. Doch das gefällt mir nicht mehr! Wie kann ich mein Ziel erreichen, ohne diese problembehaftete Methode anzuwenden?

- Ich könnte mit meinem Mann offen darüber reden.
- Ich könnte ihn insgesamt stärker in das gemeinsame Erziehen einbeziehen und ihn auch von meiner Ausgeglichenheit und Unternehmensfreudigkeit profitieren lassen
  (Partnerschaft wichtiger nehmen als bisher und sie bewußter gestalten)
- Ich könnte ...

b) Den Nutzen aufgeben
Sie sagen sich: Dieser (mir bisher nicht bewußte) Nutzen ist es mir nicht wert, daß ich mit meinem Kind Probleme habe, mich gesundheitlich belaste und das Kind eine ungünstige Entwicklung vor sich hat. Wenn also in unserem „gute Mutter“-Beispiel die genervte Mutter sagt:

Ich bin am Ende, so will ich nicht mehr weiter machen! Ich werde mir meine Zeit und meine Rechte nehmen. Ich will die „neue“ Mutter sein. Aber ich will auch nicht halbtags arbeiten. Diese freie Zeit brauche ich. Dann stellt sich für diese Mutter dasselbe Problem, das sich auch Ihnen stellt, gleich ob sie Möglichkeit a oder b gewählt haben.

Ihr neues Verhalten (siehe z. B. in „neue“ gute Mutter beschrieben) hat Folgen!

Mögliche positive Folgen:
- Ausbruch aus leiderzeugendem und leiderhaltendem Teufelskreisverhalten
- mehr Zeit für sich
- Kinder entwickeln sich förderlich und positiv (im Sinne von Selbstständigkeit/Selbstverantwortung)

Mögliche negative Folgen:
- Sie hängen eng mit dem Nutzen, den – Sie bisher aus Ihrem – leidbringenden Verhalten zogen: Der Nutzen fällt ja weg.

Im Beispielfall: Der Ehemann wird die Frau, die nun ausgeht, Zeit hat zu lesen etc. unter Druck setzen, halbtags zu arbeiten! Oder: Die Frau „muß“ sich eine Arbeitstelle suchen, in der sie sich nicht „gedemütigt“ fühlt. Oder: Sie setzt ihr Studium fort und weiß, daß sie nun Eheprobleme bekommt.

Möglicherweise entsteht Eifersuchtssituation; es entwickeln sich auch individuelle, ganz eigen-artige Folgen, die aus der Lebensgeschichte beider Partner erklärbar sind.

Sie müssen also mit Reaktionen in Ihrem Familiensystem rechnen, sowohl vom Ehepartner als auch von den Kindern. Und sie müssen sich fragen, ob Sie die in Kauf nehmen wollen. Überlegen Sie sich diese Folgen und versuchen Sie mit ihnen konstruktiv umzugehen.

Spielen Sie gedanklich in allen Einzelheiten durch, was passiert, wenn Sie eine „neue“ Mutter werden:

- Wie reagiert mein Kind (für jedes Kind eigene Antwort !)?
- Mein Partner und jeder im Haushalt Lebende?

Und wie reagiere ich wiederum darauf? Was könnte mir schwer fallen? An welchem „empfindlichen“ Punkt könnte man mich treffen und ins Wanken bringen? Was werde ich dann machen? Wo kann ich mir zuverlässige Hilfe für meinen Weg holen?

c) Nutzen und bisheriges Verhalten bleiben
Diese unbefriedigende Möglichkeit wird wohl erst nach erfolglosem Durchspielen von a und b in Frage kommen.

Fazit: Die vierte Etappe erfordert

- Ziele vermuten, die hinter den erkannten Meinungen über sich/Welt/andere, stammend aus der Kindheit, stehen (siehe Etappe 3)
- Zweck/Nutzen bestimmen, den Sie aus dem Beharren im Teufelskreis und dem Beharren auf leidschaffendem Verhalten ziehen; dies wird schwierig, da es bisher unbewußt ablief
- Entscheidung:

• Nein, auf den bisherigen Nutzen will ich nicht verzichten, auch wenn damit Leiden und viel Streß verbunden ist.
• Nein, auf den Nutzen kann ich nicht verzichten, wohl aber auf die bisherigen Probleme; deshalb überlege ich alternative Verhaltensweisen mit denen ich ohne Problemverhalten den Nutzen ebenfalls erreichen kann.
• Ja, auf den „alten“ Nutzen will ich verzichten, denn mehr Zeit für mein Wohlbefinden, weniger Streß sind für mich jetzt wichtiger.

- Sich Klarmachen: Weil ich mein Verhalten verändere, können neue Probleme auftreten.

- Wie kann ich mit diesen neuen Problemen konstruktiv umgehen? Wo kann ich mir gegebenenfalls Hilfe holen?

Haben Sie dies erreicht und wollen weiterhin aus dem Teufelskreis ausbrechen, wird Ihnen die weitere Veränderungsarbeit gelingen: Schauen Sie zunächst nochmals Etappe 3 an; erst jetzt können Sie die dortigen Veränderungsvorschläge wirklich umsetzen! Und jetzt werden Ihre Einwände plötzlich nicht mehr so rigoros sein, ja Sie können sich sogar auf dieses „Experiment" einlassen. Und Sie werden erleben, was Wachstum bedeuten kann:

- Sie treten gegenüber Ihren Kindern anders auf
- Ihre Kinder verändern dadurch ihr Problemverhalten
- Sie können streßfreier und frischer Ihre Pflichten erfüllen
- Sie werden Zeit für sich haben und sie für sich zu nutzen lernen
- Sie werden immer öfter auch die Lust finden, Methoden der ermutigenden Erziehung anzuwenden
- Sie werden wissen, daß Sie immer wieder in Phasen, mit Rückfällen und Selbstzweifeln geraten werden; dies ist menschlich und „gehört dazu"; hier hilft Ihnen „Selbstermutigung" (Kapitel 2) weiter
- Auch in Ihrem Auftreten gegenüber Ihrem Partner wird sich ein neues Selbstwertgefühl zeigen.

● Als Einstieg in dieses anspruchsvolle Projekt kann Ihnen unter Umständen folgender Kunstgriff dienen: Sie führen es, soweit es sinnvoll ist, für eine Person Ihres Bekanntenkreises durch. Meist „sehen" wir bei anderen Menschen wesentlich schärfer und skrupelloser als bei uns selbst.

3.7 Grundbegriffe als Bausteine des Verstehens nutzen

1 Minusgefühl

Baustein	
1	Minusgefühl

Der Mensch erlebt aufgrund seiner allgemeinen Unvollkommenheit in vielen Situationen ein unangenehmes Gefühl, das er – durch geeignete Methoden →9 beseitigen und durch ein angenehmes Gefühl ersetzen will. Dieser Überwindungsprozeß heißt Kompensation →16. In seinen Handlungen strebt daher der Mensch von einem empfundenen Minus zu einem empfundenen Plus, das zum Ziel wird. Handlungen sind daher als zielgerichtet zu verstehen [→7]. Minusgefühle stammen aus negativen Grund- oder (Zweit-)Meinungen [→3], [→4].

Sie sind stets subjektiv; jeder Mensch empfindet anders. Der sich im Minus fühlende Mensch strebt nach Plusgefühlen, die, vereinfacht dargestellt, sein können:

a) bei intaktem Selbstwertgefühl:

Gefühle des Dazugehörens (Wärme, Liebe, Anerkennung, Kameradschaft, Freundschaft) und des Könnens (Fähigkeiten, Fertigkeiten)

b) bei schwachem Selbstwertgefühl:

Geltung, Macht, Sonderstellung, Rache, Vermeidung von Demütigung aller Art, Vergleichen, Niederlagen, Hilflosigkeit zeigen.

Minderwertigkeitsgefühle wirken als starke Entmutigungsquellen [→14] und können von Erziehenden nur durch das Arrangieren neuer Erfahrungen langfristig in einen Veränderungsprozeß gebracht werden.

Das Minusgefühl des selbstbewußten Menschen: Ich kann etwas *noch* nicht.

Das Minusgefühl des Menschen mit geschwächten Selbstwertgefühl: Ich kann/bin etwas *grundsätzlich* jetzt und in Zukunft nicht.

Ähnliche Bedeutung: Minderwertigkeitsgefühl, Gefühl des Mangels, der Schwäche, der Unzulänglichkeit, der Kleinheit, des Andersseins, des Ausgestoßenseins.

2 (Grund-)Meinung

Baustein	
2	**(Grund-)Meinung**

Schon bald entwickelt das Kind alters- und entwicklungsgemäße Formen der Stellungnahme zu allem, was es wahrnehmen kann. Dabei ordnet es Eindrücke und Empfindungen nach dem Schwarz-weiß-Prinzip (angenehm-unangenehm, geeignet-ungeeignet, richtig-falsch, gut-schlecht usw.).

Da dies bereits auch vor dem Spracherwerb geschieht, sind wir auf *Vermutungen* über die Inhalte dieser Eindrücke angewiesen. Sie werden als Grundmeinungen [→3] bezeichnet, sind – da wortlos – auch dem Kind nicht bewußt. Später bildet es durch die verbalen Auseinandersetzung mit der Umwelt Zweitmeinungen hinzu, die ebenso wirken.

Durch Verhaltensbeobachtungen läßt sich deuten: das Kind verhält sich so, *als ob* es z. B. die Grundmeinung (gebildet) habe: Ich komme zu kurz. Mit diesem „Kunstgriff“ lassen sich viele Verhaltensweisen und Charakterzüge verstehen, was letztlich zu wirkungsvollen Veränderungsmaßnahmen führt. Alle in diesem Buch verwendeten Grundmeinungen sind „Übersetzungen“ in eine allgemein verständliche Sprache. Sie sind in der frühen Kindheit stark gefühlsgefärbt, auch als bildliche Vorstellungen denkbar und auch im Erwachsenenalter wirksam. Die hier verwendete „Übersetzung“ interpretiert das Verhalten. Das Kind bildet sich auf besagte Weise sehr bald ein ständig wachsendes Repertoire an Meinungen über sich selbst/andere/Dinge/Welt/Leben [→3]. Diese Meinungen erschafft es auf seine ihm ganz eigene, individuelle Art, die Individualpsychologie sieht hier eine „schöpferische Kraft“ [→10] des Kindes wirken.

Sie lösen Gefühle aus, die den Menschen befähigen, ein Ziel [→7] anzustreben, das stets ein Plusgefühl [→7] beinhaltet. Die gewonnenen Meinungen unterliegen in der frühen Kindheit zunächst einem ständigen Veränderungsprozeß. Was sich im Versuch und Irrtum-Experiment nicht bewährt, wird ausgetauscht oder verändert.

Allmählich bilden sich Meinungen heraus, die immer wieder als „richtig“ empfunden werden. Bald fungieren solche solche Meinungen dem Kind als Wahrheit: So wie die Meinungen sind, so bin ich/ist das Leben/die Welt. Diese Grundmeinungen wirken als Wahrnehmungs-Brille [→6] und ähneln den Vor-Urteilen der Erwachsenen, weil sie stark verallgemeinern. Grundmeinungen sind nicht mit jenen Meinungen zu verwechseln, die wir im Alltag immer wieder uns bilden, uns bewußt sind und stets relativ schnell zu verändern sind.

Grundmeinungen haben zwei Funktionen:

- Die vielen verschiedenen Eindrücke überfordern das Kind ständig; durch das anwachsende Meinungs-Repertoire erhält es ein „Schutz-Organ“:

Da sie wie ein *Filtermechanismus* wirken, werden angesichts der Eindrucks-Fülle nur noch für das Kind wichtig erscheinende Tatsachen wahr-genommen. Was wichtig ist hängt vom Ziel ab, ein empfundenes Minus zu überwinden.

Z. B.: Grundmeinung: Ich werde benachteiligt → jetzt werden nur noch Benachteiligungen gesehen; Situationen, in denen das Kind beachtet und gerecht behandelt wurde, passen ja nicht zur Brille und werden „übersehen“, nicht ernst, eben nicht „wahr„genommen.

– Grundmeinungen dienen dem Kind auch als *Orientierung* und verhelfen ihm dadurch zu sicherem Auftreten gegenüber seiner Umwelt: Z.B.: Grundmeinung: Ich kann nichts ohne Helfer: Deshalb verneint das Kind sofort die Bitte der Mutter, alleine auf den Spielplatz zu gehen. Meinungen sind, da subjektiv und auf der erwähnten Basis einer kindlichen Wahrnehmung entstanden, oft falsch oder beruhen auf einem Irrtum. Verursachen sie größere Probleme, muß der Berater/Therapeut dem Kind zu neuen Erfahrungen verhelfen, die geeignet sind, die ursprüngliche – ins Bewußtsein gerückte Grundmeinung – zu verändern.

Die Methode des „Erkenntislächelns" von R. Dreikurs gibt verantwortungsvollen Erziehenden ein wirkungsvolles Instrument zur Hand, diese unbewußten Meinungen dem Kind bewußt zu machen (siehe Kapitel 3.5).

Ähnliche Bedeutung: Meinung über sich selbst/andere/Dinge Leben/Welt, Fiktion, Glaubensinhalt, Vorstellung.

3 (Grund-)Meinungen über sich/andere/Dinge/Welt/Leben

	Baustein
3	**(Grund-)Meinung über sich/ andere Dinge/Leben/Welt**

Das Kind bildet sich zur Auseinandersetzung mit seiner Umwelt im Laufe der ersten Lebensjahre ein Repertoire von Grundmeinungen →2, die sehr bald seine Wahrnehmung der Welt, sein Denken, Fühlen und Handeln bestimmen. Diese Meinungen enthalten Inhalte über

- *sich selbst*: eigene Eigenschaften, Fähigkeiten, Fertigkeiten, Minderwertigkeiten → „Ich bin ein guter Turner"
- *andere*: Personen, mit denen das Kind in näheren Kontakt kommt → „Die anderen sind mir freundlich gesinnt".
- *Dinge*: Bereiche in und mit denen Kind handelt: Hobbys, Schulfächer, Tätigkeiten → „Ich kann gut Schach spielen".
- *Welt*: Geschehen, mitgeteilt durch Umwelt, Medien → „Die Deutschen sind Egoisten".
- *Leben*: Probleme, Aufgaben, die dem Menschen aus seiner Beziehung zur Gemeinschaft, Arbeit, Liebe bzw. Geschlechtlichkeit, zu sich selbst, entstehen → „Das Leben ist schwer"/„Frauen sind minderwertiger als Männer".

Ähnliche Bedeutung: Selbstbild, Fremdbild, Weltbild, primäre Meinungen.

4 Zweitmeinungen

Baustein	
4	**Zweitmeinungen**

Das Kind erwirbt ab der Spracherwerbsphase diese Art von Grundmeinungen. Die Erziehenden, allmählich auch alle wichtigen Personen seiner Umwelt, benennen dem Kind „Grundsätze", an die es sich zu halten hat, will es „problemlos" oder unversehrt leben. Das Kind übernimmt diese „Sätze" – in seinem Grundstreben nach Dazugehören, Anerkennung, Liebe, Vorankommen – kritiklos, sozusagen als „naturgegeben".
Als Zweitmeinungen können wirken:

- Regeln → In der Klasse/Familie/Schule: „Nach dem Mittagessen wird bei uns Schularbeiten gemacht."
- Verhaltensvorschriften: „Beim Einkaufen stellst du dich hinten an und drängelst nicht."
- Konventionen: „Kinder grüßen Erwachsene zuerst"
- Wertvorstellungen: „Man muß ehrlich sein."
- Gesetze: „Man muß die Schule besuchen."
- Dressate [→18]: „Man muß auch mal verzichten können."
- Sitten: „An Weihnachten schenkt man ..."

Ähnliche Bedeutung: Vorurteile, Dressate, sekundäre Meinungen.

5 Private Logik

Baustein	
5	**Private Logik**

In der Auseinandersetzung mit den gesamten Einflüssen seiner Umgebung nimmt das Kind Stellung zu sich/andere/Leben/Welt, zu diesem Zweck bildet es sich Grundmeinungen [→2]. Diese kindlichen Meinungen stellen Verallgemeinerungen dar und sind nach dem Schwarz-Weiß-Prinzip gebaut. Logik bedeutet ja, das eines aus dem anderen folgt: Wer nicht schwimmen kann muß/könnte das Schwimmen lernen. Private Logik bedeutet, daß der Ausgangspunkt der logischen Folgen eine *Grund-*

meinung ist. „Privat“ ist die Logik, weil sie im Gegensatz zur allgemeingültigen Logik vor allem für dieses eine Kind gilt („Ich kann nicht schwimmen, deshalb bin ich morgen im Sportunterricht, wenn wir schwimmen gehen, ‚krank‘“).

Was für das Kind in seiner privaten Logik richtig erscheint, beurteilen Eltern möglicherweise als Problemverhalten. Denn in der allgemeingültigen Logik lernt man eben das Schwimmen, wenn man es nicht kann. In seiner privaten Logik vermeidet das Kind dagegen die Demütigung, die es erwartet, weil es sich nicht zutraut, das Schwimmen zu lernen. Die folgende, mehrfach auftauchende Graphik verdeutlicht dies:

Situation (1) in der Kindheit →	läßt Kind **Grundmeinungen (2)** schaffen, mit denen es neue Situationen/Aktionen wahrnimmt und versteht; →	lösen **Gefühle (3)** aus, die das Kind dazu drängen, sich unbewußt ein **Ziel (4)** zu setzen, das es im Plus sieht →	dabei werden **Methoden (5)** ausprobiert und verwendet, mit denen das Ziel erreicht werden kann
Mißglückte Versuche, das Schwimmen zu lernen	Ich kann das Schwimmen nicht lernen (grundsätzlich, jetzt und in der Zukunft)	Angst Ziel: Vermeidung von Situationen in denen das Nichtlernenkönnen für andere sichtbar wird und zur Demütigung wird	Krankmachen, Periode haben wichtiger Arzttermin, Chlorallergie bei Schwimmbadwasser
	es bildet damit seine **private Logik (6)** bzw. Wahrnehmungs-Muster oder es nimmt bereits mit den vorhandenen Meinungs-Schablone wahr →	"Weil ich nicht schwimmen kann, fehle ich morgen im Sportunterricht."	

("Brille" siehe Baustein 6, "private Logik", siehe Baustein 5 !)

Jeder Mensch denkt in seiner privaten Logik. Soll sie nicht zum Problemverhalten führen, muß zu einem bestimmten Maß der allgemeinen Logik angepaßt sein. Durch Weckung und Förderung des Gemeinschaftsgefühls (siehe Übersicht in Kapitel 1.2) vermitteln Eltern ihren Kindern diese Anpassungsfähigkeit automatisch. Der erwachsene Mensch ist sich bewußt, daß er stets mit seiner privaten Logik, mit seiner „Brille“ →6 wahrnimmt. Er ist aber imstande, seine private Logik der allgemeinen Logik anzupassen, um schwerwiegende Probleme mit der Gemeinschaft, den Mitmenschen und den Dingen/Sachverhalten bei der Erfüllung seiner Lebensaufgaben →21 zu vermeiden. Psychische Störungen zeigen, daß sich die private Logik in wichtigen Bereichen im Widerspruch zur allgemeinen Logik befindet, weil die nötige Anpassungsfähigkeit – im Augenblick – fehlt.

Private Logik verhilft dem Menschen also auch zu einer Rechtfertigung seiner unsozialen, ich-haften →17 Wünsche. Ohne diese private Logik müßte der Mensch zugeben, daß er ein furchtbarer Egoist, ein Krimineller oder Perversling ist. Private Logik schützt das Selbstwertgefühl vor dieser brutalen, unerträglichen Erkenntnis.

Ähnliche Bedeutung: Private Intelligenz, private Weltanschauung, „Brille“.

6 „Brille“

Baustein	
6	Brille

Dieser bildhafte Ausdruck soll die Wirkungsweise des durch die Ansammlung und Zusammenfügung von Grundmeinungen entstandenen „Wahrnehmungsorgan“ des Kindes verdeutlichen:

Wie mit einer Brille übersieht der Mensch alles, was nicht zu seinem „Meinungs-Schatz“ gehört bzw. im Widerspruch zu ihm steht. Die Brille entdeckt aber sofort Übereinstimmungen und nimmt sie als Bestätigung für die eigene Meinung. Diese Einseitigkeit hilft dem Menschen zu sicherem Auftreten (wenn das angeknackste Selbstwertgefühl die nötig hat). Tendenziöse, einseitige Wahrnehmung bedeutet immer auch „Blindheit“ für viele Eindrücke!

Therapie/Beratung hilft, diese Einseitigkeit aufzuhören.

Zuhause erzählt Ulrike, daß Frau Meier ungerecht sei: „Natürlich durfte wieder die Susi ihr helfen. Mich mag die nicht!“ Ulrike nimmt durch ihre Brille die Freundlichkeit der Lehrerin nicht wahr, lediglich jene kleine Szene, die zur Brille paßt, wird ernst genommen und im Sinne der Meinung, die sie von Frau M. bisher gebildet hat, verstanden. Es gilt die private Logik [→5]. Die allgemeine Logik wäre: „Sie kann ja nur einen von neun Schülern aufrufen, da müssen doch acht leer ausgehen, sicher bin ich auch bald dran.“

Ähnliche Bedeutung: Individuelle, tendenziöse Wahrnehmung, Wahrnehmungsbrille, Meinungsschablone, Vorurteil.

7 Ziel (unbewußtes/bewußtes)

Baustein	
7	Ziel

Die Grundbedürfnisse des Menschen, voranzukommen und zu anderen Menschen/Gruppen dazuzugehören und von ihnen geschätzt zu werden beeinflussen jedes Verhalten und veranlassen den Menschen sich Ziele zu setzen, wovon er in vielen Fällen gar nichts weiß, es geschieht unbewußt. Erlebt das Kind dabei Erfolg und Fortschritt, wird es sich in der Welt wohlfühlen und zuversichtlich sich den jeweiligen Lebensaufgaben [→21] stellen und Fähigkeiten erwerben, mit den Mitmenschen zu kooperieren.

- Ein solcher Mensch strebt mit aktiv- bzw. passiv-sozialbezogenen Methoden mit seinem, Handeln solche Ziele an:
  - „Können“: Kenntnisse, Fähigkeiten, Fertigkeiten erwerben bzw. sie vervollkommnen, Fortschritte erzielen können, Gemeinschaftswesen voranbringen zum Ziel von Gleichwertigkeit und partnerschaftlichem Miteinander
  - „Dazugehören“: Anerkennung, Liebe, Achtung, geschätzt werden, sich geborgen und geschützt fühlen, Kooperation, Partnerschaft, friedliches Miteinander, individuelle Entfaltung und Glück.

Ist dem Kind aber weniger Erfolg beschieden und erlebt es immer wieder Kleinheit, Schwäche und Nichtgenügen, aber auch Formen der Ablehnung durch andere, dann fühlt es sich immer seltener imstande, die ursprünglichen Ziele zu erreichen. Aus der erfahrenen Entmutigung heraus strebt es auf ein Ersatzziel zu; dazu verwendet es aktiv- bzw. passiv-ichbezogene Methoden →9.

- Solche Ersatzziele können sein: Einen Zustand erreichen, in dem keine Vergleiche mehr möglich sind, Machtposition, sichere Sonderstellung, in Ruhe gelassen sein, keine Demütigung, Niederlage.

R. Dreikurs hat mit dem Benennen von vier Nahzielen →8, die gleichsam dem eigentlichen (Fern-)Ziel vorangestellt sind, den Eltern ein sehr nützliches Hilfsmittel zur Hand gegeben, mit Problemen besser umzugehen.

Im Alltag benützen wir das Wort „Ziel“ selten im individualpsychologischen Sinne, also als Gegenpol zum empfundenen Minus. „Ziel“ ist dann oberflächlich, sozusagen situativ gebraucht. Das psychologische Ziel kann etwas ganz anderes sein, eben eine Ebene tiefer: Beispiel:

- Klaus schlägt Maria.
  Vordergründiges Ziel: Weh tun.
  Tieferliegendes, „echtes“ Ziel: Macht behalten, das Sagen haben. Klaus will seine Machtposition sichern.
- Markus schwänzt die Schule.
  Vordergründiges Ziel: Markus braucht Klassenarbeit nicht mitzuschreiben.
  Tieferliegendes, „echtes“ Ziel: Markus befindet sich im Machtkampf mit seinen Eltern, die ihn zum
  Schulbesuch zwingen wollen: Machtposition sichern, zeigen wer die Macht hat. Oder: Vermeidung von Mißerfolg.

Ähnliche Bedeutung: Zielgerichtetheit, Zweck, Finalität, Fernziel, Absicht, Sinn, Plusgefühl.

8 Nahziel

Baustein	
8	Nahziel

Menschliches Verhalten strebt einem Ziel →7 zu, das sich das Kind/der Mensch oft unbewußt setzt. R. Dreikurs bietet mit seinen „Nahziel-Konzept" den Eltern ein sehr hilfreiches Werkzeug an, um auf Problemverhalten ihrer Kinder wirkungsvoll zu reagieren und allen Beteiligten weiterzuhelfen. Das Nahziel, das dem (Fern-)Ziel vorgeschaltet wird, ist sozusagen eine leichter erreichbare, hinreichende Konkretisierung des eigentlichen Zieles.

Gleichzeitig zeigt dieser Begriff: Selbst wenn man durch geeignete pädagogische Ideen das Nahziel-(Problem-) Verhalten verändern kann, und zum „Verschwinden" bringt, bleibt das ursprüngliche Fernziel und meist auch die psychologische Ursache für dieses Fernziel, z. B.: das Gefühl des Kindes: „Mama gibt mit nicht, was mir zusteht." Wird dieser das Problem auslösende Faktor nicht durch geeignete Maßnahmen verändert, so wird das Kind sehr schnell zu einem neuen Nahziel streben oder zu einer neuen Methode innerhalb des alten Nahzieles Zuflucht nehmen. Nahzielverhalten ist definiert als Problemverhalten und damit Zeichen empfundener Entmutigung!

Nahziel 1: (Ungebührliche) Aufmerksamkeit (z. B.: durch Erfolg, Charme, Unfug, Faulheit); Nahziel 2: Machtkampf/Überlegenheit (z. B. durch Aufruhr, Sturheit); Nahziel 3: Rache/Vergeltung (z. B.: durch Bosheit, verbissene Passivität); Nahziel 4: Unterlegenheit/Schwäche zeigen (z. B.: durch Hoffnungslosigkeit zeigen).

Nahziele lassen sich auch durch die Methode des „Erkenntnislächelns" (siehe Kapitel 3.5) ermitteln und im Gespräch mit dem Kind ihm bewußt werden. Ob dies „funktioniert" und zur Verhaltensänderung führen kann, entscheidet die Form des Gesprächs (siehe Kapitel 3.2, 3.3) und die ermutigende Beziehung, die frei von Machtkampf, vom Gedanken der Gleichwertigkeit von Kind und Erziehenden geprägt ist.

Ähnliche Bedeutung: Ziel, Zweck, Absicht,

9 Methoden (aktiv/passiv-sozialbezogene aktiv/passiv-ichbezogene)

Baustein	
9	**Methoden (aktiv-/passiv-sozialbezogen/ichbezogen)**

Um von einem Jetzt-Zustand (oft ein empfundenes Minus) zu einer Veränderung zu gelangen (meist ein empfundenes Plus), benützt der Mensch geeignete Methoden. Hierbei wird er immer wieder feststellen müssen, daß sich manchen Methoden öfters dazu eignen, bewußt gesetzte oder unbewußt angestrebte Ziele →7 zu erreichen. Das Kind experimentiert dabei schon früh und sammelt sich bald ein Repertoire geeigneter Verhaltensweisen, um mit seiner Umwelt in seinem Sinne (d. h. im Streben vom Minus zum Plus →9) umzugehen.

Ein ermutigtes Kind, dessen Gemeinschaftsgefühl →11 geweckt ist und gefördert wird, greift zu sozialbezogenen Methoden. Es traut sich z. B. zu, Kenntnisse/Fähigkeiten zu erwerben, partnerschaftlich mit den Mitmenschen zu kooperieren. Ein entmutigtes Kind verwendet ichbezogene Verhaltensweisen, weil es stattdessen auf ein Ersatzziel zusteuert: z. B. Geltung.

- *Aktiv-sozialbezogene Methoden* (A. Adler: „Sozial nützlicher Typ"): Das *tun*, was zum Vorwärtskommen, zum Verbessern und Vervollkommnen der eigenen Fähigkeiten, Fertigkeiten, Kenntnissen und zur Zusammenarbeit mit anderen nötig ist, um dies und ein friedliches, den einzelnen achtendes Miteinander zu erreichen:

  Fleiß, Interesse, Einsicht in die Notwendigkeit, sich immer wieder neuen Erfordernissen zu stellen und dies in Erfolgszuversicht anzupacken, Unternehmungsfreude, „Zivilcourage", soziales Bewußtsein auch bei Handlungen, die einen selbst betreffen, Gemeinschaftsgefühl und Gemeinschaftsbewußtsein prägt Handlungen und umfaßt Sorge um Umwelt und Mitmensch, sich partnerschaftlich und gleichzeitig dem anderen verbunden fühlen und dabei eigene Pläne durchführen, Risikobereitschaft, sich behaupten, Einfühlungsfähigkeit, solidarisches Handeln, Geduld, sich von anderen falls nötig helfen zu lassen …

- *Passiv-sozialbezogene Methoden* (A. Adler „Nehmender Typ"): Inhaltlich wie aktiv-konstruktiv; lediglich der Aktivitätsgrad ist geringer, vieles ist „verbaler" und theoretischer, das tätige Engagement reduzierter.

- *Aktiv-ichbezogene Methoden* (A. Adler: „Herrschender Typ): Angeberei, Macho-Gehabe, dauerndes Rivalisieren, Entlastungen arrangieren, Verzögerungstaktiken, andere entwerten, Hilfe einklagen, erzwingen, sich in Mittelpunkt/Vordergrund stellen, sich nichts gefallen lassen, kämpfen, zurückschlagen, der beste/stärkste/... sein wollen, ständige Anklagen, sich meist ungerecht behandelt fühlen, Bösartigkeiten anderer auf der Spur sein, sie beweisen, erwarten, Selbst-Entschuldigung, Spielverderber, Rache ...

- *Passiv-ichbezogene Methoden* (A. Adler: „Vermeidender Typ“): Sich hilfsbedürftig, verzweifelt, ratlos, hoffnungslos,zeigen, sich zurückziehen, schmollen, anderen aus dem Weg gehen, Umgang/Freundschaft mit Tieren statt Menschen, Vermeidung von allem was mit Leistung, „Prüfungssituation“ (im weitesten Sinne) zu tun hat, nicht wirklich auf Hilfstätigkeit anderer reagieren, Faulheit ...

Weil aufgrund der Wirkungsweise von Grundmeinungen die (unbewußten) Ziele sich nicht mehr wesentlich ändern, stabilisieren sich auch die typischen Formen der Methodenwahl. Es entwickelt mittels seiner schöpferischen Kraft [→10] einen ganz individuellen Stil, mit dem es zu allen es berührenden Einflußfaktoren (Geschwister, Familienkonstellation, Familienatmosphäre, verschiedene Gruppen/Institutionen, eigener Körper, Lebensaufgaben [→21], Staat, Umwelt ...) immer wieder Stellung nimmt. Die Individualpsychologie nennt ihn Lebensstil [→12].

Ähnliche Bedeutung: Maßnahmen, Verhaltensweisen, Problemverhalten, Handlungsmuster, aktiv/passiv-konstruktiv, mitmenschorientiert/ wir-haft.

10 Schöpferische Kraft

Baustein	
10	**Schöpferische Kraft**

Der Individualpsychologe Alfred Adler bezeichnete so jene gestalterische Energie, die ein Kind schon sehr früh entwickelt, um zu allem, was mit ihm selbst zu tun hat, allem, was ihm begegnet (Umwelt im weitesten Sinne), mit Stellung zu nehmen, um vorwärts zu kommen, etwas zustande zu brin-

gen (ebenfalls im weitesten Sinne) und ein empfundenes Minus (auch im weitesten Sinne) zu überwinden.
Mit dieser schöpferischen Kraft
- bildet es sich Schlußfolgerungen aus seinen Erlebnissen (1), der besseren Verständlichkeit wegen als persönliche Meinungen [→2] bezeichnet (2)
- erzeugt dazu passende Gefühle (3)
- schafft es sich unbewußt Ziele (4)
- experimentiert mit geeigneten Methoden [→9], um dieses Plus [→1] zu erreichen (5)
- und bildet auf dieser Basis eine eigenständige, nur für ihn geltende private Logik [→5], mit der es alles versteht, bewertet und als wahr ansieht (6).

Wie die schöpferische Kraft wirkt, zeigt die Graphik bei Baustein 5. Durch diese schöpferische Kraft wird der Mensch zum einmaligen Prototyp, dem man sich mittels einiger Methoden der Psychologie/Psychotherapie (zum Beispiel durch Typologien und Modellen, wie ich hier auch einige verwende) nähern kann, letztlich aber stets nur Vermutungen erhält, die auch gar nicht zutreffen brauchen.

Ähnliche Bedeutung: Kreative Energie, natürliches Wachstumspotential, Selbsthilfekraft

11 Gemeinschaftsgefühl

Baustein	
11	**Gemeinschaftsgefühl**

Dieser vom Individualpsychologen Alfred Adler gebrauchte Begriff wird mit ähnlicher Bedeutung heute umgangssprachlich verwendet. In der Individualpsychologie greift er allerdings wesentlich weiter:
Er meint:
- die in der Natur des Menschen offensichtlich verankerte Begabung, ein Gemeinschaftswesen zu werden (= angeborene Sozialbezogenheit) und die dazu nötigen Fähigkeiten zu erwerben ebenso wie
- das Gemeinschaftsbewußtsein und die dazu gehörende Verantwortung für das Ganzen (Gemeinschaft, Lebensraum, Kosmos).

Das Gemeinschaftsgefühl (der Eltern/Erziehenden) sollte einerseits die

Erziehung prägen, andererseits soll gleichzeitig (!) diese Erziehung beim Kind das Gemeinschaftsgefühl wecken und fördern.
Es zeigt sich durch

- Mitfühlen und Einfühlen: Freude, Angst, Hoffnung, Liebe, Wut, Enttäuschung, Unrecht ...
- Gewaltfreies Zusammenwirken/-arbeiten unter sich als gleichwertig empfindenden Menschen: Kooperation, Partnerschaft, Teamfähigkeit, Engagement ...
- die Eigenschaft, den individuellen Fortschritt/Erfolg (Erwerb von Wissen, Fähigkeiten und Fertigkeiten) im Zusammenhang mit der Gesellschaft zu verstehen, die man ihrerseits kritisch daran mißt, ob sie dem einzelnen ermöglicht, Gemeinschaftsgefühl (wie eben definiert) zu entwickeln.

Gemeinschaftsgefühl zeigen beinhaltet aber auch, die Entwicklung der jeweiligen Gesellschaft in Richtung dieses Ideals zu lenken.

Zum Gemeinschaftsgefühl gehört die Bereitschaft und Fähigkeit, sorgsam mit sich und anderen umzugehen, aber auch mit unseren Lebensbedingungen, dem Ökosystem und dem Kosmos.

Je mehr ein Mensch ein solches Gemeinschaftsgefühl entwickeln kann, um so befriedigender wird er sein Leben empfinden. Die Individualpsychologie bringt den Begriff der seelischen Gesundheit mit ihm in unmittelbarem Zusammenhang, ermöglicht es doch Selbstvertrauen und Vertrauen in dieses Leben und die Mitmenschen, so daß ermutigtes Handeln hin zu einem Ziel/Plus [→7] ist, das im Können/Fähigkeit/Dazugehören liegt, also die direkte Überwindung eines empfundenen Minus beinhaltet. Mangel an Gemeinschaftsgefühl bedeutet im Umkehrschluß stets auch minderes Selbstwertgefühl, geringere Erfolgszuversicht, Zögern, ja Vermeiden, sondern unbewußte Ersatzziele gesetzt (Vermeidung von Prüfungssituationen/Mißerfolg).

Die Hauptaufgabe der Erziehung bzw. des hilfreichen Umgangs der Älteren mit dem Nachwuchs ist die Förderung und Stärkung des wie eben definierten Gemeinschaftsgefühls. Näheres in Kapitel 1.2.

Ähnliche Bedeutung: Wir-Gefühl, Zusammengehörigkeitsgefühl, Gemeinschaftssinn.

12 Lebensstil

Baustein	
12	Lebensstil

Das Kind nimmt von klein auf Stellung zu seiner Umwelt; um etwas zu bewirken oder ein empfundenes Minus [→1] zu verändern, strebt es letztlich mit seinem Handeln auf ein Ziel [→7] zu, in dem das empfundene Minus überwunden bzw. der angestrebte Zweck erreicht ist. Dies läßt sich des leichteren Verständnisses wegen vereinfacht mit der Graphik bei Baustein 5 verdeutlichen.

Die Individualpsychologie schätzt, daß ein Kind bis Ende seines sechsten Lebensjahres die Art und Weise, wie es im Alltag auf eine Situation (1) reagiert auf seine typische Weise „automatisiert" hat, so daß der Ablauf 1 bis 6 stets auf vergleichbare Weise geschieht: man kann deshalb von einem „Stil", einem individuellen, ganz eigen-artig aufgestellten „Bewegungsgesetz" („Vom Minus zum Plus") sprechen, das alle seine Handlungen, Gefühle, Denkweisen und Zielsetzungen stark beeinflußt.

Ändert sich der Mensch im Verlaufe der Jahre, dann ändern sich vor allem seine Methoden (!), um zum Plus zu gelangen, meist aber nicht die Grundmeinungen. Die private Logik und die unbewußten Ziele und damit der Lebensstil überleben. Dieser Lebensstil ist aber nicht Schicksal!

Die Meinungen sind nur teilweise unbewußt; sind sie negativ gefärbt, können sie durch ermutigende Erziehung [→13] geändert werden. Dadurch ändert sich auch der Lebensstil. Menschen vermögen ihren Lebensstil auch in/nach schweren Krisen in Frage zu stellen und auch zu ändern, wenn sie sich an eine ernsthafte „Grenze" gekommen fühlen und spüren: So (wie ich jetzt lebe) geht es nicht mehr weiter. Auch als Katastrophen empfundene Ereignisse (Erdbeben, Krieg, entsprechende Unfälle, Naturereignisse) können eine ähnliche Initialzündung auslösen. Entscheiden wird, ob der Mensch seine ihm eigenen Selbsthilfekräfte alleine oder mit Hilfe von Fachleuten mobilisieren kann. Der Lebensstil eines als psychisch „gesund" einzuschätzenden Menschen wird geprägt von einem hohen Grad an entwickeltem Gemeinschaftsgefühl [→11], was ihm in starkem Maß eine unvoreingenommene Stellungnahme zu den ihm begegnenden (Lebens-)Aufgaben [→21] ermöglicht.

Ähnliche Bedeutung: Individueller Stil der Methoden, vom Minus zum Plus zu gelangen, Selbstkonzept, Skript, Leitmelodie, das „Ich", Leitmotiv.

13 Ermutigung/ „ermutigende Erziehung“

Baustein	
13	**Ermutigung/ermutigende Erziehung**

Weil das menschliche Handeln auf ein bewußtes bzw. unbewußtes Ziel [→7] hinsteuert, das einen Zustand beinhaltet, den man im weitesten Sinne als im Plus [→1] bezeichnen kann (Fortschritt, Vervollkommnung von Fähigkeiten, Fertigkeiten, sozialen Umständen, „Dazugehören“, geschätzt, geliebt und anerkannt werden von uns wichtig erscheinenden Menschen und Gemeinschaften) benötigen wir zu dessen Realisation Ausdauer, Zuversicht, Erfolgserwartung, kurz Selbstvertrauen und ein stabiles Selbstwertgefühl.

Daher sind wir von klein an darauf angewiesen, von unserer „Außenwelt“ Zustimmung, Anerkennung, wohlwollende Wärme und Interesse, Nachsicht und Geduld, Hilfe, die zur Selbsthilfe befähigt und Gerechtigkeit zu erhalten. Als gesamte Person müssen wir uns anerkannt, als gleichwertige Partner fühlen.

Alle Verhaltensweisen, die nicht mit diesen uns aufbauenden und stützenden Funktionen zu vereinbaren sind, können uns mehr oder weniger stark entmutigen und uns vom direkten Ziel wegführen: bis hin zu Ersatzzielen, die im weitesten Sinne Ausweichen vor der Leistung bzw. Kontakt mit anderen und Vermeiden von Versagen und Demütigung bedeutet.

Wegen der Verletzlichkeit benötigt das Kind eine ermutigende Erziehung. Aber auch Erwachsene und Jugendliche bedürfen der Ermutigung, um sich weiterentwickeln zu können und als „psychisch gesund“ betrachtet zu werden, da sie Probleme ohne wesentliche Komplikationen einer sachangemessenen Lösung näher bringen kann.

Als wesentliche Bausteine einer ermutigenden Erziehung können gelten:

- Förderung und Stärkung des Gemeinschaftsgefühles
- Voraussetzungen für die Ermutigung : Menschen- und Weltbild eines einfühlenden und zur partnerschaftlichen Kooperation, auf Basis der Gleichwertigkeit fähigen Menschen
- Verfügen über Ermutigungsstrategien
- Fähigkeiten zu partnerschaftlichen und einfühlenden Gesprächen
- Gleichwertigkeit der Geschlechter anstreben

- sensibel die verschiedensten Entmutigungsquellen [→14] beobachten und ihre negative Wirkung zu vereiteln versuchen
- Erziehende sind fähig zur Selbstermutigung und Selbsterkenntnis, um sich nicht tiefgehend entmutigen zu lassen, bzw. um nicht andere durch unerkannte Einflüsse aus der eigenen Kindheit ungewollt zu entmutigen.

Ähnliche Bedeutung: Aufmunterung, Unterstützung, aufbauen.

14 Entmutigungsquellen

Baustein	
14	**Entmutigungsquellen**

Aus der Eigenart des Menschseins, nämlich als Mängelwesen geboren zu sein und sein Leben lang Lernender und Sich-Entwickelnder zu sein, stammt seine Anfälligkeit auf Entmutigung: Denn stets strebt er in allem, was er unternimmt, von einem Minus zum Plus [→1], wozu er Selbstvertrauen und Erfolgszuversicht benötigt. Die Umwelt in ihren unzähligen Erscheinungsformen dämpft aber oft diese positive Sicht auf des eigenen Könnens sowie das Zutrauen gegenüber anderen, Leben und Welt.
Die möglichen Entmutigungsfaktoren werden hier Entmutigungsquellen genannt; dabei wird unterschieden:
- Allgemeine Unzulänglichkeit des Menschen: Er benötigt von Geburt an auf Hilfe, Erziehung, Fremdbestimmung
- Negative (persönliche oder Zweit-)Meinungen [→2] über sich selbst, andere Menschen, das Leben, Dinge, die Welt.
- Fehlerorientierung und personenbezogener Wettbewerb in unserer Entmutigungsgesellschaft.

Näheres finden Sie in Kapitel 2.1. Der entmutigte Mensch fürchtet sich mehr vor einer Niederlage/Demütigung, als daß er den Erfolg energisch anstrebt bzw. erwartet, was ihn zu ichbezogenen [→17] Methoden greifen läßt.

Ähnliche Bedeutung: Entmutiger, entmutigende Faktoren

15 Geltungsstreben

Baustein	
15	Geltungsstreben

Das Geltungsstreben entsteht, wenn der Mensch – durch erlebte Entmutigung – sich nicht zutraut, das eigentliche Ziel seines Handelns zu erreichen (Kenntnisse/Fähigkeiten/Fertigkeiten erwerben sowie „Dazugehören“, Anerkennung, gleichwertiges Miteinander), sich daher Ersatzziele setzt (Machtposition, Mißerfolg vermeiden, in Ruhe gelassen werden ...), die ihn vor Demütigung /Erniedrigung schützen sollen:

Die Methoden, die der Mensch einsetzt, um diese Ersatzziele zu erreichen, nennt die Individualpsychologie Geltungsstreben.

Solche Methoden können, je nach Entmutigungsgrad und Aktivitäts-Neigung sein:

Brutales Auftreten, Angeberei, Sticheln, zwanghafter Ehrgeiz, Idealen nachstreben, Prahlerei, Männlichkeitsgehabe, die verschiedensten Entwertungsverhaltensweisen, Tyrannei, Snobismus, Nörgelei, Meinung über die eigene Überlegenheit/Überwertigkeit gegenüber anderen, Neigung sich Prominenten anzubiedern oder im Glanze irgendwelcher als Größen empfundenen Menschen zu stehen ... siehe auch →9.

Der Sinn ist:

Statt etwas können, leisten bzw. (im weitesten Sinne) einen Wert für andere zu sein, geht es jetzt darum, besser zu sein als andere, sie zu beherrschen, damit diese einem keine Niederlage zufügen oder einen ihrerseits (so die private Logik) beherrschen können. Kurz gesagt:

Handeln ohne Geltungssteben: besser/stärker/klüger/ ... sein *als ich es vorher* gewesen bin, bzw. bessere, gefühlvollere, kooperativere Kontakte mit anderen entwickeln *als noch vorher.*

Beispiel: Karina freut sich über Note Zwei und meint, daß sich das Üben gelohnt habe, da sie nun die „das/daß-Fehler“ vermeiden konnte.

Handeln mit Geltungsstreben: besser/stärker/klüger/ ... sein *als andere,* über andere bestimmen, herrschen ...

Beispiel: Carmen freut sich über die Zwei im Aufsatz und lacht Birgit aus, die schlechter geschrieben hat.

So seltsam es bei vielen Spielarten des Geltungsstreben (z.B.: der großkotzige Chef, der „blendende“ Fachmann) klingen mag: Hier handelt ein sich im tiefsten Innern schwach, entwertet, minderwertig fühlender Mensch!

Dort liegt der Schlüssel zum Verständnis dieser Menschen. Die Hilfe kann daher auch nur dort beginnen: mit Ermutigung. Den Entmutigten erstnehmen, sich jedem Kampf mit diesen Menschen entziehen, Gesprächstechniken anwenden. Gezielte Ermutigungsstrategien (siehe Kapitel 2) müssen sich der Person und den jeweiligen Situationen anpassen.

Ähnliche Bedeutung: Ichbezogenes Streben zu einem empfundenen Plus; Überlegenheitsstreben, Machtkampf(-spiele) fehlgeleiteter Ehrgeiz.

16 Kompensation

Baustein	
16	**Kompensation**

K. bezeichnet das Streben eines Menschen, vom empfundenen Minus ein empfundenes Plus zu erreichen. Die Form der Kompensation hängt vom Grad des Gemeinschaftsgefühls und der erlebten Ermutigung, d. h. dem Selbstwertgefühl ab:

- *Direkte Kompensation:* Direktes Überwinden des empfundenen Mangels/Nichtkönnens/Minus: Kind muß Hausaufgaben erledigen: Es setzt sich hin und erledigt sämtliche Aufgaben in sachlich angemessener Form und Dauer.
- *Kompensation „der nächsten Chance“ (Ph. Lersch):* Neues Ziel wird: auf einem anderen Gebiet „etwas können“: Kind mag die Hausaufgaben nicht erledigen: „Das wird ja eh nichts, schreibe ich morgen ab, hab’s nicht kapiert.“ Dafür hilft das Kind fleißig und ausdauernd im Garten und erhält viel Anerkennung (wie immer).
- *Überkompensation:* Auf einem ursprünglichen Problemfeld gelingt durch besonderen Kraftaufwand – aufgrund von Ermutigung – Außerordentliches. Die leidigen Hausaufgaben, die das Kind zunächst nicht mag, werden im Laufe der Zeit, zunächst nach Unterstützung der Eltern und Anerkennung in der Schule exakter und besser erledigt; ja schließlich macht es Zusatzaufgaben und hilft seinen Geschwistern bei den Hausaufgaben.
- *Fehlkompensation:* Die Entmutigung läßt den Menschen auf ein Ersatzziel zustreben, anstatt das Problem zu lösen. Es handelt dabei ichhaft →17. Kind lügt: „Wir haben nichts auf (und schreibt am nächsten Tag bei Klassenkamerad ab).“ Siehe auch Kapitel 1.4.

Ähnliche Bedeutung: Streben vom Minus zum Plus, Überwindung des empfundenen Minus, Ausgleich.

17 Ichhaft – wirhaft (sozial-/ichbezogen)

Baustein	
17	Ichhaft – wirhaft

Dieses Begriffepaar stammt von F. Künkel, wie auch das „Wir-Gefühl“, das in die Alltagssprache übernommen wurde, allerdings ohne dessen Bedeutung, denn es kann A. Adlers „Gemeinschaftsgefühl“ zugeordnet werden. Wirhaft bedeutet demnach: Vom Gemeinschaftsgefühl und Gemeinschaftsbewußtsein geprägte(s) Verhalten bzw. Einstellungen des Menschen.

Ichhaft kennzeichnet dagegen jene Einstellungen und Verhaltensweisen, denen es mehr oder wenig an Gemeinschaftsgefühl und Gemeinschaftsbewußtsein mangelt, andere Menschen und die Gesellschaft als „feindlich gesinnt“ erlebt und bewertet. Einige wichtige Unterscheidungsmerkmale:

Ichhaft/Ichbezogen	Wirhaft/Sozialbezogen
• Der eigene Nutzen, Vorteil steht im Mittelpunkt des Denkens, Handelns, Fühlens; andere Menschen, Dinge, Welt werden unter diesem Blickwinkel bewertet;	• Die genauen Einzelheiten, wie Können, Wissenserwerb, Kooperation und Kommunikation unter Gleichwertigen in der jeweiligen Situation/Aufgabe/Problematik zu ermöglichen ist, stehen in Mittelpunkt des Interesses;
• Allgemeinheit und Allgemeinwohl (sei es in den Gruppen zu der er gehört bzw. Gesellschaft allgemein) werden kaum beachtet (es sei denn, man kann sie für sich ausnützen);	• Das Allgemeinwohl und die "soziale Verträglichkeit" sind wichtige Orientierungspunkte für eigenes Handeln, an ihnen orientieren sich die eigenen Wünsche und persönliche (Entfaltungs-)Freiheit;
• Mangel an Gemeinschaftsgefühl;	• entwickeltes Gemeinschaftsgefühl, -bewußtsein;
• Ichhaftigkeit entsteht, wenn sich ein Mensch minderwertig/entmutigt fühlt und dieses Minderwertigkeitsgefühl zu einem Plusgefühl umwandelt/kompensiert, dann setzt er sich	• Minderwertigkeitsgefühle, Minus-Zustände, werden aufgrund eines stabilen Selbstwertgefühls mit aktiv-sozialbezogenen Methoden zu überwinden versucht: direkt oder als Kompensation der "nächsten Chance";
• Ersatzziele,	
• alle Geschehnisse bezieht er auf seinen Wert/Unwert;	• Einstellungen und Ansichten orientieren sich flexibel am jeweilig Aktuellen/Gegebenen/Notwendigen;
• die private Logik, die in wichtigen Teilen der allgemeinen Logik widerspricht, bestimmt die Wahrnehmung der eigenen Person, anderer, Dinge, Leben, Welt und die Methodenwahl (um Ziel zu erreichen);bevorzugte Methoden: aktiv/passiv - ichbezogene Methoden; daher: Sicherungsverhalten, Abwehrverhalten soll vor Demütigung, Mißerfolg bewahren;	• die allgemeine Logik bestimmt in wesentlichen Punkten die individuelle private Logik und Wahrnehmung;
• Motivation durch Angst vor Mißerfolg (mißerfolgsorientiertes Handeln): sich anstrengen, um nicht wieder eine Fünf zu bekommen ...	• Motivation durch Hoffnung auf Erfolg (erfolgsorientiertes Handeln): sich anstrengen, um Fähigkeit zu vergrößern
• Gefühle (Bedrohtheit, Ängste, Angespanntsein ...) erzeugen körperliche Reaktionen (Verspannungen, Schmerzen, "Geschwüre", Übelkeit); sie können auch "genutzt" werden, um das Ziel der Ichhaftigkeit zu erreichen, z.B.: Vermeidung von Demütigung, Geltung/Sonderrolle, erreichen, durch Symptomatik andere "beschäftigen" oder "beherrschen".	• Körper reagiert auf längere Zeit oder chronisch kaum mit Fehlfunktionen, keine ernsthafte Symptomatik.

Erwähnte Begriffe: Ziel [→7], Kompensation [→16], Minusgefühl [→1], Methodenwahl [→9], private Logik [→7]

Ähnliche Bedeutung: *Ichhaft:* ichbezogen, selbstsüchtig; w*irhaft*: sozial-, gemeinschaftsbezogen, sozial-gesinnt.

18 Dressate

Baustein	
18	Dressate

D. – ein Begriff von F. Künkel – sind Zweitmeinungen [→4], Einstellungen, Prinzipien, Wertvorstellungen, Grundhaltungen, Urteile, die das Kind ab der Spracherwerbsphase von seiner gesamten Außenwelt, vor allem den ersten Bezugspersonen, übernimmt. Dieser Vorgang geschieht zunächst kritiklos, das Kind eignet sie sich an, als ob das alles stimme, als ob es Naturgesetze, unhinterfragbare Gesetze seien; es orientiert sich mit ihnen in dieser Welt, sie werden Teil seiner Zweitmeinungen über sich selbst/andere/Leben/Welt und damit Teil der Wahrnehmung, seiner Brille [→6] und privaten Logik [→5].

Dressate oder deren Folgen machen den Großteil unserer Charakterzüge aus; das heißt: Im Streben vom Minus zum Plus haben wir, aufgrund der Dressat-Inhalte, Ziele [→7] gesetzt, die wir mit Methoden [→9] anstreben, die dem Dressat angepaßt sind. Nur Dressate, die nicht zum Selbst- und Fremdbild [→3] passen, können individuell abgeändert, aber auch „abgewehrt“ werden und Widerstand erzeugen, was Erziehende meist als Problemverhalten bewerten. Da erworbene Dressate aber sehr dauerhaft sind – wir betrachten sie praktisch, wie gesagt, wie Naturgesetze – sind auch die meisten Methoden die daraus entspringen schwer veränderbar. Sie prägen den Stil unserer Auseinandersetzung mit sich und der Umwelt.

Dressate wirken wie Vor-Urteile. Sie beinhalten oft auch ideale Ich-Vorstellungen, Ich-Ideale, die unerreichbar sind und so dem Besitzer zur ständigen Entmutigungsquelle werden.

Als Dressate können wirken (Auswahl):

- Jeder ist sich selbst der Nächste ● Die Welt will betrogen sein ● Wenn nicht sofort, dann gar nicht ● Ich bin/wir sind etwas Besonderes, das muß man an uns merken (Sprache, Kleidung, Benehmen, Wohnung ...) ● Ich mache immer das Gegenteil: Nein! ● Alles oder nichts ●

Druck muß sein ● Strafe muß sein ● Bei mir erreichst du nichts, auch wenn du mich totschlägst ● Das Leben ist hart ● …

Dressate werden vor allem in Familien weitergegeben, in denen Gemeinschaftsgefühl, Gleichwertigkeit und Partnerschaft ebenso wie Ermutigung relativ wenig entwickelt bzw. gelebt werden. Ihre Grundidee entmutigt: Dressate dienen daher der ich-haften →17 Stellungnahme zur Umwelt und sich selbst.

Ähnliche Bedeutung: Zweitmeinungen, stereotype Meinungen.

19 Bewußt – unbewußt

Baustein	
19	Bewußt/Unbewußt

Bewußt heißt: Daran denke ich, dies erkenne ich, weiß ich; dies ist mir eingefallen, daran erinnere ich mich.

Unbewußt bedeutet: Daran denke ich nicht; auch die Gründe für dieses Nicht-daran-Denken liegen im Unbewußten, ich kenne sie nicht; ich verstehe nicht wirklich, warum ich plötzlich aggressiv bin, obwohl ich es mir „irgendwie“ erkläre.

Diese Zweiteilung ordnet „Vorbewußtes“ (z. B.:„Ich komme gleich drauf, es liegt mir auf der Zunge“) auch dem Unbewußten zu; Unbewußtes kann ins Bewußtsein tauchen oder „befördert“ werden, wenn keine Bedrohung, Gefahr (durch Demütigung, Mißerfolg …) für den Menschen entsteht. Das Unbewußtwerden ist eine Methode unseres Lebensstiles →12, um ein Minusgefühl zu überwinden und ein individuelles Ziel zu erreichen. Das Unbewußtsein hat die Funktion, peinliche, uns sehr unangenehme Inhalte „verschwinden“ zu lassen, so daß sie uns nicht mehr quälen und am Handeln hindern. Beratung und Therapie helfen in ermutigender Atmosphäre, Unbewußtes ins Bewußtsein zu bringen: Denn dies ist nötig, um die problemerzeugenden Meinungen →2, private Logik →5, Brille →6, Weltanschauung erkennen zu können, denn sie sind meist unbewußt. Doch weil sie problemerzeugend sind, wirken sie als unerkannte Entmutigungsquellen →14. Erst durch das behutsame Bewußtmachen (siehe Kapitel 3.5) dieser Entmutigungsquellen – im unbedrohten Zustand – können sie unwirksam gemacht werden.

Das bewußte Wahrnehmen neuer Erfahrungen erleichtert neue

Meinungen und Ziele, die als Leitlinie aber jederzeit ins Unbewußtsein abtauchen können; der nicht entmutigte, sich nicht bedroht/gedemütigt fühlende Mensch kann immer wieder solche ermutigende, aufbauende Inhalte ins Bewußtsein zurückrufen und sie zur Ermutigung nutzen (siehe Selbstermutigung, Kapitel 2.4).

Beispiel:

Bewußt: Das Kind streckt bei einer Mathematikaufgabe; es weiß, daß es richtig gerechnet hat, da es das Thema beherrscht.

Unbewußt: Das Kind weiß in diesem Moment nicht: Sein Handeln wurde vom Geltungsstreben motiviert: „Ich will besser als andere sein. Ich will beachtet werden. Werde ich nicht beachtet, bin ich nichts wert, o. ä.“

Ähnliche Bedeutung: *Bewußt*: gewußt, erkannt; *unbewußt:* nicht gewußt, nicht im Bewußtsein, unverstanden, ich weiß davon nichts, nicht erkannt.

20 Teufelskreis

	Baustein
20	**Teufelskreis**

Negative Aussagen/Grundmeinungen entmutigen den Menschen und erzeugen Minderwertigkeitsgefühle und Mutlosigkeit, so daß er nicht das jeweils Notwendige unternimmt, um eine(n) konkrete(n) Fähigkeit/Fortschritt bzw. Dazugehören/Anerkennung/Zuwendung zu erreichen. Die Reaktionen der Umwelt auf das mutlose Handeln bestätigt den Mensch in seiner ursprünglichen Aussage/Meinung: Minderwertigkeitsgefühle führen zu Mißerfolgen, die wiederum Minderwertigkeitsgefühle und Mutlosigkeit erzeugen bzw. verstärken.

Teufelskreis-Wirkungen werden an zahlreichen Stellen dieses Buches genutzt, auch um die „Gefangenschaft“ in diesem Entmutigungs-Gefängnis zu verdeutlichen. Sinn der Darstellung ist aber auch, graphisch zeigen zu können, wo der Ausbruch, die Befreiung aus dem Teufelskreis möglich ist. Solche Graphiken helfen den Beteiligten zu neuen Einsichten und sind auch von Kindern zu verstehen. Veränderung der Problematik heißt daher, aus dem Teufelskreis herauszukommen.

Ähnliche Bedeutung: Kreislauf-Schema, (zwischenmenschliche) Kreisläufe, sich selbst erfüllende Prophezeiung.

21 Lebensaufgaben

Baustein	
21	Lebensaufgaben

Der Begriff stammt aus A. Adlers Individualpsychologie. Er meint jene Aufgaben, die einem Menschen im Verlaufe seines Lebens und zur erfüllten Gestaltung des Lebens, begegnen. Sie sind Folgen seiner Gemeinschaftsbezogenheit (Leben in der Gemeinschaft), seiner Geschlechtlichkeit (Liebe, Partnerschaft), der Notwendigkeit des Broterwerbs (Arbeit). Weitere Individualpsychologen fügten hinzu: Stellung zur Kunst, Kultur und schöpferischen Gestaltung, Beziehung zu sich selbst bewußt gestalten, Beziehung des Menschen zu Lebensraum Erde und Kosmos, Stellung zur Sterblichkeit und Spiritualität (Transzendenz).

Wenn das in der Kindheit erworbene Gemeinschaftsgefühl →11 und damit Kooperation und Gleichwertigkeit →22 die Auseinandersetzung mit und Gestaltung der Lebensaufgaben prägen, erlebt der Mensch mutig und zuversichtlich seinen Alltag. Erst der Mangel an Gemeinschaftsgefühl erschwert die Auseinandersetzung mit den Lebensaufgaben und verhindert Lebensfreude und -erfüllung durch seelische und gesundheitliche Probleme.

Sämtliche Lebensaufgaben sind dabei im Sinne des Gemeinschaftsgefühles zu „lösen“, da sie zu jedem Menschenleben gehören und sich „automatisch“ jedem Menschen stellen. Bleiben einige Aufgaben unberücksichtigt, werden sie zurückgestellt oder verdrängt, müssen sich daher zwangsläufig Probleme mit der Gesellschaft, Mitmenschen und sich selbst einstellen. Einige Stichworte zu den Lebensaufgaben:

1. Leben in der Gemeinschaft: Gemeinschaftsbewußtsein entwickeln; kooperatives, partnerschaftliches Miteinander unter sich gleichwertig Fühlenden gestalten bzw. anstreben; Mitverantwortung für den einzelnen, der Gruppe und Gemeinschaft: fürsorglich, politisches Engagement, caritative Aufgaben, Mitarbeit zum Nutzen anderer, Engagement → Mitfreude, Mitleid(en), Hilfsbereitschaft, Einfühlen, Solidarität, Gleichwertigkeitsgefühl

2. Liebe/Partnerschaft: Zweier-Partnerschaft unter sich gleichwertig Fühlenden entwickeln und gestalten, auch als Partnerschaftsgruppe Erwachsener-Erwachsene (siehe Kapitel 3.7) innerhalb der Familie; nicht

Gleichheitsstreben, sondern Gleichwertigkeit(sgefühl) bestimmt das kooperative Miteinander: ermutigende Atmosphäre schaffen, in der jeder im Gefühl lebt, gebraucht zu werden, wertvoll und unersetzbar zu sein.

3. Arbeit/Beruf: Arbeit und Beruf als Beitrag des Einzelnen für das Ganze betrachten; Arbeit unter sich gleichwertig Fühlenden, partnerschaftlich miteinander verkehrenden Menschen, sieht auch jede Arbeit als gleichwertig an, wenn auch – wegen des Marktwertes in der Marktwirtschaft – nicht gleichbezahlt; die Gleichwertigkeit bezieht sich unter dieser (willkürlichen und veränderbaren!) Vorgabe auf das Prestige der verschiedenen Berufe, aus dem letztlich der Arbeitende einen Teil seines Selbst-Wertes bezieht.

4. Kultur/schöpferisches Schaffen: Viele Wünsche und Bedürfnisse können aus vielerlei Gründen nicht erfüllt bzw. befriedigt werden. Durch Schreiben, Singen, Spielen und Sport, manuelles Gestalten können wir ihnen Ausdruck und Form geben und uns so wohler fühlen, da wir zu ihnen stehen und sie nicht unterdrücken, vergessen oder verleugnen müssen.

5. Beziehung zu sich selbst: Im Streben vom Minus zum Plus [→1] [→7], das die Gestaltung der Lebensaufgaben prägt, erfahren wir immer wieder Entmutigung und damit Schwierigkeiten verschiedenster Art. Ein sorgsamer, liebevoller Umgang mit sich selbst hilft, selbstbewußt und mit aktiv-sozialbezogenen Methoden [→9] die Aufgaben angemessen zu erledigen. Dabei nützen Übungen zur Entspannung, bewußte Muse, bewußtes Aufspüren und Sich-Auseinandersetzen mit Entmutigungsquellen aus unserer Kindheit (→ Kapitel 2.4).

6. Beziehung zum Lebensraum Erde/Kosmos: Sie ist die konsequente Weiterführung der Lebensaufgabe „Gemeinschaft“, wertet sie jede Gemeinschaft, jedes Volk, jede Nation als zusammengehörige, voneinander abhängig und gleichwertig und für einander verantwortlich.

Daher hat jeder Mensch in seiner Gemeinschaft die Aufgabe, für jede(s) Gemeinschaft/Volk/Nation die besten Lebensbedingungen zu erhalten bzw. zu schaffen. Die Begriffe Erde, Kosmos schließen in diese Aufgabe und Verantwortung sämtliche Lebewesen und ihre Lebensbedingungen mit ein.

7. Stellung zur Sterblichkeit und Transzendenz: Zum kompletten Menschen gehört, daß er sich mit der Tatsache seines begrenzten Lebens auseinandersetzt und dazu Stellung nimmt. Religion und Religiosität, Gott und Atheismus, Spiritualität sind Formen dieser Stellungnahme, die individuell sich ganz verschieden gestaltet und sich am Gemeinschaftsgefühl orientiert.

Ähnliche Bedeutung: Aufgaben, Gegebenheiten, Sinn des Lebens.

22 Gleichwertigkeit

Baustein	
22	Gleichwertigkeit

Gleichwertigkeit weist auf die Tatsache, daß jeder Mensch so veranlagt ist, daß er sich dem anderen gleich fühlt.

Erziehung und viele gesellschaftliche Einflüsse vernachlässigen diese wichtige menschliche Qualität, ja empfinden sie teilweise als schädlich für die positive Entwicklung des Kindes. In Wirklichkeit erzeugen Erziehende nur unnötigen Widerstand und Machtkämpfe, was eine gedeihliche Entwicklung nicht fördert.

Gleichheit, gleiche Rechte vor dem Gesetz, Chancengleichheit u. a., sind nicht identisch mit dem Begriff G., sondern sie sind politische Ziele, kleine Schritte, beseelt von diesem Gleichwertigkeitsgefühl. Sie sind zu einseitig, um als Synonyme zu gelten, so notwendig sie in den jeweils gegebenen gesellschaftlichen Situationen sind.

Gleichwertigkeit bezieht sich auf alles, was den Menschen betrifft: Gleichwertig sind die Geschlechter, beruflichen Tätigkeiten, Altersphasen (Kindheit, Jugend, Erwachsenenalter, Alter), Völker und Rassen und ihr jeweiliges Kulturschaffen (z. B. auch Sprachen und Religionen), die Zeitepochen, Regionen und Landschaften.

Wer politisch für die Gleichheit der Menschen kämpft, muß ihre große Verschiedenheit kennen und bejahen, und gleichzeitig von der Gleichwertigkeit jedes Erdenbürgers überzeugt sein.

Je weniger Gemeinschaftsgefühl ein Mensch erworben hat, um so ichhafter →17 wird er aufgrund seines Minderwertigkeitsgefühles →1 auf sein verletztes Gleichwertigkeitsgefühl reagieren und, privatlogisch →5 →6 verständliche, aber die Ordnung der Gemeinschaft störende bzw. mißachtende Methoden verwenden: Kriminalität, Terrorismus …

Den Sich-gedemütigt-Fühlenden mit verletztem Gleichwertigkeitsgefühl, treibt nun ein Überwertigkeitsstreben, ein Geltungsstreben [→15], in die Auseinandersetzung mit der Umwelt, mit den Lebensaufgaben [→21].

Gleichwertigkeit in der Erziehung verwirklichen, trotz der vielfältigen Ungleichheiten, gleichzeitig mit Partnerschaft und ermutigender Einstellung und Familienatmosphäre, ermöglicht dem Menschen-Jungen seine Anlagen zu entwickeln. Dadurch wird dem Mensch ein selbstbewußtes, sozial-orientiertes Selbstverwirklichen ermöglicht, das ihn gegen Entmutigungen aller Art kräftigt.

Ähnliche Bedeutung: Gleichwertigkeitsgefühl.

23 Verwöhnung

Baustein	
23	**Verwöhnung**

Entsprechend der individualpsychologischen Sichtweise, wird Verwöhnung hier weiter gefaßt als im Alltagsdeutsch: Verwöhnung ist der rote Faden, der sich durch alle nicht-partnerschaftlichen Erziehungsformen (autoritär, vernachlässigend, verzärtelnd, inkonsequent) zieht: Die Erziehenden verhindern durch die gewählte Erziehungsform, daß das Kind die Realität, die Wirklichkeit erleben kann; Verwöhnen ist Verhindern von Realitätserfahrung, da das Kind nicht die Folgen seines Handelns erlebt/erleben darf:

Autoritär Erziehende
schneiden das Kind von seiner Gefühlswelt ab, verhindern das Erleben der Gleichwertigkeit, behindern das Wachsen der Selbständigkeit und Selbstverantwortung, lassen seine Anlagen, ein kooperatives Miteinander zu gestalten, verkümmern.

- Vater befiehlt: Zieh den Pullover an! → Vater entzieht dem Kind die Erfahrung der Realität: Draußen ist es kalt, ich friere, da ziehe ich rasch einen Pullover an.

Vernachlässigende Eltern
versagen dem Kind die notwendige Grenzziehung, die für ein Leben in der Gesellschaft notwendig sind, sollen schwerere Probleme vermieden werden: Das Kind erlebt seine Eltern als Menschen, die ihm die nötige Zu-

wendung und Orientierung vorenthalten. Gerade weil das Kind „alles“ darf, verarmt es in seiner Gefühlswelt und in den sozialen Fähigkeiten.

- Das Kind braucht nicht sagen, wohin es geht, wann es zurückkommt; Realität wäre: Gemeinschaftsleben erfordert Abmachungen und Termine, auch Rücksichtnahme.

Verzärtelnde Eltern
(der Volksmund sagt dazu verwöhnen) verhindern durch gutgemeintes Beschützen und vorauseilender Sorge zahlreiche Eigenerfahrungen, Neugier, Selbstverantwortung, aber auch das Erleben von Frustration, Durchhalten, Schwierigkeiten durchstehen aufgrund eigener Stärke/Kraft/Fähigkeiten.

- Mutter radiert dem unwilligen Kind das falsche Wort weg; Realität: Kind muß für seine Schulsachen selbst sorgen.

Inkonsequente Eltern
geben dem Kind keine klare Orientierung und Grenzen; die Kinder meinen, sie können sich – sind sie hartnäckig genug – durchsetzen, die Realität sozusagen „beugen“. Daß dies nicht stimmt, werden sie schmerzhaft erleben müssen.

- Mutter verbietet dem Kind den Fernsehfilm aus Strafe; später, als sie das Kind vor dem Fernseher sitzen sieht, kann sie der Hartnäckigkeit und dem Betteln nicht widerstehen und gibt des „lieben Friedens wegen“ nach.

In der Verwöhnung fehlt auch die Entwicklung des Gemeinschaftsgefühls [→ 11], dies erklärt, warum verwöhnte Menschen ich-bezogen [→ 17] handeln und andere oft als eher feindlich gesinnt erleben. Daraus resultieren auch viele entmutigende Erlebnisse [→ 14]. Durch den Realitätsmangel und der Ich-Haftigkeit [→ 5] beherrscht die private Logik [→ 5] das Handeln, was Probleme, und psychische Störungen einleiten kann. Die erwähnten Formen der Verwöhnung können als dauernd wirkende Entmutigungsquellen bewertet werden.

Ähnliche Bedeutung: Verzärtelung.

24 Partnerschaftliche Erziehung

Baustein	
24	Partnerschaftliche Erziehung

Alle Formen der Fremdbestimmung – Lenkung, Bevormundung, Anordnungen, Befehle, Gängelungen – werden sie nicht sorgfältig begründet oder beruhen sie nicht auf allgemeingültige, demokratisch gefaßten Vereinbarungen – wecken unwillkürlich im Menschen verdeckte oder offen gezeigte Widerstandskräfte (weil er sein Selbst behaupten will).

Die partnerschaftliche Erziehung und das partnerschaftliche Miteinander entsprechen dem Wesen des Menschen mit seinen Grundbedürfnissen nach Fortschritt und Können, nach Dazugehören und Anerkennung, eben nach Gleichwertigkeit. In einer partnerschaftlichen, ermutigenden Atmosphäre kann er gedeihen und sich seelisch stabil entwickeln.

Diese Umgangsform fäßt sich durch folgende Grundelemente charakterisieren:

- Bewußte Förderung des Gemeinschaftsgefühls [→ 11]
- Ermutigung als Grundeinstellung der Erziehenden [→ 13]
- Fähigkeit des Zuhörens und Gesprächeführens (Kapitel 3.2)
- Konflikte gewaltfrei bewältigen (Kapitel 3.3)
- Familienrat durchführen
- partnerschaftliches Gestalten der Geschlechtsrolle
- Einflüsse der Geschwisterbeziehung sensibel betrachten, verstehen und negative Folgen verhindern

Ähnliche Bedeutung: demokratischer Erziehungsstil, sozial-integrativer Stil.

25 Lernen

Baustein	
25	Lernen

Lernen ist jenes Handeln, das ein Mensch in seinem Streben vom empfundenen Minus zu einem empfundenen Plus zu gelangen, zeigt. Dabei spielen die Grundmeinungen [→ 2] eine Rolle, in denen der Grad der Ermutigung und des erworbenen Gemeinschaftsgefühles [→ 11] sich zeigt. So ausgerüstet trifft es auf „neuen Lernstoff“ (Inhalte, ungewohnte Situationen, Probleme, Herausforderungen, „Minus"). Davon hängt nun ab, *was* der einzelne überhaupt vom „neuen Lernstoff" wahrnimmt (die Brille und private Logik wertet und „siebt"), *wie* er es aufnimmt und wie er sich danach *verhält*. Natürlich beeinflussen

- die Umwelt
- das Beispiel wichtiger, nahe stehender Personen
- Erziehung allgemein (ausgeübt von sämtlichen Erziehungsinstitutionen) die Art und den Inhalt des Lernens.

Doch wie stark und ob letztlich überhaupt diese drei Faktoren das Lernen beeinflussen, hängt davon ab, ob das Kind/der Mensch glaubt, daß ihm das aus dem Lernen resultierende Ziel nutzt, etwas bedeutet. Und diese Wertung wird, wie erwähnt, stark vom entwickelten oder sich entwickelnden Lebensstil beeinflußt.

Von ihm hängen letztlich Interesse, Aktivität, Spontanität und die kreative Kraft des Lernenden – weitere wichtige Faktoren des Lernens – ab. Der Mensch ahmt nur nach, was ihm – mit seiner privaten Logik betrachtet – paßt.

Lernen durch Einsicht ist nur möglich, wenn der jeweils entwickelte Lebensstil es ermöglicht.

Der Mensch gebraucht nur jene seiner Erfahrungen, die auf der Linie seines Lebensstiles liegen, nämlich zu seinen Grundmeinungen [→2], eben in seine Wahrnehmungs-Schablone passen. Grundmeinungen und Zweitmeinungen gehören mit zu den ersten „Inhalten", die ein Kind lernt; dazu kommen die vielfältigsten Verhaltensweisen, die das Kind nachahmt, beobachtet und als hilfreich im Streben vom Minus zum Plus erfahren lernt: So zeige ich Liebe, Zuwendung, Angst, Freude, etc.; so zeige ich etwas, so fordere, bitte, ... ich.

- Ein Schulkind wird gute Lernleistungen zeigen, wenn die grundlegenden Lernerfahrungen der ersten sechs Jahre positive Grundmeinungen über sich (z.B.: eigene Leistungsfähigkeit), andere (unter ihnen fühle ich mich wohl), Welt und Leben (es ist so vieles interessant, das will ich wissen, lernen, erfahren) sammeln ließen, so daß ein stabiles Gemeinschaftsgefühl, ein Blick für sachliches Herangehen an die neue Aufgabe ermöglicht und genügend Erfolgsaussicht besteht.

- Lernprobleme sind erst dann tiefgreifend zu beheben, wenn
  - die Erziehenden davon ausgehen, das ein Kind mit Lernproblemen

mehr oder wenig stark entmutigt ist (auch wenn dies vielleicht gar nicht so sichtbar ist);
- die Erziehenden erkennen, daß es verschiedene Entmutigungsquellen →14 gibt, die individuell völlig verschieden sind und die (zukünftig) stets im Auge zu behalten sind;
- akzeptiert wird, daß eine der stärksten Entmutigungsquellen bei Lernproblemen die negativen Meinungen über sich selbst und andere sind;
- die Erziehenden bereit sind, konsequent zu ermutigen (z. B.: durch Ermutigungsstrategien → Kapitel 2.3) in entsprechender warmen, freundlichen Atmosphäre
- das Ermutigungsverhalten dazu eignet, daß das Kind am eigenen Handeln erfährt, daß die negativen Grundmeinungen gar nicht mehr stimmen.

Ähnliche Bedeutung: Erfahrungen machen, Fortschritte erzielen, sich im Wachstumsprozeß befinden.

Literaturliste

Adler Alfred, Individualpsychologie in der Schule, Fischer TB 6199

Adler Alfred, Der Sinn des Lebens, Fischer TB 6179

Adler Alfred, Menschenkenntnis, Fischer TB 6080

Andriessens E., Das Aufdecken der unbewußten Ziele in pädagogischer Beratung und Therapie, In Zeitschrift für Individualpsychologie (ZfIP) 3/92 E. Reinhardt Verlag München Basel

Ansbacher H. L./Ansbacher R., Alfred Adlers Individualpsychologie, E. Reinhardt Verlag München Basel 1982

Antoch Robert F., Von der Kommunikation zur Kooperation, Fischer TB 4618

Blumenthal Erik, An sich selber glauben, Herder Freiburg 1991

Blumenthal M. und E., Trendwende Ermutigung, Horizonte Verlag Rosenheim 1988

Brunner/Titze, Wörterbuch der Individualpsychologie, E. Reinhardt Verlag München Basel 2. Aufl. 1995

Dreikurs R., Psychologie im Klassenzimmer*, Klett Stuttgart 1985 10. Auflage

Dreikurs R., Selbstbewußt, Horizonte Verlag 1990 6.Auflage

Dreikurs/Blumenthal, Eltern und Kinder – Freunde oder Feine?, Klett Verlag 1992

Dreikurs/Gould/Corsini, Familienrat*, Deutscher Taschenbuch Verlag 15 004

Dreikurs/Grey, Kinder lernen aus den Folgen*, Herder TB 612

Dreikurs/Grunwald/Pepper, Hrsg. von H. J. Tymister Lehrer und Schüler lösen Disziplinprobleme*, Beltz Verlag 1987

Gordon Thomas, Familienkonferenz*, Rowolth TB 7347

Heisterkamp Günter, Freude und Leid frühkindlicher Lebensbewegungen, E. Reinhardt Verlag München Basel 1991 in Beiträge zur Individualpsychologie Band 14

Hobmair/Treffer, Individualpsychologie Erziehung und Gesellschaft, UTB Reinhardt Verlag Band 946

Künkel Fritz, Einführung in die Charakterkunde, S. Hirzel Verlag Stuttgart 16. Auflage 1975

Lersch Philipp, Aufbau der Person, J. A. Barth Verlag München 1970

Rüedi Jürg, Pädagogische Überlegungen zum verwöhnenden Erziehungsstil in Elternhaus, Kindergarten und Schule, In ZfIP 3/92 E. Reinhardt Verlag München Basel

Rüedi Jürg, Einführung in die individualpsychologische Pädagogik, Haupt-Verlag Bern Stuttgart 1995

Rattner Josef, Erziehe ich mein Kind richtig?*, Fischer TB 6700

Richter Horst E., Eltern, Kind und Neurose*, Rowolth TB 6082

Rogge Jan-Uwe, Kinder brauchen Grenzen*, Rowolth TB 8549
Ruthe Reinhold, Die Kunst zu ermutigen*, Brendow Verlag Moers 1988
Ruthe Reinhold, Faulheit ist heilbar*, Brockhaus Verlag 1983 TB 339
Schmidt R., Die Individualpsychologie Alfred Adlers, Fischer TB 6799
Schoenaker Theo, Ich weiß, ich bin okay – Mut tut gut*, Horizonte Verlag Rosenheim 1991
Titze M./Gröner H., Was bin ich für ein Mensch?*, Herder TB 1647
Titze Michael, Lebensziel und Lebensstil, Pfeifer Verlag München 1979
Titze Michael, Wie wir unsere Angst bewältigen können, Rex Verlag München/Luzern 1979
Weiss Thomas, Familientherapie ohne Familie, Kösel Verlag
Wieck Wilfried, Söhne wollen Väter*, Hoffmann und Campe 1. Aufl. 1992
Winkler G./Winkler G., Schluß mit dem Familienkrieg, Herder TB 712

*= Gute, vertiefende Ideen für die Praxis

Quellenangaben zu den Zitaten

(Bei fehlender Quellenangabe handelt es sich um mündlich mir mitgeteilte lustige Vorfälle oder Witze bzw. eigene Texte).

Seite 17: Franz Kafka in Lektüre zwischen den Jahren – Jugend, Insel Verlag 1986, Seite 120
Seite 34: Die Löffel, nacherzählt einem russischen Märchen, Insel Verlag 1977, Zitat 436
Seite 47: H. Hesse, Lektüre für Minuten, Insel Verlag 1977, Zitat 436
Seite 69: Sämtliche Zitate sind entnommen: Kurt Wortig, Zitate mit Pfiff und Schliff, Band 2, Goldmann TB 10801
Seite 112: Arthur Schnitzler, Aphorismen und Betrachtungen – Buch der Sprüche und Bedenken Fischer TB 11805, Seite 52
Seite 137: H. Hesse, Lektüre für Minuten, Insel Verlag 1977, Zitat 280
Seite 146: Ernst Jandl in Lektüre zwischen den Jahren – Jugend, Insel Verlag 1986, Seite 20

Leben mit Kindern

Karin Schaffner
Mit allen Sinnen die Welt erfahren
Geschichten und Spielanregungen für Kinder und Eltern
128 Seiten, Klappenbroschur
ISBN 3-451-26283-5

Ursel Maurer/Edith Stephens (Hrsg.)
Halt mich ganz fest, daß ich deine Liebe spüre
Vorwort von Jirina Prekop
160 Seiten, Klappenbroschur
ISBN 3-451-26248-7

Daniela Liebich
Mit Kindern richtig reden
Wirksam erzählen, ermahnen, erklären
160 Seiten, Klappenbroschur
ISBN 3-451-26155-3

Gisela Preuschoff
Kinder zur Stille führen
160 Seiten, Klappenbroschur
Meditative Spiele, Geschichten und Übungen
ISBN 3-451-23897-7

Cordelia Alber-Klein/Regina Hornberger
Das Bach-Blüten-Buch für die Familie
Mit Farbabbildungen der 38 Bach-Blüten
160 Seiten, Klappenbroschur
Kinder und Eltern entdecken sich selbst
ISBN 3-451-23787-3

Herder

Patricia H. Berne/Louis M. Savary
Kinder brauchen Selbstvertrauen
Tips und Ratschläge für Eltern
Aus dem Amerikanischen von Peter Brandenburg
160 Seiten, Paperback
ISBN 3-451-23752-0

Armin Krenz
Was Kinderzeichnungen erzählen
Mit 8 Farbtafeln und zahlreichen s/w Abbildungen,
192 Seiten, Klappenbroschur
Kinder in ihrer Bildersprache verstehen
ISBN 3-451-23695-8

Norbert Gürtler/Doro Kammerer
Stillwerden und entspannen
Vorlesegeschichten zum autogenen Training
128 Seiten, Paperback
ISBN 3-451-23638-9

Gertrud Kaufmann-Huber
Kinder brauchen Rituale
Ein Leitfaden für Eltern und Erziehende
160 Seiten, Paperback
ISBN 3-451-23574-9

Helen I. Bachmann
Kinderfreundschaften – Start ins Leben
192 Seiten, Klappenbroschur
ISBN 3-451-23572-2

Herder

Sabine Bernau
Hilfen für den Zappelphilipp
Das Selbsthilfe-Elternbuch
Band 4368

Alle notwendigen Informationen zur Hyperaktivität. Erfahrungsberichte von Eltern und Tips zur Selbsthilfe.

Karin Dörner/Christiane Nebel/Alexander Redlich
Geschichten für gestreßte Kinder
Vorlesegeschichten zum Entspannen und Mutigwerden
Band 4362

Im Miterleben dieser packenden, Abenteuer- und Alltagsgeschichten lernen Kinder, wie sie sich entspannen und mutig an ihre Probleme herangehen können.

Monika Hoffmann-Kunz
Lieben statt verwöhnen
Kindern Zuneigung schenken und Grenzen setzen
Band 4323

Das Dauerthema: Wie Eltern den richtigen Weg zwischen Liebe und Verwöhnen finden können.

Roswitha Defersdorf
Ach, so geht das!
Wie Eltern Lernstörungen begegnen können
Band 4243

Damit die Lust am Lernen nicht zum Frust wird: Erprobte Hinweise, wie Eltern ihrem Kind helfen können, Lernblockaden abzubauen.

Rudolf Dreikurs/Loren Grey
Kinder lernen aus den Folgen
Wie man sich Schimpfen und Strafen sparen kann
Band 4055

Ein Erziehungsstil, der Kindern frühzeitig dazu verhilft, eigenständige Erfahrungen zu sammeln und mit Freiheit richtig umzugehen.